U0580470

本书受山东师范大学经济学院学科振兴计划资助

贸易政策不确定性与出口企业创新

影响机理与效应检验

TRADE POLICY UNCERTAINTY AND EXPORT
ENTERPRISE INNOVATION

IMPACT MECHANISM AND
EFFECT TEST

李拯非 著

人民出版社

目　　录

前　　言

　　当前国际经贸环境不断出现新变化,国际格局和国际体系正在发生深刻调整,世界正经历百年未有之大变局。世界大变局的调整呈现出一系列新特征新表现,世界经济版图发生的变化前所未有,国际经贸环境日趋复杂,不确定性不稳定性明显增强。2023 年 8 月,商务部国际贸易经济合作研究院发布《中国对外贸易形势报告(2023 年春季)》,报告指出,"2023 年以来,稳外贸压力依然突出"。自新冠疫情暴发之后,世界经济增长乏力、全球市场需求回落、贸易保护主义升温等加剧了贸易环境的不确定性。习近平总书记在党的十九大报告中指出:"我国经济已由高速增长阶段转向高质量发展阶段。"企业作为市场主体,是经济发展的动力源。经济高质量发展的战略实现归根结底需要通过企业的创新发展予以实现,尤其是具有国际竞争力的出口企业的创新发展。面对贸易政策不确定情形下,如何推动中国出口企业的创新发展,相关文献研究还不充分。

　　基于此,本书以"贸易政策不确定性对出口企业创新的影响研究"为主题,以贸易政策不确定性作为切入点,深入研究其对中国出口企业创新的影响,为中国出口企业创新发展这一主题的研究提供了一个新的解释维度。本书在对相关文献和理论系统梳理的基础上,首先,从贸易政策不确定性和企业创新两大指标进行分解测度,并对事实特征进行刻画。其次,分析贸易政策不确定性影响出口企业创新的作用机理。在贸易政策不确定性如何影响出口企业创新的理论推导基础上,探讨贸易政策不确定性影响出口企业创新的作用

1

路径。再次，从实证角度出发，从创新投入、创新产出、创新效率三个方面，运用计量模型实证检验贸易政策不确定性是否影响企业创新，在此基础上应用因果中介工具变量模型，考察贸易政策不确定性影响出口企业创新影响的中介机制，以及能力异质性视角贸易政策不确定性影响出口企业创新的调节效应。最后，在以上相应结论的基础上，探讨在贸易政策不确定背景下，从政府和企业层面提出推动我国出口企业创新发展的可行对策和建议。从企业和产品层面检验了贸易政策不确定性对出口企业创新的基准效应，并且通过内生性问题处理，以及稳健性和异质性检验等，实证研究支持了贸易政策不确定性对出口企业创新的"激励效应"。进一步通过中介机制检验发现，TPU 指数通过企业风险承担水平和政府补贴影响出口企业创新。同时，反倾销强度影响出口企业创新的机制检验也得到了类似的发现。调节效应检验结果表明，贸易政策不确定性对不同融资约束的企业、不同生产率水平的企业，以及出口目的地数量不同的企业都存在选择效应，即贸易政策不确定性对融资约束程度小的企业、全要素生产率水平高的企业和出口目的地数量少的企业创新"激励"作用更明显。

本书主要在研究视角、理论框架和实证方法三个方面进行了相应的创新。

第一，从贸易政策不确定性视角，以我国上市企业为研究对象，深入分析揭示贸易政策不确定性对我国出口企业创新的影响后果。已有文献对贸易政策不确定性与微观企业出口行为的研究，主要以工业企业为对象，研究其产品层面问题，对企业创新行为关注少，且多强调贸易政策不确定性负面冲击，尽管也有少量文献指出贸易政策不确定性可能"倒逼"企业，但没有形成一致结论。所以本书以上市企业为研究对象，揭示出贸易政策不确定性对出口企业创新存在"激励"作用，且这种作用具有"时间效应"，拓展了贸易政策不确定性的经济后果研究深度，也为贸易政策不确定性正向影响出口企业创新的文献提供了进一步佐证。

第二，基于创新的结果导向和过程导向，本书从创新投入和创新产出两方

面,对贸易政策不确定性如何影响出口企业创新进行了数理推导。从理论上
阐释了贸易政策不确定性与出口企业创新的内在逻辑,系统分析各种贸易政
策不确定性对出口企业高质量发展的影响机制,将贸易政策不确定性纳入到
企业发展理论中,为出口企业高质量发展的研究提供了一个较为系统的理论
框架。

第三,从企业风险承担水平和政府补贴角度揭示了贸易政策不确定性影
响出口企业创新的渠道机制。现有研究主要是通过构造交乘项的传统模型检
验贸易政策不确定性影响出口企业创新的渠道机制,本书区别于已有研究,采
用因果中介工具变量模型,更好地处理选择性偏误和缓解内生性等问题后,揭
示了企业风险承担水平和政府补贴是贸易政策不确定性影响企业创新的两个
重要渠道。

第一章　贸易政策不确定性与出口企业创新关系问题

当前,在国际环境和国内发展条件都发生重大变化的历史背景下,怎样保持我国外贸传统模式、加快培育竞争新优势,是事关我国发展全局的重大问题。从国家层面的相关资料论述中,经济社会发展正处于世界百年未有之大变局中。各种不确定性日益增强,挑战和风险也在不断积累。尤其是随着贸易环境不确定性日益凸显、出口企业竞争日益激烈的形势下,世界经济增长持续乏力且下行压力加大、全球市场需求有所回落、贸易保护主义开始升温,经济发展呈现出一系列前所未有的新特征新表现,各种贸易政策的不确定性不稳定性也日益突出,这对我国出口企业提出了新的挑战,如何应对这些挑战成为我国出口企业不得不面对和重点解决的问题。

第一节　我国高质量发展新阶段

一、贸易政策不确定性影响问题的提出

习近平总书记在党的十九大报告中指出,"我国经济已由高速增长阶段转向高质量发展阶段"[①]。党的二十大报告明确指出了创新是第一动力,要深

[①] 习近平:《决胜全面建成小康社会　夺取新时代中国特色社会主义伟大胜利——在中国共产党第十九次全国代表大会上的报告》,人民出版社 2017 年版,第 30 页。

入实施创新驱动发展战略,不断塑造发展新动能新优势。企业作为市场主体,是经济发展的动力源。经济高质量发展的战略实现归根结底需要通过企业的创新予以实现,尤其是具有一定国际竞争力的出口企业的创新发展转变。有关出口企业如何应对贸易政策的不确定性及各种风险的叠加效应从而实现创新发展,成为学界、业界关注的焦点、热点问题。基于此,本章分析研究背景、厘清研究思路、搭建研究框架、选取研究方法、确定研究内容,以期为全书的撰写奠定研究基础。

二、贸易政策不确定性背景下的企业创新

1978 年改革开放后,尤其是 2001 年加入世界贸易组织以来,中国经济发展融入到全球经济一体化过程中,经历了持续快速发展的阶段。生产潜力不断得到释放,经济规模越来越大。随着中国企业参与国际分工的程度不断加深,中国在世界上的影响力和重要性也不断提升。与此同时,经济增长方式较为粗放,经济结构不合理,经济发展方式亟须转变。党的十八大以来,中国特色社会主义进入新时代。党的十九大根据发展阶段和社会主要矛盾的重大变化,经过充分论证,明确提出我国经济已由高速增长阶段转向高质量发展阶段。"创新是一个民族进步的灵魂,是一个国家兴旺发达的不竭动力,也是中华民族最深沉的民族禀赋。"[1]"我国科技发展的方向就是创新、创新、再创新。"[2]党的十九届六中全会通过的《中共中央关于党的百年奋斗重大成就和历史经验的决议》强调,必须实现创新成为第一动力。富有竞争力的企业是高质量发展的微观基础。当前,我国大企业存在大而不强的问题,虽然近两年我国位列世界 500 强的企业数量连续居于全球首位,但主要依赖规模,这些企业的创新引领力、国际竞争力与世界一流水平依然存在一定的差距。

---

① 《习近平谈治国理政》,外文出版社 2014 年版,第 59 页。
② 《中国对外贸易形势报告》(2023 年春季),商务部国际贸易经济合作研究院,第 4 页。

第二节　贸易政策不确定性逐年上升

2020 年 10 月 26 日至 29 日,中国共产党第十九届中央委员会第五次全体会议审议并通过了《中共中央关于制定国民经济和社会发展第十四个五年规划和二〇三五年远景目标的建议》,指出:"当今世界正经历百年未有之大变局","国际环境日趋复杂,不稳定性不确定性明显增加","新冠肺炎疫情影响广泛深远,经济全球化遭遇逆流,世界进入动荡变革期,单边主义、保护主义、霸权主义对世界和平与发展构成威胁"。① 百年未有之大变局与百年疫情相互交织,新冠疫情全球性大流行使百年未有之大变局加速演进,国际力量对此快速调整,单边主义、贸易保护主义深入发展,国际贸易外部环境的不确定性持续增加。面对如此不利的环境,我国对外贸易仍取得了优异成绩。中华人民共和国商务部国际贸易经济合作研究院《中国对外贸易形势报告》(2023 年春季)指出,2022 年中国对外贸易稳定增长,进出口、出口、进口分别增长 7.7%、10.5% 和 4.3%②。

一、西方发达国家的逆全球化转向

在 2008 年国际金融危机后,由于西方发达国家在世界经济格局中的地位受到威胁,一些发达国家在国际贸易中贸易赤字严重。因此,曾经积极推动经济全球化进程且发挥引领作用的美国,以及支持多边主义价值观的英国等西方发达经济体政策倾向出现反转,开始减少与国外的贸易和文化交流,增加内倾政策,回归传统的国家主义立场。同时,以世界贸易组织为代表的多边贸易体制遭遇挑战,一些发达经济体对国际货币基金组织、世界银行等多边机构的

---

① 《中共中央关于制定国民经济和社会发展第十四个五年规划和二〇三五年远景目标的建议》,人民出版社 2020 年版,第 3 页。

② 中国商务部:《中国对外贸易形势报告》,http://www.mofcom.gov.cn/article/gzyb/。

支持意愿和力度都严重不足,也就是所谓的反多边主义现象。西方发达国家想通过"逆全球化"策略主导区域性伙伴的经济发展,大大增加了国家之间的摩擦与冲突,阻碍了国家之间的贸易、投资、货币与金融联系,使世界经济的运行与发展萌生出许多不确定的因素。此外,对于发展中国家来说,它们正处于新一轮经济全球化的起步阶段,还需要依赖发达国家技术、资源以及市场来促进自身的发展,开展国际贸易是推动经济增长的引擎之一。当前,西方发达国家所采取的保守对外经贸策略、制定新贸易规则等"逆全球化"行为,使发展中国家的经济发展受到一定的制约。

二、中美贸易摩擦加剧

自美国特朗普政府上台以来,美国政府以平衡中美贸易、缩小贸易逆差等为借口,大行"制造业回归"、"美国优先"战略,对来自中国的商品加征关税,不仅包括了中国众多具有比较优势的产品,还把矛头直指中国制造 2025 战略,意在打压中国以维护美国经济霸权。自 2018 年 3 月 22 日至 2021 年 12 月 18 日,美国政府及其职能部门,共把 611 家中国公司、机构及个人纳入实体清单中,通常被称作美国商务部工业和安全局(BIS)的贸易黑名单。其中,2018 年被纳入实体清单的有 63 家,2019 年有 151 家,2020 年有 240 家,2021 年(截至 12 月 18 日)有 157 家。这 611 家中国公司主要涉及三类:一是与信息技术、核电、国防军工有关的高校和研究机构;二是与国防军工及航天科技有关的机构及产业公司;三是与通信、半导体、人工智能等相关的技术产业实体。2021 年 12 月,美方以所谓涉疆问题为由将 8 家中国企业列入"投资黑名单"。2022 年 2 月 7 日,美国商务部工业与安全局宣布将 33 个总部在中国的实体列入所谓"未经核实名单"。由于实体清单中有众多华为及与华为关联的公司,一定程度上降低了华为产品在国际市场上的竞争力,影响了华为公司的可持续发展。"华为事件"凸显了创新在企业发展中的核心地位,而关键技术"卡脖子"的问题则唤起了我国科技企业的忧患意识。OPPO 在"华为事件"发生后加快设立芯片部门。比亚迪在 2020 年完成对半导体产业的内部重组,通过建立独立的资本市场平台和市场化激励机制加快半导体的研发创新。

三、新冠疫情放大贸易保护主义

2020 年 1 月 30 日,世界卫生组织将新冠疫情列为"国际关注的突发公共卫生事件"并在 2 月 28 日将其全球风险等级由"高"进一步上调至"非常高",随后于 3 月 11 日宣布新冠疫情已演变成为"全球性大流行"。截至 2022 年 2 月 18 日,国外累计确诊已超 4 亿多人,其中美国累计确诊已高达 8000 万。无论从历史事实还是经验观察来看,人类社会对流行病与国际贸易二者关系的关注由来已久,但受制于各种主客观因素国际贸易研究领域长期以来对流行病缺乏足够的关注与应有的重视。随着新冠疫情的全球大流行以及国际社会抗击疫情的持久性,这场规模空前的公共卫生危机势必对世界经济与国际经贸合作造成巨大的负面冲击。

新冠疫情发生后,出于疫情防控的需要,进、出口方当局普遍实施了更加严格的检验检疫程序,甚至在疫情恶化时采取禁航禁运、封锁边境等措施。上述限制措施会引发明显的贸易抑制效应,由此造成的直接后果是削弱跨国间的贸易自由化程度,导致市场准入壁垒高企、贸易成本大幅上涨,甚至还可能诱发贸易保护主义(沈国兵,2020)。另外新冠疫情对国际贸易的另一个作用渠道可能隐含于其对经济参与主体心理预期的冲击所引发的不确定性风险。社会公众恐慌情绪往往与公共卫生危机相伴而生,其弥漫发酵除了扰乱正常的经济社会秩序外,更会加剧不确定性风险。不确定性风险的加剧会挫伤贸易活动参与主体的预期与信心,从而使跨国贸易联系变得更加脆弱(刘洪铎,2021)。因此,自 2020 年初新冠疫情暴发以来,新冠疫情对全球供应链的稳定造成重大冲击,对经济社会发展也造成了巨大威胁与严峻挑战,引致单边主义、贸易保护主义抬头。

纵观全球贸易环境,由于国际经贸环境不断出现新的变化,当前国际格局和国际体系正在发生深刻调整,世界经济版图发生的变化更是前所未有,世界大变局的调整呈现出一系列前所未有的新特征新表现,各种风险叠加使得不确定性不稳定性日益突出。美国宣布退出 TPP、英国"硬脱欧"、法国"黄马甲"运动、欧洲移民危机、美国贸易代表依据《1974 年贸易法》宣布对华启动"301 调查"等一系列事件相继发生,中美贸易摩擦日渐升级,美国发起的贸易战,严重破坏和逆转了几十年来的贸易自由化进程,并以违反世贸组织惯例和规则的方式设定关税,极大地增加了经济主体面临的不确定性(IMF,2018),国际"逆全球化"和贸易保护主义随之愈演愈烈,单边主义政策对多边贸易体制形成了巨大挑战。2020 年随着新冠疫情对全球供应链的重大冲击,供应链断裂问题越发凸显,外贸发展面临环境的不确定性随即增多,国际市场需求增速放缓,全球贸易政策不确定性逐年上升。涵盖了 143 个国家的世界不确定性指数(WUI)①,作为衡量全球经济和政策不确定性指标,该指数显示,尽管不确定性已经从 2020 年第一季度新冠疫情刚刚暴发时观测到的峰值水平下降了约 60%,但仍比 1996—2010 年的历史平均水平高 50%左右。

企业作为一国经济的主要微观主体,其发展将直接影响该国经济能否高质量持续运行。而出口企业则是对国际环境的直接感知主体。国际环境的不确定性会对参与国际贸易的企业的行为选择产生重要影响,进而影响贸易及其他相关经济变量(余智,2019)②。在当前贸易政策不确定性逐年上升的国际背景下(Baker,Bloom & Davis,2019),中国出口企业面临着复杂且多元的关税与非关税壁垒,中国的主要出口产品正从劳动密集型的低技术产品向技术密集型的产品进行过度,相应地,产品的创新性、复杂度也都在不断地提升(刘君洋和朱晟君,2021)③。深入分析研判国际经贸环境新形势,实证检验贸

---

① World Uncertainty Index(WUI)的数据资料来源为 https://worlduncertaintyindex.com/。
② 余智:《贸易政策不确定性研究动态综述》,《国际贸易问题》2019 年第 5 期。
③ 刘君洋、朱晟君:《贸易政策不确定性、出口产品复杂度与企业集聚:风险环境下的企业空间重构》,《地理研究》2021 年第 12 期。

易政策不确定性变动影响我国的出口企业持续的机制,将为推动中国出口企业效率提升和高质量发展,提供理论依据与经验支撑。

　　基于此,本书拟以中国面临的贸易政策不确定性为切入点,聚焦中国出口企业,从企业创新投入、创新产出、创新效率三个维度,对中国出口企业创新发展的理论机制、实证检验与路径拓展进行研究,从而找到当前贸易政策复杂多变形势下我国出口企业持续创新的有效途径。根据以上分析,本研究试图回答以下问题:(1)中国面临的国际贸易政策和中国出口企业创新活动是如何发展和变化的?(2)贸易政策不确定性影响出口企业创新是否具有理论基础?(3)贸易政策不确定性如何影响我国出口企业创新?(4)贸易政策不确定性对中国出口企业创新存在何种影响效应?(5)贸易政策不确定性对我国出口企业创新的影响是否具有异质性?对这些问题的回答,可以更加深刻地了解贸易政策不确定性对微观企业行为影响的机理,也对我国出口企业有效应对贸易政策不确定性提供新的参考。

第二章 企业技术创新与贸易政策不确定性研究进展

企业创新发展是推动我国经济提质增效的重要一环,也是经济高质量发展的基础所在。在贸易环境日益严峻的背景下,如何推动出口企业创新实现高质量发展,俨然成为当下国际经济学研究的热点话题。当前已有部分学者从不确定性视角展开研究,考察贸易政策不确定性对出口企业创新活动带来的影响。本章节主要基于国际贸易与企业创新理论,聚焦贸易政策不确定性对出口企业创新影响,对相关国内外研究现状和发展动态进行梳理。经过系统梳理与分析,与本研究密切相关的文献大致可以分为三类:第一类是关于企业创新的研究,包括从理论层面的创新解读、创新的影响因素,以及创新的测度等内容;第二类是关于贸易政策不确定性的研究,主要涉及贸易政策不确定性测度方面的研究;第三类是关于贸易政策不确定性所产生的微观经济后果研究,如对企业创新影响。根据以上的梳理,本部分主要从创新思想与概念、企业技术创新的相关研究、贸易政策不确定性的相关研究、贸易政策不确定性对出口企业创新的影响、关税变动对出口企业创新的影响、非关税变动对出口企业创新的研究等方面展开文献综述。

第一节 创新思想发展与演进

本研究分别从马克思主义哲学理论中体现的创新思想、熊彼特的创新思想,以及新时代的创新观,对创新思想与概念进行梳理,遵循了标志性事件和代表性人物的分类逻辑,既体现出了创新思想的来源,也解释了创新思想在新时代背景下的发展和演进,从而有助于为本研究的理论梳理提供必要的支撑。

一、马克思主义哲学中的创新思想

马克思主义哲学本体论是辩证唯物主义世界观,它坚持实践思维,从实践的观点出发理解和把握世界的本质。从马克思主义哲学本体论层面看,创新是一种改造客观世界、推动社会进步的感性物质活动,是一种自觉的独立存在的创造性实践,这种创造性实践活动之所以成为社会发展的动力,在于其不断创造出为社会所需要的某种新价值,而实现这种价值创造的根本前提,就是遵循客观规律。因此,创新的根本内容是创造价值,基本前提是按客观规律办事。

马克思指出,"通过批判旧世界发现新世界……我指的就是要对现存的一切进行无情的批判"。① 马克思主义哲学作为世界观与方法论的统一,是理论创新与实践创新的紧密结合,也是理论批判与现实批判高度融合的产物。马克思主义哲学方法论中的批判,是一个集自觉性、革命性与实践性于一体的创新系统,是由问题觉醒到自我革命,再到现实建构的完整的方法论。马克思从生产力决定生产关系的角度,强调了技术创新对社会发展的推动作用。李永胜和何妮(2021)指出,在马克思看来,生产力是社会生产和人类历史发展的最终决定力量,而科学技术是直接生产力。从辩证唯物主义本体论理解创新的本质属性,就是从实践出发考察创新对整个人类社会发展的根本作用。作为认识并改造世界的创造性实践活动,创新对人类社会的根本意义在于,它通过价值创造引领并推动社会向前发展。创新对人类社会的价值,主要是通过促进生产力与生产关系的变革实现的。纵观人类历史上的重大进步与社会变革,无一不是与创新深度融合的结果,尤其是创新与科学技术的紧密结合。

---

① 《马克思恩格斯全集》第47卷,人民出版社2004年版,第64页。

二、约瑟夫·熊彼特的创新概念

约瑟夫·熊彼特于 1912 年出版的《经济发展理论——对于利润、资本、信贷、利息和经济周期的考察》一书中,提出"创新"的概念。熊彼特对创新的实质和范畴作了开创性分析。他认为,经济发展的动力是生产者以新的方式重新组合现在的生产要素,即创新。经济发展是创新打破旧均衡、推进新方式的"创造性毁灭"过程。创新包括产品创新、工艺创新、市场创新、供应链创新和生产组织创新五种典型形式。因此,熊彼特的创新包括技术创新、市场创新和组织管理创新。熊彼特进一步指出,企业的基本职能就是创新。熊彼特还对创新和发明进行了区分,在发明未转化为创新之前发明只是一个新观念新设想,创新则是新发明在实际生产过程的运用,企业家的职能就是把新发明引进生产体系。熊彼特强调生产技术的革新和生产方法变革的地位与作用,创新是联结科学技术进步与经济增长、经济发展的一个转换媒介。总结熊彼特的概念,有关的表述共包含三层含义:其一,创新是一个经济学概念,创新活动本身是实现价值增值的过程。其二,无论是新的生产要素还是要素的新组合,关键一环是要将其引入生产体系。其三,与传统经济发展理论相比,除了技术、市场、商业模式等影响因素外,制度设计对经济发展至关重要。

三、新时代的创新观

汤之《盘铭》曰:"苟日新,日日新,又日新。"《康诰》曰:"作新民。"《诗》曰:"周虽旧邦,其命维新。"是故君子无所不用其极。我国古圣先哲即已指出个人民族国家社会的前途和命运均维系在是否能够坚持不懈地创新求变(董静,2003)。2015 年,习近平总书记在党的十八届五中全会上提出了"创新、协调、绿色、开放、共享"的发展理念,把创新提到了首要位置,把发展基点放在创新上,形成促进创新的体制架构,塑造更多依靠创新驱动、更多发挥先发优势的引领型发展。这是关系我国发展全局的一场深刻变革,具有重大现实意义和深远历史意义。国内外不少专家学者对企业创新问题开展了研究。2017年党的十九大报告再次强调要"坚持新发展理念",指出"发展质量和效益还不高,创新能力不够强,实体经济水平有待提高"。习近平总书记在不同场合反复强调"创新"的重要性,逐步形成了系统完整的创新思想,并在实践方面将之上升到国家战略的高度(张卫东,2022)。实施创新驱动发展战略,必须以习近平总书记的创新思想为指导,牢记为中国人民谋幸福、为中华民族谋复兴的使命,尊重人民的创新主体地位、发挥人民的首创精神、聚焦人民的实践创造,实现以科技创新为核心的全面创新系统内各子系统、要素之间的有机衔接、协同互动,形成创新发展的强大合力(刘红玉和彭福扬,2018)。党的二十大报告明确指出,必须坚持科技是第一生产力、人才是第一资源、创新是第一动力。只有坚持创新是第一动力,才能推动我国实现高质量发展(陈劲,2023)①。坚持创新是第一动力,这也是我国破解"卡脖子"关键核心技术困境,以及实现高水平科技自立自强基础。

第二节　企业技术创新的探索

企业技术创新的研究已有较早的历程,当前对技术创新的研究仍然是学术和实践领域的重要问题。根据有关企业技术创新的文献梳理,结合本研究主题,按照定义—前因—效果的基本逻辑,分别从企业技术创新的内涵、企业技术创新的类型、企业技术创新的影响因素、企业技术创新的测度,对有关企业技术创新的文献进行了分类梳理,具体情况简要概述如下:

一、企业技术创新的内涵及类型

熊彼特(Shumpeter)的创新理论的发展和完善,形成了以技术变革和技术

---

① 参见陈劲:《创新是第一动力(思想纵横)》,《人民日报》2023年1月13日,第9版。

推广为对象的技术创新经济学，以及以制度变革和制度建设为对象的制度创新经济学。在此逻辑基础上，阿罗（Arrow，1969）强调了创新与知识生产两者之间的关系。此后研究企业技术创新理论的学者们发展了熊彼特（Shumpeter）和阿罗（Arrow）的思想，认为技术创新是为获得新的创意而重新整合现有的知识元素（Nelson 和 Winter，1982），或重构现有知识的元素组合架构（Henderson 和 Clark，1990）的过程。

按照不同的标准，企业技术创新可以划分为不同的类型。熊彼特（Schumpeter，1934）认为技术创新主要体现在新市场、新产品、新材料、新技术以及新组织，包括产品创新、过程创新、组织创新等。还有其他类型的定义，渐进性创新和突破性创新（Abernathy 和 Utterbak，1978）、结构性创新（Henderson 和 Clarle，1990）。有的学者根据学习路径将创新划分为探索式创新和利用式创新（Benner 和 Tushman，2003），探索式创新是指企业不断学习和吸收新知识以研发新的技术（Yang 等，2014）[①]，探索式创新有助于企业发现新的技术路径实现产品等方面的创新；利用式创新主要是指企业充分利用已有资源的创新活动（谢伟等，2023），利用式创新强调利用已有资源来获得创新收益。还有学者提出了基于企业作为开放系统的开放式创新（Chesbrough，2003），随着经济开放程度的增长，对开放式创新研究的关注度日益增高，如韩少杰等（2023）研究了数字化转型对企业的开放式创新生态系统的构建问题，并提出了具体的构建框架。此外，OECD 在 2005 年区分了四种类型的创新：产品创新（新产品或服务、现有产品或服务的显著改进）、过程创新（生产改进或交付方式的改进）、组织创新（商业实践的改进、生产组织或企业外部关系的改进）和市场创新（产品设计、包装、替代、促销或价格）。斯旺（2013）在《创新经济学》中将技术创新区分为工序创新、产品创新，进一步提炼了企业技术创新的类型。

---

① Yang H.，Zheng Y.，Zhao X.，"Exploration or Exploitation? Small Firms' Alliance Strategies with Large Firms"，*Strategic Management Journal*，Vol.35，No.1，2014.

二、企业技术创新的影响因素

企业技术创新是一个复杂的活动和过程,因而不可避免地受到多种因素的复合影响。将影响技术创新(产品创新和过程创新)的因素划分为企业内部因素、企业外部因素和情境因素(Kolluru 和 Mukhopadhaya,2017)[①]。企业内部因素主要指企业一般特征,包括企业规模、企业年龄、R&D 投入、产权性质、企业文化和发展战略等,企业外部因素包括竞争环境、出口和国际化等,而情景因素主要是合作、网络和信息来源,政府政策和规定等。法格伯格(Fagerberg,2017)[②]从国家创新系统的动态、过程和政策视角将影响企业技术创新的因素归结为知识资本、专业技能、市场需求、融资环境和制度因素。罗格和赖卡特(Rogge 和 Reichardt,2016)[③]则建议从政策元素(政策战略、政策工具)、政策过程(制定和实施)和政策特征(一致性、一贯性等)构成的框架下从不同维度(政策范围、政策层次、区域及时间)分析政策组合和技术变革的相互影响,而政策工具则包括 R&D 直接补贴和间接补贴等。具体而言,目前的研究总结出如下几类影响因素:

第一,创新投入因素。一方面,R&D 投入是企业进行技术创新的基本前提,相较于各类其他影响因素,R&D 投入对企业技术创新的影响系数最高。苏塔瑞斯(Souitaris,2002)[④]认为,R&D 投入有利于渐进性产品创新,也可以正向影响突破性产品创新(Amara 等,2008;Di Benedetto 等,2008),增加 R&D

①　Kolluru S.,Mukhopadhaya P.,"Empirical Studies on Innovation Performance in The Manufacturing and Service Sectors Since 1995:A Systematic Review",*The Economic Society of Australia*,Vol. 36,No.2,2017.

②　Fagerberg J.,"Innovation Policy:Rationales,Lessons and Challenges",*Journal of Economic Surveys*,Vol.31,No.2,2017.

③　Rogge K. S.,Reichardt K.,"Policy Mixes for Sustainability Transitions:An Extended Concept and Framework for Analysis",*Research Policy*,Vol.45,No.8,2016.

④　Souitaris V.,"Technological Trajectories as Moderators of Firm-Level Determinants of Innovation",*Research Policy*,Vol.31,No.6,2002.

投入可以通过推动产品创新和过程创新,从而支持企业技术创新,促进企业增长和增强竞争优势(Lind,2014)。许多学者都指出 R&D 投入强度与企业的技术创新正相关,例如项莹等(2013)就发现 R&D 人员投入强度正向影响中国医药制造企业的技术效率,R&D 投入强度可促进医药制造企业的技术创新效率(张学芬和章家清,2016)。此外,也有学者从行业性质的角度来看待这个问题,例如卡斯特拉尼等(Castellani 等,2019)认为,相较于低技术行业,R&D 投入对高技术行业企业的生产率影响更大,高技术行业的生产率与 R&D 存量之比的弹性高于中低技术行业,其原因在于:其一,R&D 投入的有效性的"门槛"效应意味着为了提高生产率,大量 R&D 投入是其必要条件;其二,相比中低技术行业,R&D 投入对高技术行业企业的生产率影响更大;其三,高技术行业将 R&D 投入转化为生产率提高的能力相较于中低技术行业更强。另一方面,创新人才投入也是企业进行技术创新时一个不可忽视的因素。创新人才始终是企业技术创新的核心要素,在当前国际与国内的复杂经济与社会环境下,顶尖的创新人才更是各国、各地区、各企业竞相争取的重点(高岭等,2020)①。从企业组织的视角来看,人才按层级可以分为董事、高管、技术型员工、普通员工四类。各类人才由于在企业内权力和责任、知识和技术水平的不同,对企业技术创新的影响也各不相同(吴松强等,2021)。

第二,宏观制度因素。谭(Tan,2001)以转型期中国为背景研究国有企业和非国有企业经理人在承担风险进行创新时的差别及其背后的制度逻辑,结果发现市场的激励对于非国有企业的企业家承担风险意愿的激励作用显著高于国有企业,在不确定的经营活动中,非国有企业更倾向于承担风险进行创新。林炜(2013)通过实证研究发现,我国不断上升的劳动力成本将在一定程度上倒逼企业进行技术革新,以发挥其驱动企业转型升级的关键作用。袁建国等(2015)以我国 A 股非金融上市公司作为实证研究对象,通过 Tobit 模型

---

① 高岭、余吉双、杜巨澜:《雇员薪酬溢价对企业创新影响的异质性研究》,《经济评论》2020 年第 6 期。

探索企业环境不确定性与技术创新的因果关系,发现现实环境不确定性与企业技术创新之间存在倒 U 形关系,即环境不确定对于企业技术创新的激励作用随着环境动荡对于持续创新活动的干扰破坏而递减。辛金国等(2023)①研究了营商环境在企业创新中的作用,他们的研究表明营商环境对融资结构和创新投入具有调节作用,良好的营商环境对企业创新将会产生积极的作用。

第三,国家政策因素。合理的政策支持能够有效提升企业技术创新能力,但政策支持的效果随着企业成长阶段和所处行业的不同,会产生较大的差异。在企业成长阶段方面,尚洪涛和王士晓(2020)基于企业成长周期理论,指出从短期激励效应来看,政府补贴对技术创新产出的促进作用更显著;而从长期激励效应来看,政府补贴对创新价值实现的方差贡献更大。所以,地方产业政策仅能对成熟期企业起到激励创新产出效果,但对成长期企业的影响并不显著(常曦等,2020)。而在企业所处行业方面,余长林等(2021)②以当前最热门的数字经济行业为例,发现政府补贴和行业准入制度等政策对其技术创新具有正向影响,但是税收优惠等政策影响并不显著,然而有些行业通过信贷、税收、研发费用抵扣、政府补贴等政策,反而能够鼓励民营企业技术创新(余明桂等,2016),因而政策的实施应当根据企业具体情况而有所差别。孙薇等(2023)③基于文本分析方法,利用政府采购合同数据,实证检验发现政府的创新采购对企业创新具有显著的正向作用,且无论是供给侧的创新采购,还是需求侧的创新采购都具有积极作用,二者之间也存在互补作用。

第四,市场结构因素。危怀安(2010)认为,垄断企业因为具有强劲的技术创新动力,同时有强大的技术创新能力,因而具有显著正向的技术创新效

---

① 辛金国、蔡婧靓、杨晨等:《营商环境、融资结构与家族企业创新投入》,《科研管理》2023年第1期。

② 余长林、杨国歌、杜明月:《产业政策与中国数字经济行业技术创新》,《统计研究》2021年第1期。

③ 孙薇、叶初升:《政府采购何以牵动企业创新——兼论需求侧政策"拉力"与供给侧政策"推力"的协同》,《中国工业经济》2023年第1期。

应。同时,增加产业内大企业的比重对创新具有促进作用(高敏,2004),企业的创新投入会随着其所获垄断利润的增加而增加(徐洁香和邢孝兵,2014)。而刘黎清(2001)认为,在不同的市场结构中,企业的技术创新动力、技术创新能力以及技术创新类型是不相同的,从技术创新最大化的角度来看,应当存在一个最优的市场结构(徐幼民和徐小康,2013)。杜邢晔(2022)①分析了数字经济市场结构与企业创新的关系,他发现寡头垄断市场结构会对企业创新意愿产生削弱,抑制了企业进行创新的意愿程度。

第五,市场环境因素。市场环境规制的差异对企业技术创新的影响程度不同。张国兴等(2021)在最新的研究中指出,从短期促进效果来看,公众参与型环境规制在短期内能够促进企业技术创新,但是幅度较小,而命令控制型的环境规制也能够起到正向作用,但是存在抑制的滞后作用,所以命令控制型环境规制的实施应考虑时效性;而从长期促进效果来看,市场激励型环境规制则表现更好,能够长期促进企业技术创新活动,外部的市场化水平越高,越有利于企业技术创新,在市场化过程中,本期的技术创新结果还受到上一期创新水平的影响。此外,营商环境与市场化水平具有紧密联系,可以通过国际贸易与个体教育水平提升等方式改善营商环境,从而促进企业技术创新水平的提升。王超男等(2023)研究了进口市场转换与企业创新之间的作用关系,他们发现双向转换是影响企业创新的重要因素,并且这种激励效应随着企业的一些特质因素变化进一步增强。

第六,创新战略因素。一般情况下,企业是在市场导向或科学发现导向的前提下进行技术创新(洪银兴,2012),所以,创新战略直接影响企业技术创新的方向。根据企业所处不同成长阶段所面临的不同外部环境特点,应当采取具有针对性的创新战略,例如,在企业萌芽期一般采用一元创新;在成长期通常采用二元创新,即制度组织创新为主和技术创新为辅;在成熟期采用另一种

---

① 杜邢晔:《数字经济市场结构演变与企业创新意愿——基于互联网平台企业的两阶段DEA-Tobit 检验》,《学习与探索》2022 年第 9 期。

二元创新,即技术创新为主和组织制度创新为辅(李宏贵和曹迎迎,2020),这是一个螺旋上升、循环往复的过程。宋建波等(2022)①进一步揭示了不同生命周期阶段企业战略差异对企业创新产出的影响,他们发现企业战略差异和企业创新产出之间是显著的负向作用关系,尤其是在企业成长期表现出更强的抑制效应。

第七,企业规模和类型因素。企业类型和规模是决定企业技术创新的关键内部因素。一些学者从国有和非国有企业、大型企业和中小型企业、高技术企业与非高技术企业等角度进行研究。王鹏辉等(2021)指出,一般而言,企业规模存在一个阈值,只有在阈值内,企业规模与技术创新之间是正向促进关系。在中国,非国有企业和大中型企业的技术创新提升受政府资助的正向影响较少,政府研发资助对微型企业的促进作用明显,然而对国有企业和小型企业存在显著抑制作用。冯根福等(2021)②进一步研究发现,就中国的民营企业和大规模企业而言,税收优惠的激励作用更大。在高新技术产业方面,相较国有企业,金融发展水平对非国有企业的技术创新影响更显著。因此,许玲玲等(2021)得出结论,东北地区存在的大量国有企业要实现技术创新突破和转型升级,不仅要从企业自身进行变革,还应调整地区产业结构。另外,根据跨国企业技术创新与企业经营发展的特点,还应重视研发国际化,而且高新技术企业认定也能够有效激励企业技术创新。李丹丹(2022)③的研究则表明,政府研发补贴对企业创新的激励效应会受规模因素的影响,较为明显地表现出政府研发补贴对中小规模企业产生的激励效应更明显。

第八,企业文化因素。企业文化在技术创新过程中发挥重要的调节作用。

---

① 宋建波、谢梦园:《战略差异、生命周期与企业创新产出》,《经济理论与经济管理》2022年第12期。

② 冯根福、郑明波、温军等:《究竟哪些因素决定了中国企业的技术创新——基于九大中文经济学权威期刊A股上市公司数据的再实证》,《中国工业经济》2021年第1期。

③ 李丹丹:《政府研发补贴对企业创新绩效的影响研究——基于企业规模和产权异质性视角》,《经济学报》2022年第1期。

企业文化是组织成员共同价值观念的集合,既可以通过制度设计,也可以通过改善企业管理者的创新意识和行为,影响企业技术创新能力。企业创新动力会受到企业文化的直接影响,当企业文化的凝聚作用弱,或者企业员工不能充分认同时,该企业技术创新动力不足(储德银和刘文龙,2021)。技术创新对文化创新具有渗透提升作用,文化创新对技术创新具有驱动作用,而且,企业社会责任在文化创新中的作用愈加凸显,当前企业发展到一定规模、技术创新发展到一定水平后,须将社会责任理念融入社会创新活动中。由雷(2021)进一步指出,企业文化驱动技术创新可以通过依靠完善现代化企业管理文化、培养各类专业技术人才、加强企业品牌文化建设等方式得以实现。企业的文化模式不同,技术创新的选择方式也不同,灵活文化和市场文化倾向于率先创新方式,层级文化倾向于模仿创新方式,企业若想提升其技术创新能力,就需要结合自身的文化模式来选择适合的技术创新方式。由于技术创新的高风险性和高利润性,鼓励和容忍文化、自由文化等灵活文化对企业技术创新均具有正向影响。张璇等(2022)①研究了中国的传统文化对企业创新的影响,他们的研究发现儒家文化会对企业创新产生积极的作用,但外来文化的冲击可能对儒家文化与企业创新的激励作用产生阻碍。

三、企业技术创新的测度

在企业技术创新研究领域,构建评价指标体系是目前大量学者研究的热点。从研究指标角度看,国外关于企业技术创新的实证研究通常采用专利数量和专利的被引次数来分别衡量创新规模与创新质量(He 和 Tian,2013)。以美国为例,绝大部分研究均从美国国家经济研究局数据库获取比较完整的专利申请以及每一个专利的被引用次数数据。其中,霍尔等(Hall 等,2001)系统地介绍了美国国家经济研究局数据库专利数据在宏微观创新研究领域的

---

① 张璇等:《信贷寻租、融资约束与企业创新》,《经济研究》2017 年第 5 期。

基本问题、可能视角与方法论工具。除了在实证研究中采用专利申请数据或者专利被引次数数据外,阿格依奥等(Aghion 等,2013)和赫舒拉发等(Hirshleifer 等,2012)①还运用企业研发支出作为企业创新投入强度的衡量指标,也就是从效率的角度来研究企业创新问题。

受制于数据的获得渠道等约束,国内学者对企业技术创新的衡量指标的研究与国外相比存在一些差异。对于上市公司,我国并不强制要求其披露研发方面的数据,所以在研发这方面的信息是不完全统一的,部分企业并不完全披露详细的研发信息,也缺少相对统一的披露标准。例如,王山慧等(2013)以及张兆国等(2014)②均采用研发投入水平作为企业创新的衡量指标,研究管理者过度自信、管理者任期等因素对企业技术创新产生的影响;通过使用在国家知识产权局网站手工整理的专利申请数据,温军和冯根福(2012)、袁建国等(2015)③采用专利申请数据和企业研发投入水平分别作为企业技术创新产出和投入的衡量指标;利用全国私营企业抽样调查数据中的新产品数量等指标,买忆媛等(2016)则研究了企业家在其行业中的地位对于企业创新行为的影响。以上这些研究过程中,主要使用了公开数据库的数据资料。

从研究方法来看,大部分研究与传统指标体系构建方法相同,通常用专家群体决策或根据已有研究样本和文献分析法确定指标候选集,然后通过专家打分筛选重要指标,最后通过确定指标权重对企业技术创新能力进行评估和评价(张林和宋阳,2018)④。学者对企业技术创新进行综合评价时,通常采用各种评价方法来反映企业技术创新的总体特征,这些方法主要分为以下几个方面:

---

① Hirshleifer D., Low A., Teoh S. H., " Are Overconfident CEOs Better Innovators?", *The Journal of Finance*, Vol.64, No.4, 2012.

② 张兆国、刘亚伟、杨清香:《管理者任期,晋升激励与研发投资研究》,《会计研究》2014 年第 9 期。

③ 袁建国、后青松、程晨:《企业政治资源的巧兄效应——基于政治关联与企业技术创新的考察》,《管理世界》2015 年第 1 期。

④ 张林、宋阳:《企业技术创新能力评价体系构建研究》,《商业经济研究》2018 年第 10 期。

第一,基于模糊评价的企业技术创新能力评价方法。此方法多为国内研究学者提出,主要特点是首先设计一套评价指标体系,确定各指标的权重,建立模糊评语集,然后运用模糊评价方法来对企业的创新能力进行判断。朱冰柯和李姝(2016)通过模糊评价综合方法对企业技术创新能力进行了评价与分析。王博(2015)同样基于模糊综合评价法构建了应急装备企业创新能力的评价模型。但此类方法的缺点是人为因素的作用较大,缺乏客观性,并且资料收集与处理基本依靠人力进行,劳动量较大,因而应用较少。

第二,基于层次分析法(AHP)及其扩展方法的企业技术创新能力评价方法。穆等(Mu 等,2018)通过层次分析法对中小型企业的技术创新能力构建出指标体系。潘等(Pan 等,2020)[1]结合层次分析法和密切值过程法对制造企业的绿色创新能力进行了评价。此外,一些学者利用改进的层次分析法并结合模糊评价法建立模型,对企业技术创新能力进行了评价(姜子国等,2016)。从上述基于 AHP 方法的企业技术创新能力评价指标构建的文献的结论中可以发现,评价中各个指标层权重都有赖于专家们的主观判断,不可避免地带有一定程度的主观性,因而还需要更加科学客观的方法。

第三,基于数据包络分析(Data Envelopment Analysis,DEA)的企业技术创新能力评价方法。王等(Wang 等,2020)基于两阶段网络 DEA 方法构建了高科技产业技术创新效率的评价框架。向等(Xiang 等,2020)[2]使用 DEA 方法对中国 233 家上市公司的创新能力进行评价与分析。赵立雨等(2020)采用DEA-BCC 模型和 Malmquist 指数对陕西省制造行业中的 22 个子行业的绿色创新技术效率进行了评价。从上述基于 DEA 的企业技术创新能力评价指标

---

[1]　Pan X.,Han C.,Lu X.,et al.,"Green Innovation Ability Evaluation of Manufacturing Enterprises Based on AHP-OVP Model",*Annals of Operations Research*,Vol.290,No.1,2020.

[2]　Xiang M.,Zhihui L.,Yingfan G.,et al.,"Innovation Efficiency Evaluation of Listed Companies Based on The DEA Method",*Procedia Computer Science*,Vol.174,2020.

构建的文献可以看出,虽然 DEA 方法可以实现对象的多输入多输出,但是 DEA 方法只是相对效率的评价,不能表明研究对象的实际技术水平,因而仍然存在一定缺陷。

从以上关于企业技术创新测度的文献来看,对技术创新的测度,从测度内容来看,既有单一指标,也有综合指标;从测度方法来看,既有传统的层次分析法,也有数据包络分析等方法。总体来看,对企业技术的测度相对来说比较一致,主要从投入和产出两个方面加以衡量,尤其是在使用二手数据资料的研究过程中,侧重使用了企业研发强度、企业专利等定量指标,这种测量方法在实证研究文献中有比较高的一致性。

第三节 贸易政策不确定性

关于贸易政策不确定性如何影响企业出口,始于经济政策不确定性对于贸易影响的研究(Baldwin 和 Krugman,1989;Bloom 等,2007;Novy 和 Taylor,2014;Baker,2016 等)。汉德利(Handley)等开创了对贸易政策不确定性的研究,其代表性的学者包括汉德利(Handley)和利马奥(Limao)。随后的研究,逐渐对贸易政策不确定性的关注日益丰富起来(Handley 和 Limao,2017;Feng 等,2017 等)①。近年来,贸易政策不确定性对企业行为的影响,已成为国际贸易领域一个新的研究话题(张兵兵和田曦,2018;李敬子和刘月,2019;席艳乐等,2019;毛其淋,2020;刘啟仁等,2020)。根据已有的文献情况,并结合了本研究的主题,主要从不确定性相关研究、贸易政策不确定性的内涵等相关的研究,以及贸易政策不确定性测度的相关研究三个方面,简要概述了贸易政策不确定性的相关研究文献。具体内容总结如下:

---

① Handley K., Limao N., "Policy Uncertainty, Trade, and Welfare: Theory and Evidence for China and the United States", *American Economic Review*, Vol.107, No.9, 2017.

一、不确定性

从人类思维发展史上来看,确定性是人类认识的追求目标。只有在确定性的概念基础上,人类的行为及其实现目标才能得到完全的确认。客观世界普遍存在不确定性,不确定性比确定性更为基本和普遍,不确定性在理论研究中处于越来越重要的地位。李坚(2006)指出从认识论角度看,不确定性是指人无法对事物状态或事件运行结果做出唯一确定的描述和预言。事件过程及其结果本身是确定的,但是由于人的认识能力不足或信息不完全而造成认识反映的不确定性。这种不确定性称之为主观不确定性。客观世界还存在与人类认识能力无关的客观的不确定性,可称之为客观不确定性或客观随机性。客观不确定性是指客观事物状态或运行结果的多种可能性在实现上的等概性、平权性或对称性。最简单、最典型的事例就是掷硬币或掷骰子。任何一种可能性的实现相对于其他可能性并不具有优先地位,在实际实现过程中彼此地位平等,概率相同,因而是无法事前准确预言的。这种情形的存在是由客观实体自身结构的特点所决定的,与人的认识能力无关。

著名经济学家奈特(Knight)在其《风险、不确定性与利润》一书中,明确地提出了"不确定性"这个概念。他把"风险"看成"一种客观的可度量的不确定性",把"不确定性"看作一种不可度量的不确定性。"风险",表示的是一种损失,说"不确定性",则表示的是一种获得。奈特清楚地区分了"风险"和"不确定性"的含义并揭示了两者之间的关系。"风险"是一种"负面"意义上的"不确定性",但是它可以量度;"不确定性"除了"风险"以外还包括其他的情形,但它是"较高形式的真正的不确定性",一般情形下是"不可度量的"。奈特认为经济学中不确定性问题,根本原因在于经济过程本身的前瞻性。政策制定者和企业家必须密切关注未来政策的变化,在不确定性和可能获得的回报之间做出最终的选择(Bernanke,1983)。

布鲁姆等(Bloom 等,2007)以熊彼特(Shumpeter)创新思想为基础,认为不确定性的到来,会使企业在劳动力、资本等生产要素投入间进行调整,并存在调整成本。布鲁姆等(Bloom 等,2007)将企业创新界定为知识资本这一生产要素的调整,并进一步假设,知识不同于普通资本要素,其成本调整特征与普通资本要素存在差异。普通资本要素的调整成本来源于资本存量水平的直接改变,表现为资本的出售或者投资的增加。而知识是一种企业的无形资产,不能被用来直接交易,它的调整成本来源于研发投入水平的变化。布鲁姆等(Bloom 等,2007)对不确定性导致的知识这一生产要素的调整即研发投入的变动,进行了重点分析。顾夏铭等(2018)①在布鲁姆等(Bloom 等,2007)的基础上,阐释了政策不确定性如何影响企业研发活动的理论机理。在顾夏铭等(2018)的分析框架中,将政策不确定性视为影响需求的外来冲击,对动态模型进行量化分析,这为本研究关于贸易政策不确定性如何影响出口企业创新投入的理论推导,提供了很好的思路和借鉴。

另外,关于研究结论,顾夏铭等(2018)认为政策不确定性影响企业创新过程中会产生"激励效应"和"选择效应",关于贸易政策不确定性如何影响出口企业创新产出的理论推导中,对推导结论的归纳即来自对这两种效应的参考和借鉴。

但是该文献也存在不足之处,在实证研究部分,顾夏铭等(2018)对"激励效应"和"选择效应"没有进行充分的论证,对两种效应下的作用路径也没有涉及。关于两种效应下的作用路径,笔者尝试在顾夏铭等(2018)的基础上,进行理论拓展和实证检验,以期在该文献基础上,对该主题研究进行有益的补充。

二、贸易政策不确定性的内涵

贸易环境不确定性属于环境不确定性的一种表现形式,它是一个抽象概

---

① 顾夏铭、陈勇民、潘士远:《经济政策不确定性与创新——基于我国上市公司的实证分析》,《经济研究》2018 年第 2 期。

念,直接来说,是由国内外贸易政策的变动和实施所导致的环境不确定性,从更广义范畴下,国内外经济政策的变动和不确定性也会给一国贸易产生影响。现有文献中,主要采用贸易政策不确定性和经济政策不确定性两种方法对其进行识别。贸易政策不确定性是对贸易环境的直接测度,经济政策不确定性则在更广义范畴下捕捉国际经济环境和政治冲击对贸易带来的不确定性。关于贸易环境不确定性的影响效应,始于经济政策不确定性对贸易影响的研究(Baldwin 和 Krugman,1989;Bloom 等,2007;Novy 和 Taylor,2014;Baker,2016等)。汉德利等(Handley 等,2017)开创了对贸易政策不确定性的研究①。贸易政策不确定性对企业行为的影响,成为国际贸易领域一个新的研究话题(张兵兵和田曦,2018;李敬子和刘月,2019;席艳乐等,2019;毛其淋,2020;刘啟仁等,2020)②。

近些年,中国面临的贸易环境不确定性表现为两个方向的变动。一方面,中国与数十个经济体签署自由贸易协定,截至 2021 年 12 月中国已与 26 个国家和地区签署 19 个自贸协定。首先,完成了阶段性转变,进入后金融危机时期发展的新阶段,这一阶段,中国的自贸区战略以"全面、高质量和利益平衡"为目标,实现了诸多历史性突破,FTA 伙伴国的不断扩大,扩大 FTA 涵盖范畴与规模,构建与东亚和亚太地区内重要贸易投资伙伴国的 FTA 合作平台,谋求中美、中欧双边 BIT 谈判等。其次,自 2012 年由东盟发起的《区域全面经济伙伴关系协定》(RCEP),历经 8 年,已于 2020 年 11 月 15 日由 15 个成员国共同签署。近期,RCEP 的核准国又增加了 10 个成员国,自 2022 年 1 月 1 日生效实施,届时将成为世界上参与人口最多、成员结构最多元化、发展潜力最大的自贸区,也是全球规模最大的自贸区。RCEP 不仅对现 15 个成员国之间的

---

① Handley K., Limao N., "Policy Uncertainty, Trade, and Welfare: Theory and Evidence for China and the United States", *American Economic Review*, Vol.107, No.9, 2017.

② 刘啟仁、吴鄠燚、黄建忠:《经济政策不确定性如何影响出口技术分布》,《国际贸易问题》2020 年第 7 期。

贸易、投资起到促进作用,促使成员国经济发展发生深刻的结构性转变(Petri and Plummer,2021),还可大大加快全球疫情后的经济复苏。据联合国贸发会议的研究报告所述,到2025年,RCEP将会给15国成员的出口带来10%以上的增长。协定一经生效,将推动我国1/3的贸易实现零关税,并且带动相应的服务配套和投资开放,促进了贸易便利化和营商环境,对我国新发展格局的构建具有重要意义。在世界贸易组织(WTO)多哈回合谈判长期停滞不前的背景下,RCEP的签署,可以弥补WTO多边贸易体制失效而带来的机制空缺以及因此所产生的不确定性,实现"机制对冲",为国家间经济发展提供相当稳定的贸易环境(Mie Oba,2019;潘晓明,2021①)。对中国而言,区域伙伴成员国之间的贸易协议虽然给中国的贸易政策带来不确定性,但这无疑是对外开放和区域经济一体化的里程碑,促进了中国制造业的出口(钱学锋和龚联梅,2017),同时也为促进地区和世界的发展增添新的动能,降低了中国所面临的贸易环境不确定性。

另一方面,自2008年国际金融危机以来,世界层面的不确定性显著上升,经济持续低迷令不确定性更甚,贸易摩擦频发。近年来贸易保护主义大行其道,美国前总统特朗普,先是退出跨太平洋伙伴关系协定(TPP)谈判,后来又与中国推行的"一带一路"倡议竞争,推行"蓝点网络计划"。随之,将单边贸易保护主义推到更高的水平,其余的经济发达国家也纷纷效仿,大打国家安全旗号加强外国投资审查(OECD,2021)。美国限制进口、扩大出口的重商主义愈演愈烈(Kori Schake,2021),以国家安全考量为由通过一系列法律,包括强化禁止核心技术出口的规定、强化对外投资限制和外国投资准入限制等,令美欧为代表的发达国家纷纷加速转变为实行保守的贸易保护主义政策。同时,亚太区域国家出口将面临来自发达国家更多的准入限制和非关税壁垒,而美国的制造业"回流"和产业保护,使亚太国家面临更为激烈的国际市场竞争。

---

① 潘晓明:《RCEP与亚太经济一体化未来》,《国际问题研究》2021年第5期。

在这种大环境下,亚太国家以出口为驱动的经济增长模式面临着结构性调整(潘晓明,2021)。加之新冠疫情对全球供应链的重大冲击,民族主义、贸易保护主义及逆全球化思潮涌动,中国无疑成为了这一贸易保护主义逆流的最大受害者。中国企业面临的国际贸易环境日趋复杂多变,面临的贸易环境不确定性随之开始上升。其中,贸易保护主义以及企业利益集团的政治要求与不确定性因素密切相关(贾玉成,2019),对我国企业正常发展造成了严重阻碍。

三、贸易政策不确定性测度

贸易政策的研究始于经济政策研究的细化与深入。国内外学者大多利用两种方法对宏观经济的不确定性进行测度。第一种方法是"调查法",又称"截面离差预测法",但这种方法的缺陷在于个体内省期望离差不可观测,而往往用人际期望离差替代,然而在实际操作过程中,即便预测者认为未来事件具有不确定性,仍有可能做出相似的估计,以致出现较大的预测误差。第二种方法是"模型法",又称"时间序列条件波动法",这种方法是利用 GARCH 模型,基于宏观经济变量的时间序列数据求得估计量,这是估计条件异方差最为常用的一种方法(Baum 等,2006;Eisdorfer,2008;Baum 等,2010[①]),这种方法大大提升了对不确定性的度量精准度。

贸易政策不确定性这一概念最早由汉德利(Handley,2014)系统提出并加以研究,主要指的是一国贸易政策无法被企业和机构等预测的潜在波动,国内外大量学者相继跟进。贸易政策不确定性通常被认为是由关税变动所引起的,测度方法普遍采用关税度量法,即将贸易政策不确定理解为关税的不确定。汉德利等(Handley 等,2017)认为贸易政策不确定性是当前应用关税逆

---

① Baum C.F.,Caglayan M.,Talavera O.,"On the Sensitivity of Firms' Investment to Cash Flow and Uncertainty",*Oxford Economic Papers*,Vol.62,No.2,2010.

转为关税上限的可能性。谢杰等(2021)①认为,世界贸易组织的原则是建立贸易政策不确定性的可预测性,并力图实现对关税增长约束的提高。自世界贸易组织创建以来针对关税问题有一系列的减让措施,多边约束承诺以及双边约束承诺都被认为是反对关税壁垒、防止保护主义和重启世界经济的有效方式,且任何形式的约束承诺都可以令贸易政策不确定性减少。但无论是世界贸易组织(WTO)的多边约束,还是优惠贸易协定(PTAs)的双边约束,关税都是不常变动的。

肖特等(Schott 等,2017)利用关税的变动衡量贸易政策的不确定性,通过理论研究构建模型,推导得出测度公式。实证文献主要采用差分法,通过当前应用关税和关税上限的差额来度量(Groppo 和 Piermartini,2014;Osnago 等,2015;Alberto 等,2015;Feng 等,2017;李胜旗和毛其淋,2018②);也有文献采用对数差分法,通过两种关税的比值取对数来衡量(毛其淋和许家云,2018)。此外,卡尔达拉(Caldara,2020)③使用报纸报道、公司盈利预测和关税率三个标准来衡量贸易政策不确定性,发现新闻和未来更高关税不确定性的增加会减少投资和经济活动。

陆尚勤和黄昀在 2018 年编制出较新的对中国贸易政策不确定性的测度数据,即中国贸易政策不确定性月度指数(TPU Index)。此指数始于 2000 年 1 月,利用"慧科信息门户"获取报纸内容,在《北京青年报》《广州日报》《解放日报》《人民日报》海外版等 10 家报纸的文章中搜索关键词,并对包含关键词的文章篇目进行统计和一系列标准化处理,最终测算出中国的 TPU 指数,构建了一个每日指数和几个针对政策的 EPU 指数,以满足多种用途的理论和实践研究需要。

　　① 谢杰等:《贸易政策不确定性与出口企业加成率:理论机制与中国经验》,《中国工业经济》2021 年第 1 期。
　　② 李胜旗、毛其淋:《关税政策不确定性如何影响就业与工资》,《世界经济》2018 年第 6 期。
　　③ Caldara D.,Iacoviello M.,Molligo P.,et al.,"The Economic Effects of Trade Policy Uncertainty",*Journal of Monetary Economics*,Vol.109,January 2020.

第四节　贸易政策不确定性指数影响出口企业创新

本研究重点是探讨贸易政策不确定性与出口企业创新之间的关系,所以测度贸易政策不确定性是研究的基础环节。为此,本部分分别从创新投入、创新产出的角度,梳理了有关贸易政策不确定性指数影响的文献。主要涵盖研究内容方面、研究方法方面,以期为后续的实证研究提供方法论基础。

一、TPU 对出口企业创新投入的影响

贸易政策是在一定时期内,总体反映一个主体国家对外贸易的政策。贸易政策的制定必须根据不同国家的实际情况,符合客观环境,形成对外贸易政策的总体构想和政策框架(佟家栋和王艳,2002)。企业一般非常关心未来政策的变化,以在不确定性和可能获得的回报之间作出选择。当贸易政策不确定性上升、创新投入的潜在成本增加,企业这时的等待就变得更有价值,直到政策的不确定性降低、商业的条件变得明朗(Bernanke,1983),企业才开始重新考虑创新投资。这就好像经济的不确定性一样,在股市的波动性更大的时候,企业往往宁可暂停投资(Bloom 等,2007)。国际市场上的情况也差不多,由于贸易政策不确定性可能导致企业暂停出口(Roberts 和 Tybout,1997)[①],政策的承诺与信誉往往对企业的创新投资决策非常重要,贸易政策的不确定性往往能对其带来不可逆转的巨大成本,进而影响企业创新决策。

近年来,世界范围内贸易争端频发,贸易环境愈加恶化,许多学者开始关注贸易政策不确定性是否会影响企业创新投入。大多数研究结果表明,贸易政策不确定性下降会促使管理层增加研发投入、提高企业创新水平。一些学

---

① Roberts M.J.,Tybout J.R.,"The Decision to Export in Colombia:An Empirical Model of Entry with Sunk Costs",*The American Economic Review*,Vol.87,No.4,1997.

者从外生的贸易政策事件发生的视角进行分析,例如陈等(Chen 等,2019)用PNTR(美国"对华永久性正常贸易关系地位议案"的缩写)作为外生事件,研究发现美国授予中国永久正常贸易关系后,中国商品更容易进入美国,导致市场竞争加剧,从而促使美国出口企业增加研发创新投入以保证市场优势。佟家栋和李胜旗(2015)同样使用 PNTR 作为外生事件,研究发现当国际贸易政策不确定性降低后,我国出口企业更愿意进行研发投资以在国际市场赢得竞争优势。另一些学者则从贸易政策改革通过资源配置效率的变化对出口企业创新投入产生潜在影响的角度入手探讨,例如梅利兹(Melitz,2003)①认为当贸易壁垒降低时,低生产率的企业被淘汰,高生产率的企业获得出口的扩张,贸易政策的变化对企业的创新将会产生显著的影响。格里纳韦和内勒(Greenaway 和 Kneller,2007)②认为企业由于贸易政策不确定性下降,将增加出口活动,扩大对外投资,采用新技术来生产出更加优质的产品,这些创新产品使得企业在市场往往拥有更强的竞争力。汉德利等(Handley 等,2013)研究了中美之间贸易政策不确定性与企业福利的关系,认为随着中国贸易政策的进一步稳定,中国出口企业由于贸易政策不确定性降低而获得了出口的繁荣,中国从经济增长、就业、出口额等方面获得了福利的增加,这些福利往往能够增加中国出口企业的创新投入。熊凯军(2021)研究发现经济政策不确定性与贸易政策不确定性能促进制造业企业的创新投入和创新产出。

相应地,学者们也发现复杂多变的贸易政策环境会诱使管理层的短视行为,从而抑制企业创新投入(Caggese,2012)③,而进行战略变革可以帮助企业适应国际贸易中的贸易政策变化,当政策变化引起不确定性增加时,企业可以

---

① Melitz M.J.,"The Impact of Trade on Intra-Industry Reallocations and Aggregate Industry Productivity",*Econometrica*,Vol.71,No.6,2003.

② Greenaway D.,Kneller R.,"Firm Heterogeneity,Exporting and Foreign Direct Investment",*The Economic Journal*,Vol.117,No.517,2007.

③ Caggese A.,"Entrepreneurial Risk,Investment and Innovation",*Journal of Financial Economics*,Vol.106,No.2,2012.

通过调整资源配置来降低不确定性给企业带来的潜在负面影响(Porter, 1991)。贸易政策不确定性是企业所面临诸多环境不确定性的重要组成部分,它的上升也可能会给企业投资行为带来潜在的负面影响(王义中和宋敏, 2014;王孝松等,2014)。戈尔和兰姆(Goel 和 Ram,2001)利用 1981—1992 年 9 个 OECD 国家的数据进行实证研究,发现贸易政策的不可逆程度越高,不确定性对投资的负面作用越大,研发支出作为高不可逆性项目,其投资自然受其影响。大量基于实物期权理论和预防性储蓄理论也解释了贸易政策不确定性抑制企业创新投入的内在机理(McDonald 和 Siegel,1986;Schwartz 和 Zozaya-Gorostiza,2003),并提供了大量以政策不确定性为主要研究对象的经验证据(饶品贵等,2017;谭小芬和张文婧,2017①;李凤羽和杨墨竹,2015)。刘晴等 (2022)②在研究中指出,贸易政策不确定性会对企业创新产生促进效应和抑制效应,最终产生的后果是促进还是抑制,主要取决于促进效应占优势,还是抑制效应占优势。

当然,也有部分学者认为贸易政策不确定性上升反而会促进出口企业增加创新投入。刘志远等(2017)③认为,不确定性带来风险的同时也蕴藏了机遇,会推动企业的投资行为。同样,一些学者认为当市场环境变化日趋激烈之后,只有借助新产品开发才能打开市场,给企业带来持久发展的活力(黎文靖和郑曼妮,2016),创新是应对复杂多变环境中提升企业价值的关键战略(Tian 和 Wang,2014)④,为此出口企业会增加创新投入以抓住开拓市场和促进自身发展的机遇。

---

① 谭小芬、张文婧:《经济政策不确定性影响企业投资的渠道分析》,《世界经济》2017 年第 12 期。

② 刘晴、江依、张艳超:《贸易政策不确定性对企业产品创新的影响——基于增长期权和金融摩擦视角的实证分析》,《产经评论》2022 年第 2 期。

③ 刘志远、王存峰、彭涛、郭瑾:《政策不确定性与企业风险承担:机遇预期效应还是损失规避效应》,《南开管理评论》2017 年第 6 期。

④ Tian X., Wang T.Y., "Tolerance for Failure and Corporate Innovation", *The Review of Financial Studies*, Vol.27, No.1, 2014.

综上所述,大多数学者都认为贸易政策不确定性下降将促使出口企业对未来的贸易环境形成乐观预期,从而增加创新投入、生产更具竞争力的产品以抓住难得的机遇期,进而加大出口、从创新中获益。而在贸易政策不确定性上升时,出口企业为了规避风险大都选择减少创新投入,直到贸易政策的变革使得贸易风险大大降低时才再次增加创新投入。当然,风险的背后也蕴藏着机遇,部分企业也能从激烈的竞争中脱颖而出,通过增加创新投入从中分得一杯羹。

从研究方法来看,多数学者都采用理论和实证相结合的方法,但一些学者使用某些外生事件作为衡量贸易政策不确定性的指标,这可能产生比较严重的内生性问题和替代性误差,而采用某些指标(如是否进行反补贴、反倾销调查或处罚等)构建出的贸易政策不确定性指数则更能全面、合理地进行衡量,因此后一种研究方法相较于前一种更加科学规范。

二、TPU 对出口企业创新产出和效率的影响

一些学者尝试针对贸易政策不确定性与出口企业的创新效率展开研究,通过理论分析和实证检验探讨了二者之间的关系,发现贸易政策不确定性对出口企业的创新效率存在激励效应。阿塔纳索夫等(Atanassov 等,2015)将美国州选举看作政策不确定性的外生变化,实证研究政策不确定性对企业创新效率的影响,发现政策不确定性上升导致企业 R&D 水平上升,同时不确定性的正向作用在竞争激烈的选举年份、政治敏感度高的行业、创新难度大的行业、高成长价值的企业以及面临更激烈产品市场竞争的企业中更为强烈。佟家栋和李胜旗(2015)从微观产品的视角研究了贸易政策不确定性对中国出口企业的产品创新的影响,发现中国"入世"前贸易政策不确定与中国出口企业的创新效率呈现显著正向关系,而"入世"后贸易政策不确定性的降低则会显著提高中国出口企业的产品创新效率,在贸易自由化的基础上,贸易政策不确定性促进创新的影响效果将更加明显;贸易政策不确定性对外资企业、加工贸易和进入企业的影响较大,并且该影响还具有时滞性,中国出口企业的创新

效率在"入世"后不断提高。李敬子和刘月(2019)①应用双向固定效应和面板 Logit 模型等多种回归方法,发现贸易政策不确定性对企业 R&D 投资效率具有正向激励作用,这种作用可以通过改变政府补贴、企业出口以及融资约束等渠道进行传导。魏明海和刘秀梅(2021)②在这个问题上进行了更加深入的讨论,他们首先从理论上探讨贸易政策不确定性对出口企业创新效率的影响,认为存在两种效应:第一,贸易政策不确定性会抑制出口企业创新效率;第二,贸易政策不确定性会倒逼出口企业创新效率。

一些学者通过实证研究反驳了上述结论,认为贸易政策不确定性对出口企业的创新效率存在显著的抑制效应。例如,基于实物期权理论(Bernanke,1983)的视角,这些研究认为当贸易政策不确定性增加时,可能会导致企业对投资减少(Bhattacharya,2014)③,从而影响企业的产品创新效率。玛库斯(Marcus,1981)在其研究中讲述了由于政策不确定性导致能源行业技术创新滞后的一个例子:CPS 技术的发展由于政府规定的许可条例的不确定性而延迟,清洁法令的不确定使得企业无法使用复合燃料技术,并且工业锅炉的改造技术由于同样的原因而被迫推迟。郝威亚等(2016)运用实物期权理论进行理论分析,并使用 1998—2009 年的中国工业企业数据进行实证验证,结果发现,企业会因为政策不确定性而推迟研发投入,从而对企业的创新效率产生显著的抑制作用。陈德球等(2016)用政府官员更替来代表政策不确定性,研究发现,政府官员更替会造成企业所面临的融资环境的不确定性,从而降低企业所能获得的政府补助和银行贷款,进而抑制企业的创新效率。南晓莉和韩秋(2019)以战略型的新兴企业作为研究样本,实证结果表明,新兴企业的研发

---

① 李敬子、刘月:《贸易政策不确定性与研发投资:来自中国企业的经验证据》,《产业经济研究》2019 年第 6 期。

② 魏明海、刘秀梅:《贸易环境不确定性与企业创新——来自中国上市公司的经验证据》,《南开管理评论》2021 年第 5 期。

③ Bhattacharya U., "Insider Trading Controversies: A Literature Review", *Annual Review of Financial Economics*, Vol.6, No.1, 2014.

投资会因为政策不确定性而受到抑制。韩亮亮等(2019)研究了全球21个国家和地区的贸易政策不确定性对创新效率的作用,研究结果表明,不确定性的升高会对国家或地区的创新效率产生抑制作用。而邓晓飞和任颋(2020)在研究中对该问题进行了深入考察,认为贸易政策不确定性的上升可能会对公司创新活动有负面影响。刘君洋和朱晟君(2021)将地理学中的GPN 2.0框架及经典的集聚理论应用到该问题的研究之中,指出当相关出口企业面临的贸易政策不确定性较高而所出口产品的技术复杂度也较高时,就会面临更高的产品风险,可能抑制企业的产品创新能力,此时企业可能会广泛采取企业间合作和企业间控制的策略,寻求空间上的集聚以避免贸易政策不确定性对企业创新效率形成抑制效果。

综上所述,目前的研究认为贸易政策不确定性对企业创新效率的影响也存在两种效应:一方面,在贸易政策不确定性增加时,企业为了摆脱信息不完全的困境,或规避出口风险增加及预期利润折现减少,同时由于国际市场的竞争效应和"出口中学"效应的存在,不得不考虑将资源投入研发部门,从而提高生产率或推出新产品,以期在政策稳定后能够迅速占领市场份额,这就使得贸易政策不确定性对企业创新效率呈现正向影响;另一方面,由于贸易政策不确定性上升,出口企业参与国际贸易时所面临的风险增大、环境恶化、成本增加,致使其提升创新效率的能力减弱,从而使得贸易政策不确定性对企业创新效率呈现负向影响。但是,正向影响和负向影响究竟孰大孰小?在哪种情形下哪一种影响更为显著?这种影响存不存在非线性效应?发展中国家和发达国家在这方面有没有差异?就中国而言,哪种影响更为强烈?这些问题仍然亟待回答,因此还需要进一步的研究以丰富和深化相关理论。

第五节　关税变动影响出口企业创新

对于出口企业来说,关税是其开展出口业务不可忽视的重要影响因素,有关关税对出口企业创新的研究也是理论界关注的主要问题。本部分根据已有文献的梳理,分别从关税变动对出口企业创新投入、关税变动对出口企业创新产出及关税变动对出口企业创新效率等多个方面,分类概述了关税变动的影响,从而为后续测度出口企业创新的前因提供文献基础。

一、关税变动对出口企业创新投入的影响

关税变动会对企业研发总量、研发空间、创新技术投资、创新投入要素的数量、企业创新决策的实施等带来影响。

大部分学者认为不同国家关税的降低或国际贸易政策的变化能对出口企业的创新投入带来显著的正向影响。如梅利兹(Melitz,2003)为异质性公司建立了一个动态的行业模型,解释了国际贸易会导致一个行业中公司之间的资源重新分配的原因。贸易风险敞口将如何诱使生产率较高的企业进入出口市场(而一些生产率较低的企业继续只为国内市场生产),即贸易自由化将迫使生产率最低的企业退出,并研究了行业对贸易敞口的进一步增加如何导致更多的企业间向生产率更高的公司进行重新分配,展示了重新分配所产生的行业生产率增长总量如何有助于福利收益,贸易自由化大多是通过直接影响企业的创新决策和研发投入,进而影响企业生产率。阿格依奥等(Aghion等,1997,2001)研究发现最终品关税减免会使大量的国外同类产品或相近产品进入本国市场,国内企业面临的竞争加剧,而激烈的市场竞争会促使国内企业为继续生存和发展而进行研发创新。与早期的熊彼特模式相反,在具有"逐步"创新的内生增长模式中,创新总是由外部公司进行的,如果它们不创新,它们就不会赚取租金;如果它们进行创新,就会成为垄断者,因此该模型指出了竞争政策和专利政策的互补作用。帕穆克丘(Pamukcu,2003)以20世纪80年代土耳其贸易政策改革为契机,利用制造业企业层面数据检验了贸易自由化对企业创新决策的影响,发现贸易自由化有效促进了企业创新决策的实施,并且贸易自由化主要通过促进企业进口机械设备来提升企业自身的技术水

平。布斯托斯(Bustos,2011)①则通过将技术选择引入一个异质性企业贸易模型来分析双边贸易自由化对技术选择的影响,发现贸易自由化有效促进了出口企业的技术升级,在此基础上,进一步采用阿根廷制造业数据为研究样本展开实证检验,发现巴西进口关税的大幅减让显著促进了阿根廷工业企业的技术进步投资,并且这一效应在中大规模企业中最为显著。戈尔德贝格等(Goldberg 等,2008,2009)通过对印度的研究发现,中间品关税减免的确使制造业企业进口的中间投入种类增加了 2/3,同时由于新进口的中间投入往往来自更为发达的国家,所以它们比先前的进口品具有更高的质量。这说明中间品关税减免可以使企业从国外获得更多样化和优质的研发投入要素,进而也可能会影响企业的新产品创新活动。特希玛(Teshima,2009)构建墨西哥工厂级数据集的组合,以检查关税变化通过增加竞争导致研发变化的程度,研究发现墨西哥工厂生产的产品关税的降低导致这些工厂增加了研发总量,表明贸易自由化通过增加竞争刺激了工厂的创新活动。田巍和余淼杰(2014)②研究了中间品关税下降对进口企业研发的影响,发现加工贸易零进口关税且进口中间品不受关税下降的影响。并且以中国加入 WTO 作为政策冲击,使用中国制造业企业的进出口数据和自然实验方法进行研究,发现中间品关税的下降提高了企业的研发水平,中间品关税的下降,增加了企业利润,扩大了研发空间,促进企业对已有技术的模拟和吸收,中间品贸易自由化对中国企业研发的影响主要体现在生产过程的研发。孙文娜和毛其淋(2015)③研究以中国2001 年"入世"为背景,利用中国工业企业数据与关税数据研究进口关税减免对中国企业新产品创新的微观效应,结果表明中间品关税减免引致的成本及

---

① Bustos P.,"Trade Liberalization, Exports, And Technology Upgrading: Evidence on The Impact of MERCOSUR on Argentinian Firms", *American Economic Review*, Vol.101, No.1, 2011.

② 田巍、余淼杰:《中间品贸易自由化和企业研发:基于中国数据的经验分析》,《世界经济》2014 年第 6 期。

③ 孙文娜、毛其淋:《进口关税减免、企业异质性与新产品创新——基于中国企业层面的分析》,《中南财经政法大学学报》2015 年第 6 期。

种类效应不仅可以显著促进企业新产品创新决策,而且也提高了企业的新产品创新强度。此外,徐保昌等(2018)以中国制造业企业微观数据和进口关税数据为基础,利用中国加入 WTO 的准自然实验,评估了进口关税对制造业企业创新投入以及创新绩效的影响,得出进口关税显著抑制了企业创新投入的增加和企业创新绩效的提升,并且进口关税对企业创新投入和创新绩效的影响具有企业规模异质性,相较于规模较大企业,进口关税更倾向于抑制规模较小企业创新投入的增加和创新绩效的提升。

部分学者研究发现关税减免对企业新产品创新的影响不明显,关税对技术创新的影响对于公司不同的部门或者在不同的约束条件下所带来的影响也有所不同。如孙文娜和毛其淋(2015)研究发现最终品关税减免引致的竞争效应对企业新产品创新的影响不明显,这一结论在有效克服进口关税减免的内生性之后依然稳健。孙烽(2000)较早的理论分析了关税对技术创新的影响,通过在比较利益的框架内引入技术创新理论,基于对称性的生产和贸易模式,从一般均衡的视角理论分析了关税政策的改变对技术创新的影响及其影响机理,发现进口关税的降低将减少非贸易品部门的研发投入,增加出口部门的研发投入,并且进口关税导致的技术创新是以良好的市场制度以及所有权制度为基本制度条件的。周凤秀和张建华(2017)在异质性企业分析框架下,构建了企业在面临不同程度的融资约束下贸易自由化与创新决策的理论模型,分析表明随着全球化的深入,不同企业融资约束程度的异质性在不断扩大,融资约束程度较高的企业由于更加难以获得外部融资支持,进行技术创新的激励大大减小,并且运用中国制造业企业数据的实证结果表明融资约束会减弱贸易自由化对技术升级的促进效应,不完全的资本市场会制约贸易自由化带来的贸易所得。魏浩和林薛栋(2017)[①]使用了 2000—2006 年海关数据库和工业企业数据库,从三个维度检验了进口自由化对异质性企业创新行为

---

① 魏浩、林薛栋:《进口贸易自由化与异质性企业创新——来自中国制造企业的证据》,《经济经纬》2017 年第 6 期。

的影响并考察进口自由化与异质性企业创新结果之间的关系。发现中间品进口自由化会抑制垄断行业和资本密集行业的创新活动,最终品进口自由化在总体上、在资本密集行业和劳动密集行业及竞争性行业抑制了企业创新。李平和史亚茹(2020)构建了企业产品层面和行业层面的进口价值替代变量,并从生产率的角度,对进口贸易促进我国企业创新的异质性影响进行了系统分析。研究发现进口对企业创新的影响取决于企业的生产率水平,企业的生产率越高,进口对创新的促进作用越明显,且这种促进作用只在生产率超过中位数水平的企业中显现。

综上所述,不同学者研究得到的关税变动对出口企业创新投入的影响存在差异性,多以中国 2001 年加入 WTO 为背景进行相关研究。一方面关税的降低能够促进一个行业公司之间的资源再分配,增加研发投入创新的能动性,促进企业制定更加明智的创新决策,提高企业生产率,并且一定程度上还能增加市场竞争,促使国内企业为继续生存和发展而进行研发创新。另一方面随着关税的降低,国内企业面临的贸易环境竞争压力增加,研发成本或者创新投入也在增加,短期内不利于公司盈利的提升,并且在资本密集行业、劳动密集行业及竞争性行业抑制了企业创新。所以,关税的变动对于不同出口企业来说既是机遇又是挑战,可能会增加产品的出口量和质量,但也可能对国内相关企业产生较大冲击,不过一定程度上可以倒逼国内企业进行转型升级,所以公司拥有高质量创新型产品才能在国贸政策不断变动下站稳脚跟。

二、关税变动对出口企业创新产出和效率的影响

当前,关于关税变动对出口企业创新效率的相关研究相对较少,国内外学者的研究观点可归纳为以下两方面:

一是促进论。促进论学者认为关税的变动能促进出口企业的创新效率。如阿米蒂等(Amiti 等,2007)使用 1991 年至 2001 年的印度尼西亚制造业普查

数据,估计了降低最终产品关税和降低中间投入品关税带来的生产率收益,较低的出口关税可以通过诱导更激烈的进口竞争提高生产率,而较便宜的进口投入可以通过学习、品种和质量效应提高生产率。即最终品关税减让与中间投入品关税减让都促进了企业生产率增长,并且中间投入品关税减让的作用是最终品关税减让的两倍。莉莉娃等(Lileeva 等,2010)①基于异质企业贸易理论和企业微观数据,研究了直接出口和间接出口对企业生产率的影响,并从出口与企业生产率关系的角度解释了"出口学习"假说的知识溢出,实证结果表明直接出口提高了企业生产率,且随着直接出口强度的提高而提高,对提高企业生产率具有重要意义,而间接出口对企业生产率的影响很小,即贸易自由化意味着能进入更大的市场,由此产生的规模经济效应提高了研发创新活动的投资回报。孙文娜和毛其淋(2015)研究发现进口关税减免对不同特征企业的新产品创新具有异质性影响,即最终品关税减免显著抑制了最低生产率企业进行新产品创新的概率,但对最高生产率企业具有显著的促进作用,中间品关税减免对中低生产率企业、中低规模企业、较高融资约束企业的创新活动具有显著的促进作用。韩先锋等(2015)基于技术创新的两阶段视角,利用2004—2011 年中国工业行业层面的面板数据,在考虑环境规制和外商直接投资等因素的情况下,从关税减让的角度实证检验了贸易自由化对研发创新效率的影响及其行业差异,研究发现中国工业研发创新效率整体上处于增长态势,且加入世界贸易组织后我国实施的关税减让政策是富有成效的,即关税减让显著促进了研发创新效率的提升,但其对技术开发效率的促进作用远小于对技术转化效率的促进作用。

二是抑制论。抑制论学者认为贸易政策如关税变化会降低国家产品的竞争程度,从而对企业生产率和创新效率的提高产生消极影响。如瑟尼格等

---

① Lileeva A.,Trefler D.,"Improved Access to Foreign Markets Raises Plant-Level Productivity for Some Plants",*The Quarterly Journal of Economics*,Vol.125,No.3,2010.

(Thoenig 等,2003)①运用动态创新模型,研究得出企业可以内生地偏向技术变革的方向,即当全球化引发技术跨越或模仿的威胁增加时,企业往往通过将创新方向偏向熟练的劳动密集型技术来应对这一威胁,这种防御性技能偏向的创新过程会导致这两个地区的工资不平等加剧,发展中国家为了应对来自国外的竞争往往会进行防御性创新,但这可能不利于技术创新能力的提升。王恬和王苍峰(2010)研究发现进口关税减让,显著地降低了企业生产率,关税减让对中小企业产生了明显冲击,大型企业的生产率反而在关税减让的过程中明显提高。韩先锋等(2015)②研究发现中国工业研发创新效率存在明显的阶段性差异和行业异质性,关税减让对促进两阶段创新效率的提升存在一定的条件限制,关税减让水平只有小于一定的门槛值时,才会促进两阶段创新效率的提高。在技术密度、环境污染程度、R&D 强度、垄断程度和行业规模等不同要素约束下,关税减让对中国工业两阶段创新效率具有显著的行业异质性影响。陈维涛(2018)研究得出中间产品进口贸易自由化不利于促进企业创新,最终导致企业生产率水平下降,而且对国有企业生产率的不利影响最大,对私营企业生产率的不利影响最小。赵宸宇(2020)③研究我国加入 WTO这一背景下,对中国制造业企业的创新效率进行测算,同时构造行业进口渗透率指标系统分析和检验了进口竞争对企业创新效率的影响,结果表明进口竞争对企业创新效率有显著的负向影响。对于加工贸易企业主要通过市场竞争机制抑制了其创新效率的提高,而对于一般贸易企业,进口竞争虽然促进了其创新投入,但并未获得规模效益,表现为创新效率的下降。另外,对于高生产率企业和国际化企业,进口竞争对其创新效率的影响相对较弱,对于国有企业

---

① Thoenig M., Verdier T.,"A Theory of Defensive Skill-Based Innovation and Globalization", *American Economic Review*, Vol.93, No.3, 2003.

② 韩先锋、惠宁、宋文飞:《贸易自由化影响了研发创新效率吗?》,《财经研究》2015 年第2 期。

③ 赵宸宇:《进口竞争能否提高企业创新效率? 基于中国企业层面的分析》,《世界经济研究》2020 年第 1 期。

和高技术行业企业,进口竞争对其创新效率的抑制作用相对更大,并且要素市场扭曲会强化进口竞争对创新效率的负向作用。

第六节　非关税变动影响出口企业创新

相对于关税因素,非关税措施更加具有隐蔽性的特点,对出口企业可能造成更严重的影响。对于非关税变动的影响研究,同样也是学术界关注的重要问题。结合已有的理论文献,对于非关税变动方面的研究,笔者结合研究主题分别也从非关税变动对出口企业创新投入的影响、非关税变动对出口企业创新产出的影响,以及非关税变动对出口企业创新效率的影响等方面进行了简要概述总结。

一、非关税变动对出口企业创新投入的影响

非关税措施包括数量限制措施和其他对贸易造成障碍的非关税措施。其中数量限制措施表现为配额、进口许可证、自动出口限制和数量性外汇管制等,其他非关税措施包括技术性贸易壁垒、动植物检验检疫措施、海关估价、原产地规则以及当地含量要求、贸易平衡要求、国内销售要求等投资管理措施,等等。

自1995年以来,我国遭受反倾销的诉讼数量都居于全球首位,这意味着企业面临着严峻的反倾销形势,为了维护国内市场经济秩序、保护国内竞争性企业的经营和发展,我国逐步成为对外反倾销的主要发起国之一。随着我国企业高科技产品出口增加,中国遭受反倾销调查的领域也逐渐向高科技行业集中,频繁遭受贸易摩擦冲击后,中国企业创新能力也会受到影响。当前,部分学者比较关注非关税变动(反倾销等)对中国出口企业贸易和创新带来的不利影响,还有部分学者致力于研究贸易自由化政策会对出口企业创新投入产生正向影响及其可能产生的"倒逼效应"。

一部分学者认为非关税变动对中国出口企业贸易和创新可能带来不利影响,抑制了我国企业的创新能力。如李双杰等(2020)经验分析了对华反倾销对中国企业创新的影响与作用机制,对华反倾销对中国企业创新存在着显著的抑制作用,这一结论在考虑内生性及多种稳健性检验下均成立。进一步的企业异质性研究发现,反倾销显著降低了出口企业和非出口企业的创新,但对于出口企业的负面影响更大。此外,反倾销对低生产率企业和非国有企业的创新具有负面影响,而对高生产率企业和国有企业的创新影响不明显。进一步探究存在以上异质性的原因发现,反倾销带来的融资约束包括内源融资约束和外源融资约束,均是反倾销抑制企业创新的重要渠道。动态考察反倾销对企业创新的影响发现,反倾销对于企业创新的负面影响在一个较长时期均存在。曹平等(2021)使用了多期的 DID 模型考察了美国对华反倾销,对中国企业创新的影响效应及机制,发现美国对华反倾销总体上抑制了中国企业创新,其抑制效应存在 1 年左右的滞后期。同时,这种影响主要发生在反倾销初裁定阶段和终裁定阶段,且终裁定阶段的抑制作用要大于初裁定阶段。拓展性研究发现,美国对华反倾销对涉案多产品企业、涉案金额在中位数以上企业及统一反倾销关税企业的创新抑制效应更显著。进一步对其内在影响机制的检验表明,美国对华反倾销通过内源融资约束和商业信贷融资约束的中介渠道抑制了我国企业创新。沈昊旻等(2021)[①]以 2007—2018 年 A 股制造业上市公司为样本,实证检验了对华反倾销影响中国企业创新的作用机制,发现对华反倾销抑制了企业创新活动,且对华反倾销对于策略性创新活动的抑制作用更显著。机制检验结果表明,策略性创新仅受反倾销的"融资约束"抑制作用的影响,而实质性创新同时受"融资约束"抑制作用和"风险承担"激励作用的影响。此外,进一步研究发现,实质性创新有助于缓解对华反倾销对企业价值和全要素生产率的负面影响。

---

① 沈昊旻、程小可、宛晴:《对华反倾销抑制了企业创新行为吗》,《财贸经济》2021 年第 4 期。

其中，还有部分学者认为非关税变动及贸易自由化政策会对出口企业创新投入产生正向影响，提升企业的技术，解决企业的资金困境，促进企业的研发投资，促进企业创新。如高等(Gao 等,2005)则认为，无论是单边反倾销还是双边反倾销均有助于遭受反倾销的企业增加研发投入。在此基础上，曲如晓、江栓(2007)比较了单边反倾销与双边反倾销对企业研发的影响，发现单边反倾销更有助于遭受反倾销的企业增加研发投入。此外,吉尔-帕雷贾等(Gil-Pareja 等,2008)研究发现政府的出口鼓励、出口资助计划和出口促进机构等有关贸易自由化的政策努力都会对企业技术提升有显著的正向作用。马妍妍等(2021)通过选取 2011—2019 年 A 股上市公司数据并利用陆港通政策的出台作为资本市场开放的代理指标,分析加入陆港通样本对出口企业全要素生产率的影响及机制。研究得出我国出口企业存在"生产率悖论"问题,企业无法通过出口行为有效提升全要素生产率水平,资本市场开放能够有效解决企业的资金困境、促进企业的研发投资,对企业出口行为起到了促进作用。即资本市场开放能够有效缓解企业出口行为对全要素生产率的阻碍作用,通过对融资约束较小样本研发绩效的促进作用,带动其出口产品技术含量的提升。此外,还有学者提出非关税变动会对出口企业创新投入形成"倒逼效应",主要表现为企业遭受反倾销后可能会增强自身的自主创新能力,进一步提升出口产品的质量,由于不同行业企业特征和产品特征存在差异,所带来的倒逼作用也有所不同。如高新月和鲍晓华(2020)采用双重差分法分析国外对华反倾销对中国企业出口产品质量的影响,从出口产品质量的视角揭示遭遇反倾销可能带来的影响。研究表明中国企业在遭受反倾销后会推动出口产品质量的上升。遭受反倾销对出口国产品质量的提升作用会受到企业特征和产品特征的影响,即反倾销前企业出口产品质量越低、企业生产率水平越低、产品替代弹性越大,则反倾销对企业出口产品质量的提升作用越大。魏明海和刘秀梅(2021)以我国企业遇到的反倾销、反补贴等贸易摩擦事件为准自然实验,采用 DID 模型检验了贸易环境不确定性对企业创新的影响。研究得出企业面临的贸易不确定性越强,企业的研发投入和专利申请数量均有显著增加,说明贸易环境不确定性对企业创新具有显著的倒逼效应,且随着贸易环境不确定性程度增加及所带来的不利影响越严重,企业越有意愿增强自主创新。卢晓菲和黎峰(2022)利用高维面板固定效应估计模型,从反倾销引致的贸易政策不确定性这一新视角阐述微观企业如何应对不利冲击以实现多产品企业高质量出口,研究发现 TPU 提高,会倒逼企业升级出口产品质量,企业内产品转换是其主要作用机制,其中加工贸易、外资企业、资本品行业和高技术行业中,这一倒逼效应更显著。

　　另外还有部分研究认为反倾销对企业创新的影响效应是不确定的,还会受到反倾销税率、市场规模的影响。如高和彭(Kao 和 Peng,2016)在产业内贸易模型中考察了价格承诺政策对企业产品投资的影响,如果产品变得更加差异化,倾销幅度将下降。在双边反倾销行动下,相对于自由贸易下的反倾销行动,产品研发投资总额可能会增加或减少,具体取决于政府设定的可容忍倾销幅度。相比之下,如果只有一个政府实施反倾销行动,产品研发总量肯定会下降,产品差异化程度也会降低。宫际计行等(Miyagiwa 等,2016)研究发现反倾销行为大多在工业化国家和发展中国家之间且集中在研发密集型行业,发展中国家利用反倾销对工业化国家进行报复,南方的市场扩张和研发能力的提高对于避免北方战争至关重要。何欢浪等(2020)在理论层面上分析了对外反倾销影响国内企业创新的微观机制,然后利用微观企业的专利数据在实证层面研究了反倾销保护对国内企业创新的影响及其作用机制,考察了不同生产率水平、不同所有制类型下反倾销保护对国内企业创新的异质性影响。发现对外反倾销显著地提高了国内企业的创新水平,使国内企业的专利数量平均上升了 10.1%。进一步的机制分析表明,反倾销保护主要通过规模经济效应促进了国内企业创新。异质性分析表明,对外反倾销更多地提高了高生产率企业和私营企业的创新水平。

二、非关税变动对出口企业创新产出和效率的影响

当前几乎没有相关文章对非关税(反倾销等)变动与出口企业创新产出和效率进行研究,主要集中在反倾销影响企业的生产率和生存率方面。

一些学者认为,反倾销政策能够通过规模经济效应显著提高出口企业的创新产出和效率。例如,林志帆和龙晓旋(2019)研究得出企业研发活动能够有效地提升单位生产效率、减少单位劳动成本,进而有助于降低单位生产成本,企业研发能够有效提升产品和服务质量,垄断新产品在一定期限内的收益权,因此反倾销能够在一定程度上刺激出口企业提升其创新效率。此外,谢申祥和王孝松(2013)①也认为,当出口企业遭受反倾销调查后,通过增加研发投入以降低生产成本的边际收益将上升,一定程度上可以增加其产品的竞争能力,从而提升企业进行创新的效率。还有一些学者的研究也得到了类似的观点。

另一些学者则反驳了上述观点,认为反倾销政策对一国出口企业的创新效率存在显著抑制作用,并可能在出口产品创新的转移效应。如李双杰等(2020)②利用中国工业企业数据、海关数据库数据和全球反倾销数据库数据,实证分析了对华反倾销对中国出口企业创新效率的影响与作用机制,结果发现对华反倾销对中国出口企业创新存在着显著的抑制作用,并且这种对企业创新效率的负面影响还会存在较长时期。孟宁等(2020)利用2000—2015年中国海关数据与全球反倾销数据实证考察了反倾销对企业出口产品创新的影响及其作用机制,得到反倾销对于企业在受影响市场的新产品出口具有显著抑制作用,促使企业将出口产品创新转向第三国市场,即存在出口产品创新的转移效应。反倾销对于市场份额较低、研发强度较低的企业在特定市场进行

---

① 谢申祥、王孝松:《反倾销政策与研发竞争》,《世界经济研究》2013年第1期。
② 李双杰、李众宜、张鹏杨:《对华反倾销如何影响中国企业创新?》,《世界经济研究》2020年第2期。

产品创新具有更强的阻碍作用,使得企业更有可能在倾销产品的相似产品上进行创新以维持其市场份额。杨文豪等(2022)①研究了反倾销与企业创新绩效的关系,他们发现反倾销对在位企业的影响是促进,而非抑制作用。梁俊伟等(2021)②研究了技术性贸易壁垒对企业创新决策产生的影响,他们发现技术性贸易壁垒对出口企业创新有显著的正向影响,并且这种技术性贸易壁垒同样还会对非出口企业产生显著的影响。

综上所述,当前学者缺乏对非关税变动与出口企业创新产出和创新效率方面的相关研究,所以只能通过相关的中介效应进行分析。具体地,非关税变动促进企业创新观点的学者认为非关税变动能够带来规模效应和降低生产成本的边际收益的提升,从而促进企业的创新产出和效率的提升;然而,与之持有不同观点的学者则认为,非关税变动可能带来出口产品创新的转移效应,从而可能对企业的创新效率带来不利影响。可以看出,关于非关税变动与企业创新的关系,当前的研究并没有形成完全一致的解释。

① 杨文豪、黄远浙、钟昌标:《反倾销抑制了出口企业创新吗? ——基于对外投资和出口网络视角的研究》,《南开经济研究》2022 年第 9 期。
② 梁俊伟、孙杨:《技术性贸易壁垒与企业创新》,《浙江学刊》2021 年第 6 期。

第三章 贸易政策不确定性影响出口企业创新的机理阐析

现代创新理论认为,企业创新的内涵即是将各种生产要素重新组合,同时将生产要素和生产条件进行新组合,但是新的组合过程将会对企业产生调整成本。基于这一核心思想,本章对贸易政策不确定性影响出口企业创新的理论机理进行阐析。具体涉及以下几方面的研究内容:首先,对核心概念进行界定,包括贸易政策不确定性和出口企业创新两个关键概念。其次,梳理已有文献中关于政策不确定性影响企业创新的理论基础,涉及了企业创新理论、异质性企业贸易理论、政策不确定性与企业创新关系的理论,并分析相关研究得到正向和负向两种截然不同的结论的原因。在此基础上,基于原因的探讨,开始本章核心部分——贸易政策不确定性如何影响出口企业创新的理论推导,主要从创新投入和创新产出两个方面分析了贸易政策不确定性的作用后果。最后,在得出贸易政策不确定性对出口企业创新产生正向促进作用的基础上,深入探讨贸易政策不确定性影响出口企业创新的作用路径。

第一节 核心概念界定

关于贸易政策不确定性如何影响出口企业创新的研究,核心概念的界定尤其重要,是后续开展相关理论分析和实证考察的前提和基础。因此,本部分首先对核心概念的内涵和外延进行梳理,并根据本研究需要进行精准厘定。

一、贸易政策不确定性

对贸易政策不确定性这一概念的界定,主要从其内涵、考察视角、测度方法以及全球贸易政策变动趋势等方面进行分析和阐述。

(一)贸易政策不确定性的内涵

贸易政策不确定性这一概念最初来源于对不确定性的理解。一般而言,经济学方面的不确定性是指那些未来可能发生的、不能够被预测到的经济或者政策方面的波动(Jurado 等,2015)。而贸易政策不确定性是指那些在贸易政策方面不能够被当前机构或企业预测到的可能的波动(余淼杰和祝辉煌,2019)。政策制定者和企业家非常关心一国未来政策可能发生的变化,并在不确定性和可能获得的回报之间作出最终的选择(Bernanke,1983)。

贸易政策不确定性的变动有别于贸易政策本身的变动(Bhattacharya,2014)。贸易政策通常是指在一定时期内总体反映一个国家或地区对外贸易的政策和措施。从历史发展的角度看,一国对外贸易政策是不断调整变动的,这一变动过程是根据本国经济发展的实际获取最大限度利益的过程(佟家栋和王艳,2002)。贸易政策的变动会引起行业沉没成本的变化,并以改变资源配置的方式对企业行为产生影响(佟家栋和李胜旗,2015)。但应该注意到,政策的变动会引起企业对未来的政策不确定性的预期,从而影响企业投资决策,甚至影响企业进入或退出市场(余淼杰和祝辉煌,2019)。目前国内外关于贸易政策不确定性的研究,开启了贸易政策研究的新章程(龚联梅和钱学锋,2018)。例如,郭平等(2023)[①]揭示了贸易政策不确定性与稳外资的关系,探讨了贸易政策不确定性影响外资企业进入数量与规模的关键路径。而罗宏登(2022)基于文本挖掘方法,分析贸易政策不确定性与企业海外并购的内在机理,为我国企业应对贸易政策不确定性的挑战提供了新的证据。

[①]　郭平、胡君:《贸易政策不确定性与中国制造业"稳外资":基于外资新企业进入视角》,《世界经济研究》2023 年第 2 期。

贸易政策不确定性与经济政策不确定性既有共同点又存在区别。关于贸易政策不确定性的考察和探讨,是以经济政策不确定性的相关研究为基础的①。在大量阐析经济政策不确定性的文献积累后,汉德利等(Handley 等,2019)开启了对贸易政策不确定性的研究②。从相关文献看,两类研究既存在着共同点,又有一定的区别。(1)两者的共同点。贸易政策不确定性与经济政策不确定性均是将政策不确定性视为来自未来的一个外部冲击,考察这一冲击对一国政府或企业行为产生的影响。(2)两者的区别。贸易政策不确定性和经济政策不确定性这两个概念又存在差异。贸易政策不确定性聚焦于对国际贸易领域内各种政策变动的刻画,是对进出口企业所面临的贸易环境的直接测度;经济政策不确定性则来源于更广范围下的宏观经济政策的变动,是在更广范围下对国内外经济环境甚至包括政治冲击带来的不确定性的捕捉。

根据已有的文献研究,政策不确定性一直是研究的重点,在不同领域得到了较为广泛的分析。从理论层面上来讲,相较于经济政策不确定性的变动,贸易政策不确定性的变动对一国进出口企业的影响会更直接,对贸易政策不确定性影响效应的识别,也能更少地受到其他外部因素的干扰。另外根据对已有文献的梳理,国际贸易领域的近期研究更多地聚焦于贸易政策不确定性,考察其对进出口企业行为产生的影响效应。这在一定程度上反映出,对贸易政策不确定性的研究已经成为一个较新且持续讨论的热点话题③。

(二)贸易政策不确定性的考察视角与测度方法

1. 贸易政策不确定性的考察视角

随着对贸易政策不确定性关注的增加,关于贸易政策不确定性的研究内

---

① 该研究领域的代表性文献主要有 Baldwin 和 Krugman(1989)、Bloom 等(2007)、Novy 和 Taylor(2014)、Baker(2016)等。

② 根据已有的文献资料,Handley 和 Limao 开启贸易政策不确定性研究的代表作为 Handley(2014)、Handley 和 Limao(2015)。

③ 从当前已有的研究文献来看,聚焦贸易政策不确定性对进出口企业影响效应的较新的文献有张兵兵和田曦(2018)、李敬子和刘月(2019)、席艳乐等(2019)、毛其淋(2020)、刘啟仁等(2020)、魏明海和刘秀梅(2021)、葛新宇等(2021)、刘君洋和朱晟君(2021)等。

容也不断扩展。归结起来,已有文献主要基于以下两个视角展开研究:

(1)综合考察国内和国外贸易政策。该类文献是对一国国内和国外贸易政策的综合考察,涵盖了一国制定的对外贸易政策和该国遭受的其他国家的贸易政策。该类文献主要使用不确定性指数,如李敬子和刘月(2019)、葛新宇等(2021)在考察中国面临的贸易政策不确定性时采用了黄等(Huang 等,2019)构建的贸易政策不确定性综合指数——TPU 指数[①];再如汉德利等(Handley 等,2017)基于新闻报道的频数构建了贸易政策的不确定性指数,并对美国贸易政策进行了考察[②]。

(2)重点关注国外贸易政策。该类文献重点关注外国采取的贸易政策对一国形成的不确定性的影响,比如着重研究外国对华贸易政策不确定性的变动对中国企业和中国经济产生的影响,近期的文献如毛其淋和许家云(2018)、毛其淋(2020)、刘君洋和朱晟君(2021)等。

2. 贸易政策不确定性的测度

贸易政策不确定性是一个抽象概念,如何对其进行识别和测度,是一个难点(Rodrik,1991)。基于以上考察视角的不同,关于中国贸易政策不确定性的衡量,各类文献选取了不同的测度方法。主要包括综合指标测度法和具体指标测度法:

(1)综合指标测度法。该方法全面考虑各类贸易政策,形成综合性指数。已有文献较多使用贸易政策不确定性指数——TPU 指数(Huang 和 Luk,2019),该指数尽量多地考虑到引起贸易政策变动的各种事件,以期对中国的国内和国外贸易政策不确定性的变动进行全面综合的考察,如李敬子和刘月

---

① 从构建该指数的关键词的选取看,该指数综合衡量了中国面临的内部和外部的贸易政策不确定性,关键词列表详见第四章"贸易政策不确定性与出口企业创新的测度"部分。另外,鉴于 TPU 指数也是笔者在实证研究部分重点使用的测度之一,因此关于该指数的构建方法,也详见第四章"贸易政策不确定性与出口企业创新的测度"部分。

② Handley 和 Limao(2017a)使用新闻报道频数法构建贸易政策不确定性时,借鉴了 Baker 等(2016)构建经济政策不确定性时的方法,贸易政策不确定性频数表示报纸或新闻网站同时提及"不确定性""政策""贸易"等关键词的文章篇数。

（2019）、葛新宇等（2021）。

（2）具体指标测度法。该方法考虑了不确定性来源的异质性，形成具体指标。国际贸易政策在具体实施过程中可分为关税措施和非关税措施。贸易政策不确定性即根据这一分类来识别来源的异质性，又具体分为关税测度法和非关税测度法。①关税测度法。该方法基于进口关税的波动来刻画贸易政策不确定性的变动程度，如运用进口国当前应用关税逆转为上限关税的可能性、应用关税逆转为上限关税的差值等指标来表征贸易政策不确定性。早期研究文献较多采用该方法进行测度①。②非关税测度法。该类测度方法基于非关税措施的具体种类，构建方法也有所不同。第一种是考虑中国遭受的来自出口目的地的所有非关税措施，构造非关税措施强度这一指标，刻画中国企业所面临的由非关税措施导致的贸易政策不确定性②。第二种是根据研究主题，选取非关税壁垒中的某类措施，通过贸易摩擦的溢出效应衡量贸易政策不确定性。如刘君洋和朱晟君（2021）具体选取卫生及动植物安全检疫措施（SPS）和技术性贸易壁垒（TBT），利用目的地对华采取的非关税措施数量来表征贸易政策不确定性。再如魏明海和刘秀梅（2021），选取反倾销措施，采用中国企业是否在出口目的国遭受反倾销来刻画贸易政策不确定性。平狄克（Pindyck，1993）指出，企业决策的敏感性会因不确定性来源的区别而有所不同。因此，探究特定来源的不确定性与企业创新之间的关系更具有理论意义和实践价值。

贸易政策不确定性主要表现为不同国家之间因缺乏贸易秩序导致的贸易摩擦及贸易纠纷（佟家栋和李胜旗，2015）。中国加入 WTO 后，中国出口企业

---

① 该领域的相关研究文献主要包括诸如 Handley（2014）、Groppo 和 Piermartini（2014）、孙林等（2022）、毛其淋等（2023）、Handley 和 Limao（2015）、Osnago 等（2015）、Handley 和 Limao（2017b）以及 Feng 等（2017）。

② 该领域的相关研究文献，如姜帅帅（2021），该指标的构建主要借鉴了联合国贸发会议（UNCTAD TRAINS 数据库），使用非关税措施使用率衡量一国及世界范围内非关税措施的使用范围和频率这一测量思路。

在目的国能够享受到更加优惠、更加稳定的关税,中国面临的来自国外的贸易政策的不确定性大大降低(Handley 和 Limao,2015),但贸易政策的不确定性依然普遍存在于全球贸易体系。金融危机后全球贸易保护风潮愈演愈烈,很多国家在不违反 WTO 规则的前提下,通过保护性关税、反倾销以及其他非关税壁垒来进行贸易保护。中美贸易摩擦、新冠疫情的全球暴发,进一步加剧了国际贸易保护主义,从而增加了各国对外贸易政策的不确定性。随着中国的贸易体量以及在全球贸易体系中的地位不断攀升,针对中国的贸易摩擦事件也频频发生。截至 2019 年,我国已连续 24 年成为遭遇反倾销调查最多的国家,反倾销措施也是中国企业遭受的最具代表性的贸易壁垒措施[1],贸易摩擦事件的频发通过溢出效应明显增加了中国企业来自国外的贸易政策的不确定性。

　　基于以上对贸易政策不确定性内涵、考察视角、测度方法和全球贸易政策变动趋势的文献梳理,同时结合本研究主题,对于贸易政策不确定性这一核心概念提出如下界定:聚焦国际贸易领域内各种政策的变动,专注于对出口企业所面临的贸易环境的直接测度。考察视角及测度方法上,主要涉及两个方面:首先是对中国国内外贸易政策的不确定性进行综合考察,测度指标采用综合测度指数方法,即使用黄等(Huang 等,2019)等学者所构建的贸易政策不确定性综合指数;其次是考虑不确定性来源的异质性,选取近年来中国企业遭受的最具代表性的贸易壁垒——反倾销措施,构建贸易政策不确定性具体指标,衡量中国出口企业遭受的来自国外的贸易政策不确定性[2]。

　　笔者选取两种考察视角和两种测度方法的目的,不仅是对本研究考察的影响效应的正向或负向进行判断,更重要的是验证两种考察视角和测度方法下所获得的研究结论的一致性,提高贸易政策不确定性对出口企业创新影响效应研究结果的可靠性。

---

①　根据相关的资料显示,中国光伏、电子信息等产业均受到严重影响。

②　根据相关的资料显示,对不确定性来源的探究,更具理论意义和实践价值,因为企业决策会因来源的不同而不同(Pindyck,1993)。

二、出口企业创新

针对本研究贸易政策不确定性与出口企业创新的研究主题,与之相关的第二个核心概念是出口企业创新,关于出口企业创新这一概念,笔者分为企业创新和出口企业两部分进行阐释,最终提出并界定了出口企业创新的内涵。

(一)企业创新

创新是一国经济增长和企业持续发展的核心驱动力,现代创新理论从技术与经济相结合的角度,探讨技术创新在经济发展过程中的作用。现代创新理论最初是由经济学家约瑟夫·熊彼特(Joseph Alois Schumpeter)提出,国内外学者在此基础上不断进行完善和拓展。

关于创新的内涵,熊彼特认为,创新就是要建立一种新的生产函数,将各种生产要素重新组合,同时将生产要素和生产条件进行新组合,并应用到生产体系中去,从而获取潜在的超额利润(熊彼特,1912)。企业家的职能就是引进生产要素和生产条件的新组合,并应用到生产体系中,推动企业实现创新。创新是一国经济增长的源泉,对企业来说,创新则是企业获得市场势力和超额利润的手段。

关于创新的形式,一般认为,生产要素和生产条件的"新组合"会实现新的生产方法、新的产品、新的市场、新的原材料/半制成品的供给来源、新的组织方式这五种形式的创新。在此基础上,国内外学者将其进一步拓展,将建立新的企业管理系统和企业管理制度、提供新的服务以及更新旧有的服务方式、开拓新的潜在市场和客户群体等理解为更广泛意义上的创新。如施莫克勒(Schmookler,1966)认为创新指既包括对现有产品的改进或更新,也包括对服务的改进和更新;既包括生产方式的创新,如引进新设备,又包括生产组织形式的改进。兰斯和道格拉斯(Lance 和 Douglas,1971)则将创新区别为技术创新和制度创新,并论证了制度创新对美国经济增长的贡献。根据已有研究,创新可以分为技术创新和非技术创新,非技术创新又包括市场创新、组织创新、制度创新(邵东,2021)。

同时,创新既是结果导向的,又是过程导向的。施莫克勒(Schmookler,1966)提出创新可以分为产品创新和过程创新。产品创新即与创新的结果导向相一致,认为创新需要通过一种新的成果体现,具体表现为新产品、新技术、新服务等的出现;过程创新则与过程导向相一致,认为创新的结果是未知的,但创新的过程必然有所呈现,比如从创新的投入(既包括新知识、新技术、智力资源等要素的集中投入,也包括研发资金的投入)到研发的过程再到新产品或新服务的商业化这样一个整体过程。结果观和过程观的划分也是当前创新概念内涵研究中普遍采用的视角之一。创新既是一种结果,又是一个过程,是企业对新产品或者新技术进行开发和应用的过程,从而完成新价值的创造(Crossan 和 Apaydin,2010)。实际上,在大多数实证研究类论文中,对创新的测度既有产出层面的也有过程层面的,但总体来说使用产出层面指标测度创新更为普遍,如刘晴等(2022)使用新产品产值作为企业创新的测度指标。

基于上述关于创新的相关研究,笔者将创新界定为技术创新,并认为创新是一个从创新要素投入研究开发再到创新成果呈现和市场实现的过程。傅家骥(1998)将这种始于创新要素投入而终于市场实现的技术创新称为狭义的技术创新,而将始于研究创造而终于技术扩散的技术创新称为广义的技术创新。借鉴傅家骥(1998)的研究,本研究的创新为狭义意义的技术创新,将创新投入视为企业创新的始点,结合现实情况,将具体衡量指标确定为研究开发开始前的研发投入和研发强度[①],然后用创新产出描述企业创新的阶段性终点[②],结合现实情况,具体测度指标主要包括创新产出数量和创新效率。从投

[①]　已有理论文献研究中,研发投入的规模和研发投入的强度已成为衡量一个国家或地区科技投入和创新能力的重要指标。同时,研发投入也是衡量企业创新产出情况的重要参考指标。

[②]　因为创新产出(如专利等)的市场实现情况,即创新产出转化为现实生产力的情况在实证研究中很难以获取,因此笔者将创新产出用来描述企业创新的阶段性终点。

入、产出、效率等方面对企业创新的测度，有助于提高贸易政策不确定性影响我国出口企业创新实证结果的可靠性。

（二）出口企业

国际贸易中的"干中学"（Learning By Doing）理论①认为，出口企业能够在参与国际贸易的过程中，不断学习国外先进生产技术、管理经验，从而推动企业创新，提高企业生产率（Girma 等，2004；Loecker，2007）。与此同时，出口企业作为对国际环境的直接感知主体，对各国对外贸易政策的变动最为敏感，较之仅从事国内贸易的企业，能更早地感知国际上可能发生的、不能被预测的贸易政策方面的波动②。因此，国际上贸易政策不确定性的变动会最先对出口企业进入或者退出国际市场的行为选择产生重要影响，进而影响出口企业的创新行为及其他经营决策的选择（余智，2019）。

2008 年全球金融危机后，贸易保护主义风潮愈演愈烈、贸易摩擦频频发生、经济全球化逆流不断出现，加之新冠疫情全球暴发，以及美西方国家的恶意打压破坏，这些均加剧了国际贸易政策的不确定性，也对中国出口企业的生产和经营带来了严峻的风险与挑战。在第四章关于事实特征分析部分，中国贸易政策不确定性指数（TPU 指数）在全球金融危机后的上升、中国企业遭受的来自国外的反倾销措施频数的居高不下③，这些新的变化均能更好地印证近年来中国出口企业遭遇的贸易政策不确定性条件下的严峻考验。

因此，笔者在对贸易政策不确定性如何影响企业创新的考察论证中，重点选取中国出口企业作为研究对象，具体来说，企业是否有出口行为是以中国海关数据库中是否存在该企业出口记录作为研究对象的选取标准。

---

① 又称为出口学习理论。

② 参与国际贸易活动的进口企业，对国际环境变动的感知同样敏感。考虑到本研究主题，此处只讨论参与国际贸易活动的出口企业。

③ 对于更详尽的事实特征分析，具体请参见第四章内容。

结合前述章节对有关研究文献的分析与梳理,笔者对贸易政策不确定性和出口企业创新的界定如下:(1)关于贸易政策不确定性的界定与测度。首先,考虑国际贸易领域内各种政策的变动,对中国国内外贸易政策的不确定性进行综合考察,测度指标采用贸易政策不确定性指数;其次,聚焦中国遭受的来自国外的贸易政策的变动,并考虑不确定性来源的异质性,选取中国遭受的反倾销措施,从反倾销角度构建贸易政策不确定性具体指标。(2)关于出口企业创新的界定与测度。根据已有的文献研究,界定企业创新为中国出口企业技术创新,考虑其结果导向和过程导向,将创新投入视为企业创新的始点,具体的衡量指标包括研发投入,使用研发强度作为具体的测量指标;用创新产出描述企业创新的阶段性终点,具体测度指标包括创新产出和创新效率。

综上所述,对于本研究涉及的两个核心概念:贸易政策不确定性和出口企业创新的界定,分为内涵界定、考察视角和指标测度三方面,具体内容的分解整理如图 3-1 所示。

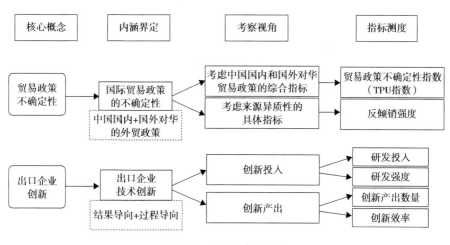

图 3-1 核心概念的界定

第二节 贸易政策不确定性影响
企业创新的理论基础

一、企业创新理论

现代创新理论最初是由经济学家约瑟夫·熊彼特提出。1912 年,熊彼特出版了《经济发展理论》一书,最早提出创新概念,将发明看作新产品、新工具、新工艺的开端,创新则是结果。1928 年,熊彼特发表了《资本主义的非稳定性》,对创新概念进行了完善,提出创新是一个过程。随后,熊彼特在 1939年出版的《商业周期循环论》以及 1942 年出版的《商业周期循环论》中,比较全面地建立了创新理论。

熊彼特的现代创新理论认为,创新就是要建立一种新的生产函数,将各种生产要素重新组合,同时将生产要素和生产条件进行新组合,并将其应用到生产体系中去,从而获取潜在的超额利润(熊彼特,1912)。企业家的职能就是引进生产要素和生产条件的新组合,并应用到生产体系中,推动企业实现创新。创新是一国经济增长的源泉,对企业来说,创新则是企业持续发展的核心驱动力,是企业获得市场势力和超额利润的手段。

关于企业创新的相关研究中,影响因素是学者们考察的一个重要话题,也是一个论证已相当广泛的话题,经济学和管理学文献中均有探讨。结合国内外相关研究,从来源看,对企业创新产生影响的因素可分为企业外部因素和企业内部因素两种。企业外部因素包括行业、法律、政策、市场等环境因素,如市场集中度(Aghion 等,2005)、政府对金融行业的管制(Amore 等,2013)、经济和制度环境(Brown 等,2014)、知识产权保护(Fang 等,2017)、金融市场的发育程度(Cornaggia 等,2015)、财政补贴(苗文龙等,2019)、融资约束(Campello等,2010)等。企业内部因素主要包括企业规模、企业产权结构(张玉娟和汤湘希,2018)、企业公司治理结构(黄庆华等,2017)、劳动力成本(林炜,2013)、管理层能力(姚立杰、周颖,2018)及薪酬激励(Manso,2011)等。

聚焦到国际贸易领域,近期文献则多从贸易自由化、外商直接投资、贸易政策等方面对这一问题展开研究。贸易自由化方面的研究视角主要包括关税变动(徐保昌等,2018)、中间品贸易自由化(毛其淋和杨琦,2021)①、进口贸易自由化(何欢浪等,2021)等;外商直接投资方面的研究视角包括外商来华投资(诸竹君,2020)、中国对外直接投资(陈经伟和姜能鹏,2020)等;贸易政策方面聚焦探讨反倾销措施的文献较多,包括中国遭受反倾销措施(谢申祥和王孝松,2013;曹平等,2019;李双杰等,2020)、中国对外反倾销(何欢浪等,2020)等多类不同的研究视角。

目前国内外关于政策不确定性与企业创新关系的探究,开启了企业创新影响因素研究的新视角。该视角下,早期文献主要关注经济政策不确定性与创新(Bloom 等,2007;Bloom,2007),随着经济政策不确定与创新研究的不断深入和拓展(顾夏铭等,2018;邹彩芬等,2022),较新文献开始聚焦贸易政策不确定性对企业创新的影响,如佟家栋和李胜旗(2015)、李宏兵等(2022)。

二、异质性企业贸易理论

异质性企业贸易理论又称为新新贸易理论。异质性企业贸易理论考虑了同一产业内不同企业在生产率、市场规模等方面存在的差异,由此导致同一产业内部不同企业在出口决策和其他经营战略方面的差异。从异质性企业贸易理论的角度,也开拓了一条研究贸易影响企业决策选择的新途径。

梅利兹(Melitz,2003)是异质性企业贸易理论的开篇之作,其核心思想是贸易会在不同生产率的企业间做出选择,同时出口也会带来产业内的"达尔文进化":拥有最高生产率的企业会选择出口,出口也会增加该类企业的市场

---

① 毛其淋、杨琦:《中间品贸易自由化如何影响企业产能利用率?》,《世界经济研究》2021年第 8 期。

份额和利润;生产率较低的企业也选择出口,市场份额会增加,但会遭受利润的损失;生产率更低的企业放弃出口,只供应国内市场,市场份额和利润均遭受损失;生产率最低的企业会完全退出市场。文献研究中对该结论的讨论较多。

除此之外,梅利兹(Melitz,2003)基于上述结论对影响企业进入退出的渠道进行分析时,认为除了市场竞争的作用外,国内资源要素的重新配置也是一个重要渠道。其认为,当企业进入出口市场需要支付更高的成本时,贸易只对拥有更高生产率的企业提供利润空间,因为更高生产率的企业有能力支付更高的进入成本。而该类企业出口市场份额的增加又会对生产要素产生更多的需求,提高了要素报酬,由此引致了生产要素从较低生产率企业到较高生产率企业的流动。笔者认为,这种生产要素的流动,除劳动力外,也会引起知识以及其他资本要素的流动,从而引起它们在不同企业之间的配置调整。由此,这一要素调整与熊彼特创新理论中的要素调整产生了一个友好的对接。

梅利兹(Melitz 等,2021)将贸易冲击、企业选择和企业创新做了更进一步的对接。该文献认为当前国际经济发展新形势下,新冠疫情席卷全球,贸易战等贸易保护主义风潮愈演愈烈,这些都会对一国贸易需求产生直接冲击,从而对企业创新产生影响。其研究认为来自国外市场的外部需求冲击会通过直接的市场规模效应(Market Size Effect)和间接的市场竞争效应(Market Competition Effect)对企业创新产生正向促进作用。

三、政策不确定性影响企业创新的相关理论

在第二章文献综述部分中,政策不确定性对企业创新存在正向作用和负向作用两种不同的结论。笔者发现,相关理论分析主要基于两种不同的出发点——将知识作为普通的资本要素还是将知识区别于普通的资本要素。如果对知识这一生产要素的属性认知不同,得出来的理论分析结论也就不同。

关于创新的相关理论,知识是驱动创新的核心动力,知识投入是研发投入

中的重要部分,研发投入又是企业开始创新的始点。可认为,知识是推动企业创新的一个直接生产要素,因此对其属性认知的区别,有着非常重要的理论意义。

(一)将知识看作普通的资本要素

早期关于企业创新的研究,大都把知识看作普通的资本要素,将研发投资等企业创新投资行为看作普通的资本投资活动,认为政策不确定性会抑制资本投资,即当政策不确定性增加时,企业通过调整资源配置、减少企业投资,来降低不确定性给企业带来的潜在负面影响。

实物期权理论和预防性储蓄理论可以解释环境不确定性抑制企业投资的内在机理。实物期权理论认为由于投资项目具有一定程度的不可逆性及可推迟性,并且不确定性将增加企业在负面冲击下处置已有投资资产的概率,环境不确定性的上升一方面将加剧企业的投资风险,另一方面则增加企业拥有未来投资机会的期权价值,最终导致抑制企业当期的投资行为(Bernanke,1983;Dixit 和 Pindyck,1994;Schwartz,2004;Bloom 等,2007;Magud,2008 等)。具体来说,伯南克(Bernanke,1983)在实物期权理论框架下得出,当投资项目不可逆时,不确定性的增加导致企业推迟投资,直至不确定性缓解后企业开始扩大投资以满足被抑制的需求。平狄克等(Pindyck 等,1993)、卡巴雷罗等(Caballero 等,1996)依据实物期权理论讨论了不确定性冲击的影响,通过对行业和总体投资行为的均衡模型分析,发现负向作用在短期内依然存在。布鲁姆等(Bloom 等,2007)也发现在实物期权效应下,投资的动态性在短期内受不确定性的影响较大,但长期来看不太显著。同样地,另一种理论预防性储蓄理论也认为不确定性的存在加剧了企业流动性风险,增加企业发生财务困境的概率,因此不确定性增加将促使企业更加偏好流动性较强的现金资产,从而降低企业当期的投资意愿(McDonald 和 Siegel,1986;Schwartz 和 Zozaya-Gorostiza,2003)。政策不确定性是企业所面临诸多不确定性的重要组成部分,它的上升会给企业投资行为带来潜在的负面影响。政策不确定性增加了企业发生困境和丧失市场份额的概率,因此借鉴实物期权理论和预防性储蓄理论的分析框架,企业有可能选择暂缓投资以应对由政策不确定性增加引起的投资风险。

更进一步,政策不确定性对企业投资意愿的抑制作用有可能会特别体现在与创新相关的企业投资活动中。如贸易保护主义等引起的贸易政策不确定性的增加对企业出口会产生贸易限制效应,减少企业出口业务的范围和数量(王孝松、翟光宇和林发勤,2015),即使这一不确定性下降,受影响企业的出口业务也很难在短时间内恢复。出于这一考虑,企业会担心高额研发资金投入不能为企业带来预期利润,进而降低创新的潜在收益。因此,政策不确定性上升会抑制企业投资,降低产品创新,尤其是需要高额研发资金投入的高创新性的突破式创新(张峰等,2019)。

因此,如果将知识看作普通的资本要素,基于该理论基础,可以得出结论——政策不确定性对企业创新存在负向的抑制作用。

(二)将知识区别于普通的资本要素

近期研究企业创新的文献,开始思考将知识资本看作普通的资本要素的恰当性。在布鲁姆等(Bloom 等,2007)关注一般性的资本投资活动、运用实物期权理论阐析了不确定性对投资的负向抑制作用后,布鲁姆等(Bloom 等,2007)又专门聚焦知识资本中的研发投资行为,他认为知识是企业的一种无形资产,知识资本中研发投资的成本调整特征不同于普通资本投资[①],因此不确定性对研发投资和普通资本投资会产生不同的影响,需要将不确定性对研发投资的影响进行单独研究。布鲁姆等(Bloom,2007)对研发投资的这一新的认知,拓宽了企业创新的研究思路,开启了不确定性影响企业创新的新阶段。

---

① Bloom(2007)认为,普通资本的调整成本来自资本存量水平的直接改变,而知识资本中研发资本的调整成本来自知识资本流量水平的改变。成本调整差异在表达方式上的不同,参见第三章第三节中的相关内容论述。

顾夏铭等(2018)在布鲁姆(Bloom,2007)的基础上阐述了经济政策不确定性影响创新的理论机制,得出经济政策不确定性对创新活动具有"激励效应"和"选择效应",从理论上为经济政策不确定性对企业创新的正向作用提供了合理解释。魏明海等(2021)认为这种正向促进作用对企业的创新投资行为是一种"倒逼效应",企业面临的贸易摩擦等贸易不确定性的增加从另一方面显示出了企业创新或者产品创新能力的不足,推动创新是应对复杂多变环境中提升企业价值的关键战略(Tian 和 Wang,2014)。不确定性带来的风险和挑战会倒逼企业选择增加创新投资,通过增强自主创新能力改善出口产品的技术含量和不可替代性、开发新产品,增强应对来自外部的各种不确定性的能力。

这与熊彼特的创新理论相一致。如其所言,创新是一国经济增长的源泉,对企业来说,创新又是企业获得市场势力和超额利润的手段。当企业面临潜在的市场竞争和风险时,企业会更倾向于加速创新以增强市场势力(Aghion,2005)①。基于此,当政策不确定性的增加加剧了市场潜在的风险时,企业可能会加大创新投入以保住现有市场势力或者获取新的市场势力,目的是积蓄力量以应对可能到来的市场风险。另外,从企业风险承担的角度看,也能得出不确定性对企业创新的正向作用。不确定性的不可预测性正是企业利润的核心来源,如果未来的变动均可以预测,那么企业的利润则会消失。因此,不确定性为企业创新带来风险的同时,也为企业创新提供了机遇,进而会推动企业的投资行为,促使企业家增加创新投入(Knight,1921;刘志远等,2017)。为了摆脱不可预知的风险和困境,创新便成为企业在不确定性下韬光养晦的恰当选择(李敬子和刘月,2019)。政策不确定性作用于企业风险承担时,存在"机遇预期效应"和"损失规避效应"。刘志远等(2017)发现,政策不确定性的"机遇预期效应"已在中国企业中发挥主导作用。

---

① Aghion P.,Bloom N.,Griffith R.,et al.,"Competition and Innovation:An Inverted-U Relationship",*Quarterly Journal of Economics*,Vol.120,No.2,2005.

因此,如果将知识区别于普通的资本要素,基于该理论基础,会得出结论——政策不确定性对企业创新存在正向的激励作用。

在前述章节部分的论述过程中,我们对政策不确定性影响企业创新的理论基础进行了梳理分析。综合之,熊彼特的现代创新理论认为,创新是各种生产要素的重新组合、生产要素和生产条件的重新组合。但即使基于这一观点,如果对知识这一生产要素的属性认知不同,理论分析得到的政策不确定性对于企业创新的影响也就存在不同。近期文献中,将知识这一要素与普通资本要素相区别后开展的系列研究,能够更好地考虑到创新与其他投资行为的差异,有利于研究者更准确地聚焦企业创新行为来开展研究。

基于这一理论分析基础,在接下来的章节部分构建模型对贸易政策不确定性影响企业创新进行理论分析中,我们将知识作为企业生产的一种要素,将其与普通的资本要素相区别,创新行为意味着企业在知识这一特殊生产要素上的调整。同时在考虑贸易政策不确定性的到来对企业创新决策的影响时,将这种政策不确定性视为对企业行为的一个外来冲击①,在这一冲击下,企业将在知识这一生产要素和生产条件上做出新的调整。

接下来关于贸易政策不确定影响企业创新的理论模型和作用路径分析,将按照如图3-2中所列示的分析框架图逐一展开。

第三节　贸易政策不确定性影响出口
企业创新的理论模型

根据本章对于贸易政策不确定性、企业创新这两个核心概念的解释与分析,笔者将创新界定为狭义层面的技术创新,将创新投入视为企业创新的始

---

① 根据已有的文献资料,将政策不确定性视为一个外来冲击的相关文献,主要有 Pindyck 和 Solimano(1993)、Caballero 和 Pindyck(1996)、Bloom 等(2007)、Bloom(2007)等、顾夏铭等(2018)等。

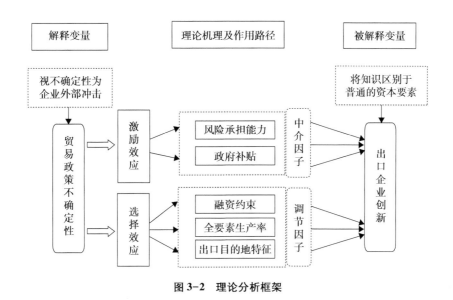

图 3-2　理论分析框架

点,具体衡量指标包括研发投入,使用研发强度作为测度指标;将创新产出描述企业创新的阶段性终点,具体的衡量指标包括创新产出数量和创新效率。基于此,本部分是从创新始于生产要素的调整这一理论基础入手,将企业创新行为分为创新投入和创新产出两部分,通过构建理论模型,分别推导与论证贸易政策不确定性对企业创新投入和企业创新产出的影响。然后,基于理论分析的研究结论,将贸易政策不确定性对企业创新的影响梳理归纳为"激励效应"和"选择效应",为后续从理论角度阐析上述两种效应下可能存在的作用路径奠定理论基础。

一、贸易政策不确定性影响出口企业创新投入的理论模型

熊彼特的现代创新理论认为,创新是将各种生产要素重新组合,同时将生产要素和生产条件进行新组合。布鲁姆等(Bloom 等,2007)以这一思想为基础,认为政策不确定性的到来,会使企业在劳动力、资本等生产要素投入间进行调整,并存在调整成本。布鲁姆(Bloom,2007)将企业创新界定为知识资本这一生产要素的调整,并进一步假设,知识不同于普通资本要素,其成本调整

特征与普通资本要素存在差异。普通资本要素的调整成本来源于资本存量水平的直接改变,表现为资本的出售或者投资的增加。而知识是一种企业的无形资产,不能被用来直接交易,它的调整成本来源于研发投入水平的变化。布鲁姆(Bloom,2007)对不确定性导致的知识这一生产要素的调整即研发投入的变动,进行了重点分析。顾夏铭等(2018)在布鲁姆等(Bloom 等,2007)的基础上,通过对动态模型的量化分析,阐释了政策不确定性如何影响企业研发活动的理论机理。本部分借鉴这一模型框架,从理论上为贸易政策不确定性如何影响企业创新提供合理的解释。

(一)基准模型构建

假设企业在 t 时期的生产函数满足柯布道格拉斯函数形式:

$$F_t = M_t K_t^\alpha L_t^\beta G_t^{1-\alpha-\beta} \tag{3.1}$$

其中,M_t 为企业的生产性条件,受企业生产环境和自有属性两种因素的共同影响,K_t 为企业的资本存量,L_t 为企业的劳动要素投入,G_t 为企业的知识存量。为更好地聚焦出口企业的创新活动,假定该模型下企业生产的产品全部用于出口。

另外假定企业面临需求价格弹性不变的需求函数:

$$Q_t = S_t P^{-\frac{1}{\delta}}$$

即 $P = S_t^\delta Q_t^{-\delta} \tag{3.2}$

其中,S_t 是企业面临的对需求的冲击。

基于上述供给函数和需求函数,企业的收益函数可以表示为:

$$V(M_t, S_t, K_t, L_t, G_t) = S_t^\delta Q_t^{1-\delta}$$

$$= (M_t K_t^\alpha L_t^\beta G_t^{1-\alpha-\beta})^{1-\delta} S_t^\delta$$

$$= M_t^{1-\delta} S_t^\delta K_t^{\alpha(1-\delta)} L_t^{\beta(1-\delta)} G_t^{(1-\alpha-\beta)(1-\delta)} \tag{3.3}$$

将企业的生产性条件 M_t 和企业面临的需求冲击 S_t 统一定义为企业面临的经营条件 N,则 $N_t^\eta = M_t^{1-\delta} S_t^\delta$。由此,企业的收益函数(3.3)可改写为:

$$V(N_t, K_t, L_t, G_t) = N_t^\eta K_t^{\alpha(1-\delta)} L_t^{\beta(1-\delta)} G_t^{(1-\alpha-\beta)(1-\delta)} \tag{3.4}$$

(二)引入贸易政策不确定性冲击

假定贸易政策不确定性为企业外部冲击[①],其直接影响企业经营条件 N,并假设 N_t 服从几何随机游走过程,其平均位移为 μ、波动方差为 ε_t^2。可以用公式表示为,如式(3.5):

$$N_{t+1} = N_t(1 + \mu + \varepsilon_t dW_t), W_t \sim N(0,1) \tag{3.5}$$

由此, ε_t 可理解为贸易政策不确定性。并且 ε_t 服从 AR(1)过程,即:

$$\varepsilon_t = \varepsilon_{t-1} + \rho_\varepsilon(\varepsilon^* - \varepsilon_{t-1}) + \varepsilon_U U_t, U_t \sim N(0,1) \tag{3.6}$$

其中, ρ_ε 为 ε_t 到长期均值 ε^* 的收敛率, ε_U 为对应的标准差。

根据布鲁姆(Bloom,2007),知识存量 G 的调整成本不同于资本存量 K,知识存量是一种企业的无形资产,不能被用来直接交易,它的调整成本来源于研发投入水平的变化[②]。进一步地,研发投入水平的变化可以看作知识存量变化量的变化,因此可用如下表达式表示:

$$C_G(\Delta R_t) \approx C_G(\Delta\Delta G_t) \tag{3.7}$$

其中, C_G 表示知识存量的调整成本, ΔR_t 表示研发投入的变动, $\Delta\Delta G_t$ 表示知识存量变化量的变化。

正是由于知识存量和资本存量在调整成本上存在的上述区别,当贸易政策不确定性到来时,企业做出的研发投资行为的调整与资本投资行为的调整也会有差异。顾夏铭等(2018)基于这一差异,关于企业研发活动对政策不确定性的反应进行了识别。顾夏铭等(2018)将布鲁姆(Bloom,2007)的模型进行简化,重点考察政策不确定性如何引致企业进行知识存量的调整,即不确定性如何影响企业调整研发投资决策,进而影响企业研发投入和研发强度的变动。

---

① 根据已有的文献资料,将政策不确定性视为一个外来冲击的相关文献,包括诸如 Pindyck 和 Solimano(1993)、Caballero 和 Pindyck(1996)、Bloom 等(2007)、Bloom(2007)、顾夏铭等(2018)等。

② 在 Bloom 等(2007)中,与资本存量 K 相关的调整成本来源于资本存量水平的直接改变,比如资本的出售或者投资的增加,因此表达式表示为: $C_K(I_t) \approx C_K(\Delta K_t)$。

（三）动态模型量化模拟

假定资本存量 K 和劳动力要素投入 L 的调整完全灵活,即两种要素的投入成本和调整成本为零,则在求解企业利润最大化问题时可以将两者的影响归并到生产性条件中。在此基础上,可继续将原有收益函数(3.4)简化为仅与经营条件和知识存量有关的标准化收益函数,用公式表示为：

$$\tilde{V}(\tilde{N}_t, G_t) = B \tilde{N}_t^{1-\varphi} G_t^{\varphi} \tag{3.8}$$

上式中,B 为常量,G_t 依然表示知识存量。$\tilde{N}_t$ 表示简化后的企业经营条件,与企业的生产性条件 M_t、企业面临的需求冲击 S_t 相关,并将资本存量 K 和劳动力要素投入 L 归并进生产性条件(因为已假设两种要素的调整完全灵活)。简化后的收益函数满足一次齐次性。

另外,假设研发活动的单位调整成本为 λ,则 t 时期企业研发活动的调整成本可表示为 $C(\Delta R_t) \approx \lambda \mid \Delta R_t \mid$,也可表示为 $C(R_t, R_{t-1}) \approx \lambda \mid \Delta R_t \mid$。假设研发活动的单位投入成本为 τ,则 t 时期企业研发活动的投入成本为 τR_t。

基于以上假设,企业利润最大化对应的贝尔曼方程为：

$$Z(\tilde{N}_t, G_t, R_{t-1}, \varepsilon_t) = \max_{R_t} \left\{ \tilde{V}(\tilde{N}_t, G_t) - C(R_t, R_{t-1}) - \tau R_t + \right.$$
$$\left. \frac{1}{1+\chi} E[Z(\tilde{N}_{t+1}, G_{t+1}, R_t, \varepsilon_{t+1})] \right\} \tag{3.9}$$

其中,ε_t 影响 $\tilde{N}_t$ 随机游走过程。

上式中各项因子具有一次齐次性的特点,可设单位经营条件 $\tilde{n}_t = \tilde{N}_t / G_t$,设单位研发强度 $r_t = R_t / G_t$,则式(3.9)可化简为：

$$Z(\tilde{n}_t, 1, r_{t-1}, \varepsilon_t) = \max_{r_t} \left\{ \tilde{V}(? \quad \tilde{n}_t, 1) - C(r_t, r_{t-1}) - \tau r_t + \right.$$
$$\left. \frac{1-\varphi_G + r_t}{1+\chi} E[Z(\tilde{n}_{t+1}, 1, r_t, \varepsilon_{t+1})] \right\} \tag{3.10}$$

对动态模型(3.10)进行量化模拟,常用参数取值参考布鲁姆等(Bloom

等,2007)中的参数设定,得到了最优路径上各变量之间的关系,如图 3-3 和图 3-4 所示。

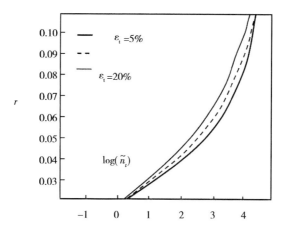

图 3-3　贸易政策不确定性与企业创新投入的关系

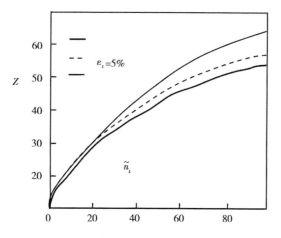

图 3-4　贸易政策不确定性与企业值函数的关系

图 3-3 刻画了贝尔曼方程进行量化模拟的结果。纵轴是 t 期的研发强度 r_t,横轴是 t 期的经营条件 $\tilde{n}_t$,三条曲线分别是 t 期不同程度的贸易政策不确定性冲击 ε_t 下,r_t 和 $\tilde{n}_t$ 的关系。由图 3-3 可知,$\partial r_t/\partial \varepsilon_t > 0$,进而 $\partial R_t/\partial \varepsilon_t > 0$,也就是说,贸易政策不确定性会提高企业的研发投入和研发强度。

（四）贸易政策不确定性对出口企业创新投入的影响

我们借助最大化问题的值函数进一步探索背后的原因。可以发现,在其他条件相同的情况下,当贸易政策不确定性冲击 ε_t 上升时,不仅有 r_t 上升(见图 3-3),此时对应的值函数 Z(见图 3-4)也上升了。这说明,当贸易政策不确定性上升时,企业可以通过增加 R_t 进而提升 r_t,来实现长期收益 Z 的增长。因此,当贸易政策不确定性上升时,企业会通过增加研发投入来推动企业创新,从而提升其长期经济收益。这是贸易政策不确定性的"激励效应"(Incentive Effect),即贸易政策不确定性的到来,对企业来说,意味着存在增加未来收益的机会,从而激励企业增加研发投入、提升研发强度。

此外,结合图 3-3 和图 3-4 还可以看到,当贸易政策不确定性上升时,比如从 $\varepsilon_t = 20\%$ 上升至 $\varepsilon_t = 50\%$ 时,经营条件 $\tilde{n}_t$ 越大,对应的值函数的增幅就越大。这说明,贸易政策不确定性对具有不同经营条件的企业的最终影响也会不同,也就是说,贸易政策不确定性对企业研发活动和未来收益的影响存在异质性[①]。当贸易政策不确定性上升时,那些高生产率、高创新能力的企业可以通过提高研发投入来显著增加长期总收益,而那些低生产率、低创新能力的企业却不能。如果将企业在资本和劳动力方面的成本考虑进来,这一类企业有可能会被淘汰,市场中只留下经营条件较好的企业,贸易政策不确定性上升带来的最终影响将可能是行业洗牌加剧,低生产率、低创新能力企业退出市场,高生产率和高创新能力的企业则获得更多市场资源。我们称为不确定性导致企业研发投入增加的"选择效应"(Selection Effect)。

综上所述,该部分主要是借助布鲁姆(Bloom,2007)和顾夏铭等(2018)关于政策不确定性冲击如何影响企业研发活动的模型框架,将知识与普通资本要素的调整方式进行区分,认为知识资本是一种无形资产,不能像普通资本要

---

① 因为根据模型中的假设条件,经营条件 $\tilde{n}_t$ 包括企业自身特性和外部生产环境,所以它也可以被称为企业的异质性特点。

素那样直接交易,其调整成本应该来源于研发投入水平的变化,从而得出贸易政策不确定性会推动企业增加研发投入、提高研发强度的结论,我们将之归纳为"激励效应"和"选择效应"。

接下来,我们进一步思考,在企业创新行为中,研发投入的增加和研发强度的提高,只是企业进行创新活动的开始。贸易政策不确定性这一外部冲击,在激励企业增加研发投入、提高研发强度之后,对企业创新产出以及创新效率又会产生怎样的影响呢? 本节的第二小节这一部分,将会在第一小节这部分理论分析结论的基础上,继续通过构建理论模型,进一步对该问题进行模型推导和理论分析。

二、贸易政策不确定性影响出口企业创新产出的理论模型

在前述章节的部分理论分析模型中,我们将知识作为一种重要的生产要素,分析得到贸易政策不确定性冲击会推动企业增加知识这一要素投入,并在实践中表现为研发投入的增加和研发强度的提高。本部分将借助第三节第一部分的理论分析结论,将研发投入作为一种重要的生产要素,继续考察分析贸易政策不确定性带来研发投入的调整后,会对企业创新产出产生何种影响。根据笔者对企业创新的界定,创新产出描述企业创新的阶段性终点,文中使用创新产出数量和创新效率进行衡量。本部分理论分析框架是在郭冬梅等(2021)[①]理论模型的基础上进行调整,边际贡献是尝试在探讨贸易政策不确定性如何影响企业创新产出的理论分析中,成为一个有益补充。

(一)理论模型构建

在第三节第一部分理论分析模型中,我们将知识作为一种重要的生产要素,将知识存量的变动程度理解为研发投入的调整。第三节第二部分将沿用这一分析脉络,并根据郭冬梅等(2021)理论模型分析框架,构建本部分理论

---

① 郭冬梅、郭涛、李兵:《进口与企业科技成果转化:基于中国专利调查数据的研究》,《世界经济》2021 年第 5 期。

模型,进行推导论证。我们将研发投入作为一个重要的生产要素,认为贸易政策不确定性通过影响企业研发投入,进而影响企业的生产函数和市场均衡情况。

假定企业的生产函数表达式为:

$$Y = F(u,n)\varphi(X) \tag{3.11}$$

其中,u 代表贸易政策不确定性。X 为企业研发产出数量,$\varphi(X) > 0$。n 为企业创新效率,根据赫舒拉发等(Hirshleifer 等,2013),创新效率 n 为创新产出与创新总投入的比值。

另假设 $g(u)$ 为 1 单位研发产出中的研发投入量。根据(3.1)的分析结论,贸易政策不确定性会引致企业增加研发投入,从而影响企业生产函数,故设 $g'(u) > 0, g''(u) = 0$[①]。企业在现实的创新活动中,可能成功,即能够获得创新产出(如发明、专利或者实用新型等);也可能不成功,即不能获得创新产出。但无论获得还是没有获得创新产出,企业都要进行创新投入,这两种情况的创新投入也都计入企业成本。据此,企业获得创新产出情况下的研发投入成本为 $g(u)X$,企业未能获得创新产出时的研发投入成本设为 $\tau(n)$,且 $\tau'(n) < 0$。

设定生产技术函数符合 $F_u > 0, F_{uu} > 0$[②],表示随着贸易政策不确定性的提高,企业技术水平也会相应提高,进而促进企业生产产品的数量增加[③]。设 $F_n > 0$,表示随着企业创新效率的提高,企业产量也会增加。

(二)市场均衡分析

根据以上模型构建,企业利润表达式可以表示为:

---

① 根据图 3-1 得出结论 $\partial r_t/\partial \varepsilon_t > 0$,进而 $\partial R_t/\partial \varepsilon_t > 0$,也就是说,贸易政策不确定性会提高企业的研发投入和研发强度。

② F_u 表示 F 对 u 的一阶偏导数,F_{uu} 表示 F 对 u 的二阶偏导数,本部分后文以此类推。

③ 根据(3.1)的分析结论,贸易政策不确定性会提高企业的研发投入和研发强度,这会提高企业的生产技术水平。

$$\pi = P(Y)Y - g(u)X - \tau(n)$$
$$= P[F(u,n)\varphi(X)]F(u,n)\varphi(X) - g(u)X - \tau(n) \quad (3.12)$$

分别对式(3.12)中的 n、u 和 X 求偏导,利润最大化的一阶条件如下:

$$\frac{\partial \pi}{\partial n} = P'[F(u,n)\varphi(X)]F_n\varphi(X)F(u,n)\varphi(X) + P[F(u,n)\varphi(X)]$$

$$F_n\varphi(X) - \tau'(n) = 0 \quad (3.13)$$

$$\frac{\partial \pi}{\partial u} = P'[F(u,n)\varphi(X)]F_u\varphi(X)F(u,n)\varphi(X) + P[F(u,n)\varphi(X)]$$

$$F_u\varphi(X) - g'(u)X = 0 \quad (3.14)$$

$$\frac{\partial \pi}{\partial X} = P'[F(u,n)\varphi(X)]F(u,n)\varphi_X F(u,n)\varphi(X) + P[F(u,n)\varphi(X)]$$

$$F(u,n)\varphi_X - g(u) = 0 \quad (3.15)$$

式(3.13)整理后,得到:

$$P'[F(u,n)\varphi(X)]F(u,n)\varphi(X) + P[F(u,n)\varphi(X)] = \frac{\tau'(n)}{F_n\varphi(X)} \quad (3.16)$$

式(3.14)整理后,得到:

$$P'[F(u,n)\varphi(X)]F(u,n)\varphi(X) + P[F(u,n)\varphi(X)] = \frac{g'(u)X}{F_u\varphi(X)} \quad (3.17)$$

式(3.16)整理后,得到:

$$P'[F(u,n)\varphi(X)]F(u,n)\varphi(X) + P[F(u,n)\varphi(X)] = \frac{g(u)}{F\varphi_X} \quad (3.18)$$

由式(3.17)和式(3.18)得到:

$$\frac{g'(u)X}{F_u\varphi(X)} = \frac{g(u)}{F\varphi_X}$$

为更好地讨论 u 与 n 的关系,我们将上式简化,设 $\varphi(X) = X\varphi_X$ [①],得到:

$$g(u)F_u(u,n) = g'(u)F(u,n) \quad (3.19)$$

———————————

① 这与 $\varphi'(X) > 0$ 不矛盾。

对式(3.19)关于 u 和 n 求微分,得到:

$$g'(u)F_u du + g(u)F_{uu} du + g(u)F_{un} dn = g'(u)F_u du + g'(u)F_n dn \text{ ①}$$

整理得到: $\dfrac{dn}{du} = \dfrac{g(u)F_{uu}}{g'(u)F_n - g(u)F_{un}}$ (3.20)

从式(3.20)可知,在 $F_{un} < 0$ 或者 F_n 足够大的情况下, $dn/du > 0$ 成立。由于创新效率 n 为创新产出 X 与创新总投入的比值,因此当 $dn/du > 0$ 时, $dX/du > 0$ 也成立。也就是说,在 $F_{un} < 0$ 或者 F_n 足够大的情况下,贸易政策不确定性对企业创新产出数量和企业创新效率的影响存在正向促进作用。

(三)贸易政策不确定性对出口企业创新产出的影响

根据均衡分析结论,在 $F_{un} < 0$ 或者 F_n 足够大的情况下,贸易政策不确定性对企业创新产出数量和企业创新效率的影响存在正向促进作用。那么,何种类型的企业能够满足这两种情况呢?

$F_{un} < 0$ 意味着贸易政策不确定性影响企业技术水平的速度,随着企业创新效率的提高而下降,这一设定符合企业生产的现实状况。创新效率高的企业,通常表现为研发或创新的主动性更强,因此企业创新主要来自企业自身的动力,而更少地依赖于由于政策不确定性这一外来压力的到来做出的被动研发调整和创新。而对于 F_n 足够大的情况,是指企业创新效率的提升带来的企业生产技术水平或者企业生产效率的提高幅度相当大,显然高科技行业、需要高研发投入的企业更符合这种情况。因此可以基本得到,对于自身创新效率高、处于高科技行业的企业,贸易政策不确定性对企业创新效率的影响会呈现正向促进作用。

这与第三节第一部分我们得到的"激励效应"和"选择效应"相一致。随着贸易政策不确定性上升时,那些高科技含量、高生产率、高创新能力的企业

---

① 根据假设, $g''(u) = 0$ 。

面对外来冲击作出的企业决策通常为积极应对,具体表现为增加创新投入、提高创新产出,从而可增加企业长期总收益,这即贸易政策不确定性对企业创新的"激励效应"。与此同时,贸易政策不确定性这一外来冲击也对企业和行业带来"选择效应"。高科技含量、高生产率、高创新能力的企业会将冲击转化为正向促进的激励作用,而低生产率、低创新能力的企业作出这一调整的决策却很难。考虑到调整研发投入的成本,再考虑到现实中存在的、在资本和劳动力上也需要随之调整的成本,这一类企业有可能无力创新,甚至会被淘汰。贸易政策不确定性上升带来的最终影响将可能是行业洗牌加剧,低生产率、低创新能力企业退出市场,经营条件相对好的企业存活下来,从而整个行业的创新能力提高。

值得说明的是,本研究的结论与梅利兹(Melitz)最新文献(Philippe、Bergeaud、Lequien 和 Melitz,2021)以法国出口企业为样本得到的研究结论具有一致性。该文献认为,来自国外市场的外部需求冲击会通过直接的市场规模效应(Market Size Effect)和间接的市场竞争效应(Market Competition Effect)对企业创新产生正向促进作用。但这一正向效应同样具有选择性:对越接近科技前沿的企业,这一正向促进作用越大;生产效率越低的企业,这一作用甚至为负。[①]

综上所述,本研究得到第一个理论假设的推断:贸易政策不确定性对中国出口企业创新产生正向的促进作用,将其称为"激励效应";与此同时,贸易政策不确定性对中国出口企业创新的促进作用具有选择性,将其称之为"选择效应"。由此,贸易政策不确定性与出口企业创新关系是"激励效应"与"选择效应"并存的。

---

① 本研究与 Philippe、Bergeaud、Lequien 和 Melitz(2021)有着不同之处。Philippe、Bergeaud、Lequien 和 Melitz(2021)虽然讨论的是外部需求冲击对企业创新的影响效应,但其没有对外部需求冲击进行具体的界定和测度,而是从外部需求冲击会产生的市场规模(Market Size)的变动入手开展实证研究。

第四节　贸易政策不确定性影响出口
企业创新的作用路径

根据本章第三节的部分理论分析，我们得出贸易政策不确定性对企业创新的影响会存在正向推动作用，具体体现为对企业创新的"激励效应"和"选择效应"。在本节余下的部分将遵循这两种效应，并结合已有的理论文献研究，梳理和阐释贸易政策不确定性影响企业创新的作用路径，即揭示贸易政策不确定性如何影响我国出口企业创新，从而为贸易政策不确定性作用机理的研究提供理论证据。

一、激励效应下的作用路径

（一）风险承担水平

风险承担是指企业在投资决策中对于预期收益水平和预期收益波动程度的选择，代表了企业在追逐市场高额利润过程中愿意付出代价的倾向，是企业投资决策中的一个重要环节（Lumpkin 和 Dess，1996）。企业的风险承担水平反映企业在投资决策时的风险偏好，风险承担水平越高，表明企业越倾向于选择高风险、高收益的投资项目（Acharya 等，2011；Boubakri 等，2013；余明桂等，2016）[1]。这种风险选择对企业至关重要（Li 和 Tang，2010；张敏等，2015）[2]，企业较高的风险承担水平有助于企业获得更高的投资回报，增强长期竞争优势（Low，2009；Cucculelli and Ermini，2012）。

一些文献研究认为，风险承担是政策不确定性影响企业行为的一条潜在

---

① 余明桂、范蕊、钟慧洁：《中国产业政策与企业技术创新》，《中国工业经济》2016 年第 12 期。

② 张敏、童丽静、许浩然：《社会网络与企业风险承担——基于我国上市公司的经验证据》，《管理世界》2015 年第 11 期。

渠道。政策不确定性具有两面性,如西格尔等(Segal 等,2015)①将宏观经济的不确定性分为坏的不确定性和好的不确定性,坏的不确定性与资产价格和投资存在负相关关系,而好的不确定性与资产价格和投资存在正相关关系。因此,政策不确定性可能给企业带来损失,但也蕴藏着企业未来发展的机遇。企业既可以规避不确定性,即降低企业的风险承担水平来减少损失,也可以勇于利用不确定性带来的机遇,即提高企业的风险承担水平来谋求发展。根据管理学中的代理理论,刘志远(2017)将这两种情况分别定义为政策不确定性的"损失规避效应"和"机遇预期效应",并发现,中国经济政策不确定性显著提升了企业的风险承担水平,政策不确定性的"机遇预期效应"已在中国企业中发挥主导作用。

也有文献认为,风险承担水平对企业创新会产生"激励效应"。该类文献则从企业遭受反倾销这一事件入手考察,研究发现反倾销会增强遭受制裁的企业的风险承担的意愿,从而促进企业创新行为。一方面,从生产成本考虑,遭受反倾销调查对企业意味着产品成本的激增,为了降低反倾销对利润水平的冲击,倒逼企业加大研发投入、推动企业创新,有效地提升单位产品生产效率,降低单位产品的生产成本(林志帆和龙晓旋,2019)②。已有研究证实,当企业遭受反倾销调查后,研发创新确实能够降低生产成本,从而边际收益上升(Gao 和 Miyagiwa,2005;谢申祥、王孝松,2013)。另一方面,从产品质量考虑,遭受反倾销调查可能会倒逼企业改变传统的低价出口策略,寄希望于加大研发创新以提升出口产品的质量和产品技术复杂度,转向通过提供更高质量的产品来保持出口市场竞争优势(李小平等,2015)③。笔者将反倾销措施作为

---

① Segal G., Shaliastovich I., Yaron A., "Good and Bad Uncertainty: Macroeconomic and Financial Market Implications", *Journal of Financial Economics*, Vol.117, No.2, 2015.

② 林志帆、龙晓旋:《卖空威胁能否激励中国企业创新》,《世界经济》2019年第9期。

③ 李小平、周记顺、卢现祥、胡久凯:《出口的"质"影响了出口的"量"吗?》,《经济研究》2015年第8期。

衡量贸易政策不确定性的具体指标。因此可以得出,贸易政策不确定性的增加会倒逼受制约企业通过增加研发来降低生产成本、向高质量出口转型,即对企业创新存在风险承担的激励效应(沈昊旻等,2021)。

基于上述理论分析,提出如下研究推断:贸易政策不确定性增加会倒逼企业提高风险承担水平,进而推动企业创新,即风险承担是贸易政策不确定性影响我国出口企业创新的重要渠道。

(二)政府补贴

政策不确定性是指政策制定者或企业家对未来政策变动的不能预测性,不可否认,政策不确定性的增加加剧了市场潜在的风险。当不确定性增加时,为稳定市场、平滑经济波动,往往会加强对企业政策补贴的力度,以防企业在生产经营或资金周转方面受到过大负面冲击,使企业经营条件得以改善。同时,政府补贴增加也可以为政府树立起良好政策信誉,向外界传递出企业具有良好发展空间的信号,帮助企业增强迎接不确定性挑战的信心。比如当不确定性增加情况下,政府会通过科技拨款、税收减免等政府补贴方式增加企业现金流动性。

那么政府补贴能否推动企业创新呢? 企业的创新行为是一种周期长、创新产出不确定且失败率很高的复杂过程(Hall,2002;Hsu 等,2014)[1],创新前期的研发活动尤其如此。李敬子和刘月(2019)认为研发创新活动的特殊性使有的企业很难以一己之力开展研发,政府通过科技拨款、税收减免等补贴方式增加了企业现金流动性,有效降低了企业创新过程中的研发成本。企业可以借助政府补助或合作开发,增加研发投入,推动企业创新。另外政府补贴的增加,帮助企业增强迎接不确定性挑战的信心,增加对未来收益的预期,帮助企业增强风险承担意愿,提高风险承担水平,引致部分企业家由"损失规避"策略转为"机遇预期"战略,也促使政策不确定性对企业创新的"损失规避效

---

[1] Hsu P. H., Tian X., Xu Y., "Financial Development and Innovation: Cross-Country Evidence", *Journal of Financial Economics*, Vol.112, No.1, 2014.

应"转为"机遇预期效应"。

基于上述的理论分析,得出如下的研究推断:当贸易政策不确定性增加时,政府会增加补贴,从而推动企业创新。即政府补贴是贸易政策不确定性影响我国出口企业创新的重要渠道。

二、选择效应下的作用路径

(一)融资约束

流动资金是否充足往往在企业经营管理中充当决策风向标的作用。企业获取资金的渠道根据资金来源不同可以分为两种,内源性融资和外源性融资,企业资金受到的来自两种融资渠道的制约,即我们所说的融资约束。内源性融资产生于企业自身的生产经营活动,是从企业内部获得的资金来源。如果企业在产品生产上具有成本优势,产品市场竞争力强,企业会具有较强的获利能力和内源融资能力(Egger 和 Nelson,2011)①,从而企业来自内源性融资的约束也会较小。从外源性融资看,对企业融资渠道的约束可表现为企业层面的外部融资约束和银行层面的信贷供给约束(谭小芬和张文婧,2017)。企业层面的外部融资是指企业与企业之间在商品交易过程中因延期付款或预收货款所形成的一种融资借贷关系。具有较强的市场竞争力、较好经营绩效的企业一般会在供求双方交易中处于主动地位,在产业链上下游企业之间的交易中也同样如此,从而在与企业之间的商品交易和融资借贷中更处于优势地位,受到的融资约束更小。银行层面的信贷供给是指银行等金融机构以信贷供给方式为企业筹集资金的业务活动,也是现代机器大生产背景下产生的一种重要融资渠道。企业较好的经营绩效、乐观的盈利预期、较低的信贷偿付风险,更容易从金融机构获得信贷供给,因而具有较小融资约束。

融资约束机制在政策不确定性对企业创新的影响过程中起着重要的调节

---

① Egger P.,Nelson D.,"How Badis Antidumping? Evidence from Panel Data",*Review of Economics and Statistics*,Vol.93,No.4,2011.

作用。企业创新周期长、创新产出不确定（Hall，2002；Hsu 等，2014），资金是企业增加创新投入、实现创新产出、提高生产力的必要条件，企业研发投入具有更强的融资约束效应和顺周期性（胡亚茹等，2018）[1]，企业研发投资很大程度上取决于自身受到的融资约束。当不确定性增加时，根据第三章第三节得到的"激励效应"和"选择效应"，生产率高、经营绩效好的企业更会倾向于增加研发投资，推动企业创新。考虑到融资约束机制，生产率越高、经营绩效越高的企业往往在内源性融资和外源性融资方面受到的约束较小，更多的流动资金的支持，使得该类企业的创新动力更足；而对生产率较低、经营绩效较差的企业而言，在不可预见的风险挑战和成本压力下，贸易政策不确定性对该类企业的"激励效应"较小，加之该类企业在政策不确定情况下受到的各种融资约束会增强[2]，企业现金流获取能力下降，较高的融资成本加剧了不确定性带来的风险和压力，从而更加削弱了企业创新的意愿和能力，甚至放弃创新活动，企业经营策略由"机遇预期"转为"损失规避"。

相对于非出口企业，出口企业未来经营现金流，更容易受到贸易政策不确定性的影响。对出口企业而言，本身贸易对象比较明确，产品主要销往海外市场，这一特点在打开海外市场获得收益的同时也使企业处于比较被动的处境。因此，融资约束在贸易政策不确定性作用于出口企业创新的过程中，有重要调节作用。

基于上述理论分析，提出如下的研究推断：企业受到的融资约束越小，贸易政策不确定性对出口企业创新的正向"激励效应"越大。也就是说，融资约束对贸易政策不确定性与企业创新的关系具有调节作用。

---

① 胡亚茹、陈丹丹、刘震：《融资约束、企业研发投入的周期性与平滑机制——基于企业所有制视角》，《产业经济研究》2018 年第 2 期。

② 环境变化剧烈、不可预期的情况下，信贷提供者对于该类企业的投资更加谨小慎微，融资约束的加剧无疑减少甚至切断了该类企业的外部资金来源。加之该类企业短期获取内源性融资的能力又弱，因此，政策不确定情况下该类企业受到的各种融资约束均会增强。

（二）企业生产率

根据梅利兹（Melitz，2003）提出的新新贸易理论，当企业进入出口市场的成本上升时，该行业内出口市场进入的生产率临界值会提高。高生产率的企业为降低成本效应带来的负面效应，会努力提高生产率；而低生产率的企业或者被淘汰退出，或者努力提高生产率，跨越临近值，保持在出口市场中的地位。出口市场通过企业的这一进入退出机制，完成对出口企业的激励和选择。

在第三章第三节我们得出的贸易政策不确定性对出口企业创新的"激励效应"和"选择效应"与梅利兹（Melitz）的新新贸易理论相一致。当贸易政策不确定性上升时，那些高科技含量、高生产率、高创新能力的企业面对外来冲击作出的企业决策通常为积极应对，具体表现为增加创新投入、提高创新产出，从而增加企业长期总收益。而低生产率、低创新能力的企业作出这一调整的决策却很难。考虑到调整研发投入的成本，再考虑到自身对确定性带来的风险的承担能力和承担意愿，这一类企业有可能无力创新，甚至会被淘汰。最终，贸易政策不确定性上升带来的进一步影响将可能是行业洗牌加剧，低生产率、低创新能力企业退出市场，经营条件相对好的企业存活下来，从而整个行业的创新能力提高（顾夏铭、陈勇民和潘士远，2018）。因此可以说，企业生产率在贸易政策不确定性作用于出口企业创新的过程中，起着重要的调节作用。

基于上述理论分析，提出如下的研究推断：企业生产率越高，贸易政策不确定性对出口企业创新的正向"激励效应"越大。也就是说，全要素生产率对贸易政策不确定性与企业创新的关系具有调节作用。

（三）出口目的地特征

国际贸易中存在出口转移效应，又称市场转移效应，是指当一国产品出口受到消极的外部需求冲击时，比如遭受进口国反倾销调查并被裁定征收高额反倾销税时，出口产品在进口国市场的竞争力将会下降，市场占有率减少，利润减少甚至亏损，出口产品被迫退出进口国市场，去寻求新的出口市场。再如来自进口国的贸易政策不确定性上升时，企业把产品出口至该国的风险会增加,企业也会采取出口转移策略,寻求新的出口市场。

基于此,在贸易政策不确定性影响企业创新的作用过程中,企业出口市场的集中或分散程度会起到一定的调节作用。企业出口目的地数量较多,出口市场分散,当企业出口面临的不确定性增加时,企业可以通过市场转移效应将风险转移或分散,由此企业创新动力将会削弱;反之,如果企业出口市场集中,出口收益对目的地存在严重依赖性,企业分散风险的机会小,通过创新应对贸易政策不确定性成为企业重要选择。

菲利普(Philippe)和梅利兹等(Melitz 等,2021)也持类似观点,外部需求冲击对企业创新的作用过程中,存在市场规模效应(Market Size Effect)。当外部需求冲击到来时,在出口目的地的市场规模越大的企业,创新产出越多。

基于上述理论分析可得到:企业出口目的地越多,贸易政策不确定性对出口企业创新的正向"激励效应"越小。也就是说,企业出口目的地对贸易政策不确定性与企业创新的关系具有调节作用。

小　　结

第三章主要围绕以下四部分展开论述:核心概念界定、政策不确定性影响企业创新的理论基础、贸易政策不确定性影响出口企业创新的理论模型、贸易政策不确定性影响出口企业创新的作用路径。

在第三章的核心概念界定部分,对贸易政策不确定性这一核心概念作出如下界定:(1)贸易政策不确定性。首先,考虑国际贸易领域内各种政策的变动,对中国国内外贸易政策的不确定性进行综合考察,测度指标采用了贸易政策不确定性综合指数(TPU);其次,聚焦中国遭受的来自国外的贸易政策的变动,并考虑不确定性来源的异质性,选取中国遭受的反倾销措施,构建贸易政策不确定性具体指标。(2)出口企业创新。界定创新为中国出口企业的技术创新,考虑其结果导向和过程导向,将创新投入视为企业创新的始点,具体衡量指标包括:研发投入,使用了研发强度作为测度指标;用创新产出描述企业创新的阶段性终点,具体测度指标包括创新产出数量和创新效率。

在本章关于政策不确定性影响出口企业创新的理论基础分析中,分别对企业创新理论、异质性企业贸易理论、政策不确定性影响企业创新的相关理论进行了梳理总结。笔者认为,之所以政策不确定性影响企业创新存在负向作用和正向作用两种截然不同的结论,原因之一是对企业创新起着关键作用的知识这一生产要素的属性和成本调整方式的设定不同。笔者认为,知识作为一种特殊的资本要素,应该具有与普通资本要素不同的成本调整方式。在此基础上,对本章核心部分,即贸易政策不确定性影响我国出口企业创新的理论模型的推导和分析。笔者将企业创新分解为企业创新投入和企业创新产出,通过对两部分的推导论证,得出贸易政策不确定性对出口企业创新产生正向促进作用,具体表现为"激励效应"和"选择效应"。本章还重点探讨贸易政策不确定性影响出口企业创新的作用路径。激励效应下的作用路径包括风险承担水平和政府补贴;选择效应下的作用路径包括融资约束、企业生产率和出口目的地特征。

综上所述,梳理汇总本章通过阐释分析初步得到的理论推断,以期在接下来的实证部分进行考察论证。概括起来,本章的理论推断包括:

1. 关于贸易政策不确定性如何影响出口企业创新

(1)贸易政策不确定性对中国出口企业创新产生正向的促进作用,笔者将其称为"激励效应"。

(2)贸易政策不确定性对中国出口企业创新的促进作用存在选择,笔者将其称为"选择效应"。

2. 关于"激励效应"下的作用路径

(1)贸易政策不确定性增加时,倒逼企业提高风险承担水平,进而推动企业创新,即企业风险承担是贸易政策不确定性影响企业创新的重要渠道。

(2)贸易政策不确定性增加时,促使政府增加补贴,从而推动企业创新,即政府补贴是贸易政策不确定性影响企业创新的重要渠道。

3. 关于"选择效应"下的作用路径

(1)企业融资约束越小,贸易政策不确定性对出口企业创新的正向作用越大,即融资约束对贸易政策不确定性与出口企业创新的关系具有调节作用。

(2)全要素生产率越高,贸易政策不确定性对出口企业创新的正向作用越大,即全要素生产率对贸易政策不确定性与出口企业创新的关系具有调节作用。

(3)企业出口目的地越多,贸易政策不确定性对出口企业创新的正向作用越小,即企业出口目的地对贸易政策不确定性与出口企业创新的关系有调节作用。

第四章 贸易政策不确定性与出口
企业创新的特征事实

本章在第三章贸易政策不确定性影响出口企业创新机理的理论分析基础上,对贸易政策不确定性与出口企业创新的特征事实展开分析。通过梳理并确定贸易政策不确定性、企业创新的相关测度指标,利用全球反倾销数据库、海关数据库、国家统计局统计数据,以及国泰安数据库等有关的数据资料,分别对我国企业在样本期内面临的贸易政策不确定性、企业创新等方面的特征事实展开描述分析,并进一步对比了贸易政策不确定性与出口企业创新的联系,进而为后续实证研究提供事实基础和基本分析依据。具体来说,本章的内容主要涵盖贸易政策不确定性的测度方法选择、出口企业创新的测度方法选择、贸易政策不确定性的特征事实、企业创新的特征事实。通过特征事实分析,为后续实证研究提供初步的证据。

第一节 贸易政策不确定性与出口
企业创新的测度

本节通过梳理贸易政策不确定性和出口企业创新两个主要研究变量的相关测量,并通过对不同测量的简要分析对比,选择确定关于贸易政策不确定性和出口企业创新两个变量的具体测度指标。其中,对贸易政策不确定性测度包括基于 TPU 指数的贸易不确定性测度、基于反倾销强度的贸易不确定性测度;而对出口企业创新的测度,主要涉及了出口企业创新投入的测度、出口企业创新产出的测度、出口企业创新效率的测度。研究内容具体安排如下:

一、贸易政策不确定性指标选取及测度

关于贸易政策不确定性的测度,一种是通过构建贸易政策不确定性指数的方式(Baker 等,2016;Huang 等,2018),另一种是通过计算关税的方式加以测度(毛其淋等,2018)。由于随着贸易摩擦的增多,在一些研究文献中,也开始使用反倾销调查数据资料来测度贸易政策不确定性。接下来,本部分将主要对贸易政策不确定性测度方式概述说明。

(一)基于 TPU 指数的贸易政策不确定性测度

贸易政策不确定性测度方法之一是通过构建指数来衡量,该方法的形成是源自对政策不确定性。其中,政策不确定性的方法由贝克等(Baker 等,2016)学者提出和编制,最初是用于研究世界主要国家或经济体的政策不确定性问题。简要来说,政策不确定性指数主要是利用文本检索和过滤方法形成的新闻指数,即通过统计大型报社中与政策不确定性有关的文章数目来衡量世界主要国家或经济体的政策不确定性(Economic Policy Uncertainty,EPU)。在此基础上,黄等(Huang 等,2020)基于贝克等(Baker 等,2016)构建指数的新闻文本挖掘框架,使用更全面的词表和扩充所使用的新闻报纸资料(见表4-1),形成了贸易政策不确定性指数(Trade Policy Uncertainty,TPU)。黄等(Huang 等,2020)构建的贸易政策不确定性指数以月度为单位,该指数所筛选的文本术语涵盖全面,该指数能够综合全面地测度中国国内外贸易政策的不确定性,可作为贸易政策不确定性的重要测度方式。

表4-1　构建贸易政策不确定性指数的术语列表①

英文术语	中文术语
trade policy	贸易政策
General Agreement on Tariffs and Trade/GATT	关税及贸易总协定/关税总协定/GATT
World Trade Organization/WTO	世界贸易组织/世贸/WTO
Free Trade Agreement/FTA	自由贸易协定/FTA
investment agreement	投资协定
trade frictions	贸易摩擦
trade surplus/trade deficit	贸易顺差/贸易盈余/贸易逆差/贸易赤字
tariff	关税
trade barrier	贸易壁垒
anti-dumping	反倾销
import/export permission	进口许可/出口许可/进出口许可
import/export embargo	进口禁令/出口禁令/进出口禁令
import/export quota	进口配额/出口配额/进出口配额

根据已有研究来看,贸易政策不确定性指数只能到企业层面,无法触及到产品层面。与此同时,尤其是随着各国贸易保护措施的加强,各国发生的贸易摩擦越来越多。尤其是中国作为近些年来遭受反倾销调查最多的国家,仅仅使用TPU这种综合指数测量贸易政策不确定性是不够精准,也难以充分体现实际发生的贸易政策不确定性的变化。从已有学者的研究来看,使用反倾销调查数据来测量贸易不确定性的方法得到了较多的关注(王孝松等,2015;李双杰等,2020)。基于此,笔者在使用贸易政策不确定性指数测度方法的同时,也利用反倾销数据,从产品层面构建了反倾销强度指标来测度贸易政策不确定性。

(二)基于反倾销的贸易政策不确定性测度

贸易政策不确定性的另一种测度方式是采用中国企业是否在出口目的国

---

① 注释:表4-1中的资料来源为 Huang 等(2019),具体解释见所列主要参考文献。

遭受反倾销来刻画贸易政策不确定性。尤其是在近年来，随之而来的是各种贸易措施的数量增多，如出口管制、反倾销等措施的实施。在 2008 年的金融危机影响之下，非关税措施基本上是有增无减。根据世界反倾销数据库的数据资料统计，我国也成为世界上遭受反倾销次数最多的国家之一。从这一角度来说，由于非关税政策引起的贸易政策不确定性，尤其是反倾销导致的贸易政策不确定性所产生的影响应当得到充分重视。从已有的文献研究来看，多是采用了虚拟变量的测度方式（魏明海等，2021），即以当年是否遭遇反倾销调查，如果遭受反倾销调查则取值为 1，反之则取值为 0。但对于企业来说，它们所遭受的反倾销可能来自多个国家，也可能是多个年份都会受到影响，所以有必要考虑反倾销强度对企业行为的影响。

为此，在已有研究的基础上（李双杰等，2020），从产品层面构建了反倾销强度指标来测度贸易政策不确定性，即利用海关数据库中的 HS 编码与全球反倾销数据库的反倾销数据相匹配，从而计算得到贸易政策不确定性测量的强度指标。具体来说，首先将海关数据库的 HS6 位码的分类对应全球反倾销数据库的反倾销案件，其次进一步统计计算相应的反倾销次数，再除以上一层级行业内遭受反倾销的总次数，以此作为反倾销强度的测量指标。也就是说，如果反倾销强度数值越大，说明某年出口企业遭受的贸易政策不确定性程度越大。通过这一方法，可以在已有文献研究基础上，从产品层面细化贸易政策不确定性的测量，一定程度上可弥补单纯使用贸易政策不确定性指数测度的局限性。

二、出口企业创新指标选取及测度

创新是从要素投入到研究开发再到创新成果呈现和市场实现的过程，所以关于创新测度包括投入、产出等多种不同的方式。其中，创新投入测度一般是使用研发投入强度（虞义华、赵奇锋等，2018）[①]；创新产出测度通常是使用

[①] 虞义华、赵奇锋、鞠晓生：《发明家高管与企业创新》，《中国工业经济》2018 年第 3 期。

专利数(Cornaggia 等,2015)。在部分创新管理研究文献中,还使用了创新效率作为测度指标(Hirshleifer 等,2013)。以上关于企业创新的三种测度方式具有互补性,为全方位衡量出口企业创新水平,笔者使用了创新投入强度、创新产出和创新效率作为具体的创新测量方式,简要概述如下。

(一)出口企业创新投入的测度

从国家统计局的统计资料来看,我国研发投入总量保持稳定增长,从2000 年的不到 1000 亿元增加到 2015 年的约 1.5 万亿元,总量上增加了 14倍。但研发投入强度相对较低,约为 2.07%,低于 OECD 国家的平均水平,以及美国等主要发达国家的投入强度。可以看出,国家层面创新对比中,主要是以研发投入强度为标准。相对于国家层面创新实践研究,创新投入也是企业创新研究文献中被广泛使用的测度指标(柯东昌等,2020)[①],通常把研发投入占主营业务收入或销售收入的比重作为企业创新的测量值(Barker 等,2002)。通过已有的文献可以看出,销售收入通常被用于研究企业的规模特性,所以选择研发投入与主营业务收入或销售收入的比重作为测量指标,比单纯使用总量指标可以更好地体现出研发投入与企业规模等相匹配的情况(戴小勇等,2013)。在一定程度上,可以增加在规模差异的企业之间可比性。基于此,笔者在已有研究基础上,选择研发投入强度作为出口企业创新投入水平的测度指标,该数值越大表明企业的研发投入强度越大,一定程度上也反映出企业更加重视创新。然而,企业研发投入强度主要衡量创新资源投入状况,无法体现出企业的创新质量和创新效率。虞义华、赵奇峰等(2018)指出不同企业的创新效率和创新产出差异比较明显。所以在使用创新投入强度指标的基础上,进一步考虑了企业创新产出的测度指标。

(二)出口企业创新产出的测度

对创新产出的测量主要是使用专利数作为测量,包括授权专利、申请专利

---

① 柯东昌、李连华:《管理者权力与企业研发投入强度:法律环境的抑制效应》,《科研管理》2020 年第 1 期。

等。相比于使用研发投入占主营业务收入或销售收入比例来测量创新，企业通过专利申请付出的成本对企业创新产出具有甄别效应（Hagedoorn 等，2003）。但对于使用授权专利，还是申请专利数量作为产出的测量指标，在不同的研究中并不一致。例如，科纳基尼等（Cornaggia 等，2015）①指出专利申请数量比专利授权数量可以更好地反映企业实际创新水平，而常等（Chang 等，2015）则使用企业所获专利授权量测度创新产出，即当年最终获得授权的专利占当年申请专利的比例。

按照现行分类标准，专利主要分三类：发明专利、实用新型专利和外观设计专利。在学术研究中，同时又区分了授权的专利和申请的专利，不同文献在测度创新产出时对三类专利的应用也各有差异。例如，吴伟伟等（2021）②使用了发明专利的申请数量作为创新产出的代理变量，他们认为发明专利比实用新型专利和外观设计专利的技术含量和创新价值更高。方等（Fang 等，2014）则分别使用了发明专利、实用新型专利和外观设计专利作为测量指标。

还有学者基于对中国专利法的研究，提出使用实质性创新产出和策略性创新产出作为企业创新产出的测度指标（黎文靖等，2016）。其中，实质性创新产出是指发明专利，策略性创新产出则是指实用新型专利和外观设计专利的数量之和。该测度方式实际上既考虑了发明专利，也考虑了实用新型专利和外观设计专利。这些已有的实证研究，在处理数据过程中多是采用了专利数加 1 再取对数的方法，以避免取对数过程中零值问题造成的数据缺失。

通过以上分析，笔者从全面性角度，结合我国出口企业实际情况，最终选择两类指标来测度创新产出水平，即实质性创新产出和策略性创新产出，以更

---

① Cornaggia J., Mao Y., Tian X., et al., "Does Banking Competition Affect Innovation?", *Journal of Financial Economics*, Vol.115, No.1, 2015.

② 吴伟伟、张天一：《非研发补贴与研发补贴对新创企业创新产出的非对称影响研究》，《管理世界》2021 年第 3 期。

全面地反映企业创新产出水平的情况。

(三)出口企业创新效率的测度

在企业创新测度研究中,重点是关注创新投入和创新产出,使用创新效率测度创新的研究较少。但在一些研究文献中,有学者指出专利数是企业研发投入的函数,并形成了相关的测量方式,即企业创新效率。赫舒拉发(Hirshleifer等,2013)使用专利授权数和引用数与R&D资本的比例作为衡量企业创新效率的指标,该指标使用了滞后4期的研发投入,考虑了研发投入的长期效应。还有学者使用专利与研发经费比例、出版物与研发经费比例测度创新效率(Thomas等,2011)[1]。近年来,国内学者在研究中也开始增加创新效率指标的使用。例如,姚力杰等(2018)则使用了专利申请数量占当年及前一年研发支出之和的比例来测度创新效率。王超发等(2021)使用专利授权变化额占费用化研发支出比例绝对值的自然对数作为创新效率的测度指标。正如本章前述分析提到,我国企业创新投入总量大,但创新效率并不占据优势。所以,在前述已有研究基础上,笔者选择创新效率作为研究我国出口企业创新的代理指标,有助于更全面客观地理解在贸易政策不确定条件下的出口企业创新行为。

第二节　贸易政策不确定性的特征事实

本部分首先整体描述我国企业出口波动特征事实,其次描述我国企业面临的贸易政策不确定性特征事实,从而为后续实证分析提供事实分析基础。具体来说,涉及贸易政策不确定性与出口波动方面、贸易政策不确定性指数的变动,以及产品层面的出口商品特征事实。

---

[1]　Thomas V.J.,Sharma S.,Jain S.K.,"Using Patents and Publications to Assess R&D Efficiency in The States of the USA",*World Patent Information*,Vol.33,No.1,2011.

一、贸易政策不确定性与企业出口波动

企业出口波动的特征事实描述主要从三个层面展开:一是样本期的企业出口整体情况描述;二是我国向主要贸易伙伴出口的特征事实描述;三是我国HS2 位行业出口商品的特征事实描述。本节对企业出口特征事实描述的数据来源为国家统计局统计数据。

(一)企业出口整体情况的事实描述

出口贸易对我国经济连续多年保持增长起到了重要作用,图4-1 描述了我国企业出口总额从 2000 年到 2015 年的总体变动趋势。

(单位: 亿美元)

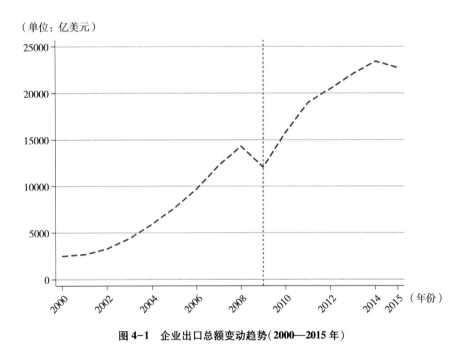

图4-1　企业出口总额变动趋势(2000—2015 年)

注:企业出口的数据资料主要来源为国家统计局,根据国家统计局披露的年度数据资料计算,链接:
https://data.stats.gov.cn/easyquery.htm? cn=C01。

从图4-1 的总体趋势来看,我国企业出口总额呈现出稳定增长的趋势,从 2000 年的 2492.03 亿美元增长到 2015 年的 22734.68 亿美元,年均复合增长率约为 15.88%,出口增长迅速。图4-1 中纵向线条标注为 2009 年,可以看出受

到 2008 年金融危机的影响,我国企业总体出口增速下滑,2009 年增速下滑更明显,这在一定程度上也反映出外部环境因素可能在短期内对出口造成比较大的冲击。但随着事件的影响程度的减弱,2010 年我国企业出口总量再度恢复较快的增长水平。总体而言,我国企业整体出口情况保持增长趋势。

(二)我国向主要贸易伙伴出口波动的事实描述

图 4-2 描述了我国向美国、欧盟、日本和韩国四个主要贸易伙伴出口情况的变动趋势。从图中 2000 年到 2015 年的出口变动趋势来看,我国与主要贸易伙伴的出口保持了增长。但同样受到 2008 年金融危机的影响,我国与主要贸易伙伴的出口交易总量、出口增速出现双降。图 4-2 的这种变化趋势说明,当受到全球性金融危机等突发事件的影响时,各国出口均会遭受不同程度的波及。这种全球性危机事件的出现,会导致各国的贸易政策不确定性增强,各国都会采取不同程度的保护措施。

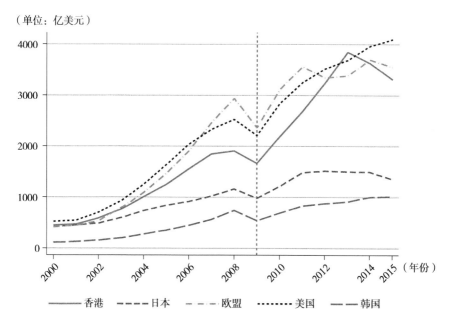

图 4-2　中国向主要贸易伙伴出口额变动趋势(2000—2015 年)

注:数据来源为国家统计局,根据国家统计局披露的年度数据资料计算,链接:https://data.stats.gov.cn/easyquery.htm? cn＝C01。本表将欧盟 27 国作为一个出口单位统计。

从图4-2的曲线变化趋势来看,欧盟在2007年后超越美国成为中国的主要贸易伙伴。中国对主要贸易伙伴的出口总体趋势保持增长,中国与美国、欧盟、日本、韩国四个主要贸易伙伴的出口波动幅度在金融危机发生后变化较为明显。与日本和韩国相比较,金融危机期间我国对欧盟和美国的出口波动幅度明显高于其他两个主要贸易伙伴。这也再次说明,出口容易受到贸易政策不确定性的影响,这为本研究贸易政策不确定问题提供了基本事实。

(三)我国产品层面的出口商品特征事实描述

表4-2报告了按照中国海关HS编码所定义的二十二类产品,按年度和出口额从低到高的顺序,提供了位列前五位的出口商品总额的基本统计。

表4-2　产品层面按大类统计的主要商品出口额(2000—2015年)

(单位:百万美元)①

Index	2000 年	2001 年	2002 年	2003 年	2004 年	2005 年	2006 年	2007 年
第 16 类 85 章	—	—	—	—	—	—	227476. 4	300263. 3
第 16 类 84 章	—	—	—	—	—	—	186569. 2	228551. 8
第 20 类 94 章							27955. 2	35942. 0
第 11 类 61 章	13424. 0	13457. 0	15984. 0	20678. 0	25802. 6	30871. 0	44900. 4	61326. 0
第 11 类 62 章	18865. 0	18956. 0	20583. 0	25079. 0	28980. 9	35031. 0	43720. 3	47315. 7
第 18 类 90 章							32610. 4	37061. 7
第 7 类 39 章	6388. 0	6698. 0	8036. 0	9978. 0	13105. 6	17783. 0	22224. 4	26397. 2
第 17 类 87 章	4606. 0	4777. 0	5793. 0	8097. 0	11823. 1	16594. 0	22373. 1	31803. 6

---

①　数据来源为国家统计局,根据国家统计局披露的年度数据资料计算,链接:https://data. stats.gov.cn/easyquery.htm? cn=C01。表格中的符号"—"表示某类产品相应年份的数据缺失。表中的大类统计顺序是按照2015年出口额从高到低的方式依次呈现。

续表

Index	2000 年	2001 年	2002 年	2003 年	2004 年	2005 年	2006 年	2007 年
第 15 类 73 章	5478.0	6016.0	7262.0	9447.0	13746.2	19032.0	26784.0	36677.9
第 12 类 64 章	9850.0	10096.0	11090.0	12955.0	15202.6	19052.0	21813.4	25305.6

Index	2008 年	2009 年	2010 年	2011 年	2012 年	2013 年	2014 年	2015 年
第 16 类 85 章	342083.4	301119.0	388754.5	445755.7	487320.8	561285.6	570924.5	594325.4
第 16 类 84 章	268671.2	235849.0	309813.7	353763.0	375887.9	383152.5	400834.2	364276.1
第 20 类 94 章	42832.8	38927.0	50584.1	59335.9	77885.6	86414.6	93374.1	98530.8
第 11 类 61 章	60877.5	53814.0	66710.1	80164.3	87043.0	96792.6	91991.7	83786.3
第 11 类 62 章	52490.1	46730.0	54361.5	63073.7	61220.2	68251.8	81445.1	78439.9
第 18 类 90 章	43331.3	38908.0	52109.6	60685.4	72625.6	74530.4	74001.4	73676.9
第 7 类 39 章	29808.6	25278.0	34696.2	45421.2	55192.9	61753.1	66789.4	65682.7
第 17 类 87 章	39273.5	27926.0	38397.6	49539.7	55113.9	58549.7	64192.7	62600.0
第 15 类 73 章	48419.1	33780.0	39134.5	51195.6	56160.1	57347.7	60637.0	60522.9
第 12 类 64 章	29720.4	28034.0	35635.5	41722.3	46811.1	50761.3	56248.6	53509.5

从表4-2产品层面的出口统计结果来看,我国出口商品金额主要分布在第16类(机器、机械器具、电气设备及其零件;录音机及放声机、电视图像、声音的录制和重放设备及其零件、附件)、第20类(家具;寝具、褥垫、弹簧床垫、软坐垫及类似的填充制品等一类的杂项制品)、第11类(纺织原料及纺织制品)、第18类(光学、照相、电影、计量、检验、医疗或外科用仪器及设备、精密仪器及设备;钟表;乐器;上述物品的零件、附件)、第12类(鞋、帽、伞、杖、鞭

及其零件;已加工的羽毛及其制品;人造花;人发制品),以及第15类(贱金属及其制品)。

(单位:亿美元)

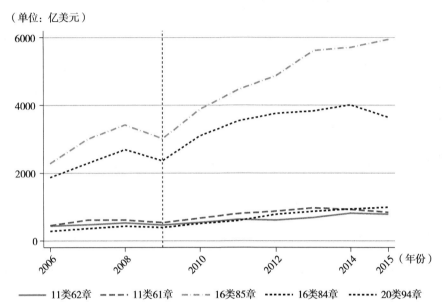

图4-3 产品层面按章统计的主要商品出口额变动趋势(2006—2015年)

注:数据来源为国家统计局,根据国家统计局披露的年度数据资料计算,链接:https://data.stats.gov.cn/easyquery.htm? cn=C01。其中,第16类84章、85章,第20类94章的2005年之前数据缺失,此处报告2006—2015年数据。图中的标签顺序为按照2015年出口额从高到低的方式呈现。

在按照中国海关二十二大类产品分类统计的基础上,进一步统计了按章的统计结果,分列前五位的依次是:84章(核反应堆、锅炉、机器、机械器具及其零件)、85章(电机、电气设备及其零件;录音机及放声机、电视图像、声音的录制和重放设备及其零件、附件)、94章(家具;寝具、褥垫、弹簧床垫、软坐垫及类似的填充制品;未列名灯具及照明装置;发光标志、发光铭牌及类似品;活动房屋)、62章(针织或钩编的服装及衣着附件)和61章(非针织或非钩编的服装及衣着附件),如图4-3所示。图4-3的曲线变化趋势表明,我国出口商品保持比较平稳的增长趋势,尽管受2008年金融危机影响,2008—2009年出口受限,但波动幅度较小,一定程度上反映出我国出口商品对外部事件的弹性不高。

二、贸易政策不确定性指数变动的特征事实

本研究使用转换后的贸易政策不确定性指数作为贸易政策不确定性的测度指标,图4-4描述了贸易政策不确定性指数的变动趋势。总体上来说,我国面临的贸易政策不确定性多数年份都在1以内,尽管呈现为小幅度上升趋势,但不同年份的数值波动幅度比较明显。具体来看,2000—2002年贸易政策不确定性指数呈现逐年上升趋势,并于2002年达到极大值。2002年由于我国加入WTO,进口关税等大幅度下降,面临的贸易政策不确定性在2002—2004年呈现出大幅度的下降趋势。2004—2007年贸易政策不确定性一直处于比较稳定的水平,2008年由于金融危机的原因,导致贸易政策不确定性显著上升。从2010年开始贸易政策不确定性有明显的回落。我国面临贸易政

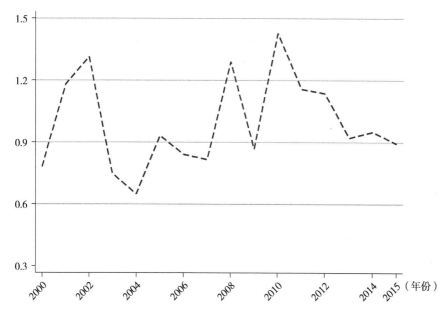

图4-4　中国贸易政策不确定性指数变动趋势(2000—2015年)

注:图中所使用的数据来源为Center for Business Analysis and the Digital Economy,链接:https://cbade.hkbu.edu.hk/epu-mainland-china/。Huang等(2019)编制的中国贸易政策不确定性指数的原始数据是以月度为单位,本研究按年取12个月的算术平均值转化为年度指标,并除以100作为测度值。

策不确定性的波动,对出口企业发展提出重要挑战,也为本研究贸易政策不确定性后果提供事实基础。

三、反倾销政策变动的特征事实

通过已有文献梳理来看,部分研究指出我国已是世界上遭受反倾销调查最多的国家(曹平等,2021),在我国遭受的反倾销案件调查大多数来自美国,而美国则是对华出口商品发起反倾销的最主要国家。反倾销加剧了中国面临的贸易政策不确定性,所以在这种背景下,本节重点探讨反倾销的特征事实,从而为后续实证研究提供事实基础。本部分关于反倾销所使用的数据资料来源于世界银行的全球反倾销数据库。

(一)中国遭受反倾销总体情况的特征事实描述

表4-3统计了全球反倾销数据库2000—2015年期间反倾销调查的记录,在此期间全球有27个国家对中国发起反倾销调查,累计反倾销调查案件总数超过4000次,这进一步说明我国企业遭受的贸易政策不确定性程度更高,可能对出口企业造成较大的影响。所有对中国发起反倾销调查的国家中,美国对中国的反倾销调查次数高达1259次,占到全部反倾销调查事件的30.04%。

表4-3 不同国家对中国发起的反倾销调查案件数①

国家	(1) 反倾销案件数(次)	(2) 反倾销案件比例(%)
阿根廷(Argentina)	188	4.486
澳大利亚(Australia)	80	1.909
巴西(Brazil)	181	4.319
加拿大(Canada)	395	9.425

① 资料来源:表4-3反倾销数据根据全球反倾销数据库中所有国家针对中国的反倾销案例整理。

续表

国家	（1）	（2）
	反倾销案件数（次）	反倾销案件比例（%）
哥伦比亚（Colombia）	128	3.054
欧盟（European Union（EU））	439	10.48
印度（India）	363	8.661
印度尼西亚（Indonesia）	58	1.384
以色列（Israel）	12	0.286
牙买加（Jamaica）	2	0.048
日本（Japan）	3	0.072
马来西亚（Malaysia）	52	1.241
墨西哥（Mexico）	149	3.555
新西兰（NewZealand）	34	0.811
巴基斯坦（Pakistan）	78	1.861
秘鲁（Peru）	70	1.670
菲律宾（Philippines）	1	0.024
俄罗斯（Russia）	89	2.124
南非（South Africa）	44	1.050
韩国（South Korea）	60	1.432
泰国（Thailand）	95	2.267
特立尼达多巴哥（TrinidadandTobago）	13	0.310
土耳其（Turkey）	333	7.946
美国（USA）	1259	30.04
乌克兰（Ukraine）	24	0.573
乌拉圭（Uruguay）	1	0.024
全部（Total）	4191	100.0

　　图4-5列示了在2000—2015年期间对中国发起反倾销最多的五个国家或地区,累计发起的反倾销调查占到对中国反倾销调查总量的66.55%。按

照发起反倾销次数从多到少的顺序,依次对中国发起反倾销调查的前五位国家或地区分别是美国(USA)、欧盟(EU)、加拿大(Canada)、印度(India)和土耳其(Turkey),这五个国家或地区中的美国(USA)、欧盟(EU)同时也是中国的主要贸易伙伴。所以从反倾销角度探讨贸易政策不确定性对我国出口企业的影响,对促进企业出口有比较重要的意义。同时,也可以看出反倾销可对出口企业发展产生十分重要的影响。

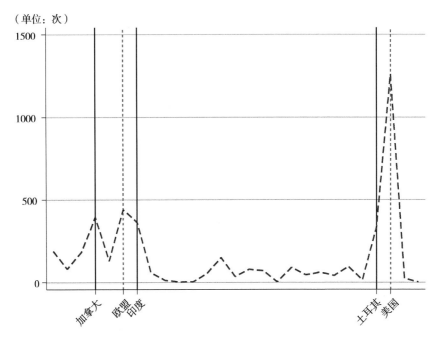

图4-5　中国遭受各国发起的反倾销调查案件数累计变动趋势

注:反倾销数据的统计资料来自世界银行的全球反倾销数据库,数据库链接:https://datacatalog.world-bank.org/search/dataset/0039583。

(二)不同年度中国遭受反倾销的特征事实描述

表4-4报告了2000年到2015年,中国遭受世界各国的反倾销调查的总体情况。受到2008年国际金融危机的影响,2009年中国遭受的反倾销调查达到了峰值,比例达到13.31%。而在2015年我国遭受的反倾销调查比例也达到了10.76%。

表 4-4　中国不同年度遭受各国发起的反倾销调查案件描述(2000—2015 年)

年份	（1）	（2）
	案件数（次）	比例（%）
2000	217	5.178
2001	289	6.896
2002	190	4.534
2003	134	3.197
2004	221	5.273
2005	195	4.653
2006	231	5.512
2007	189	4.510
2008	331	7.898
2009	558	13.31
2010	318	7.588
2011	217	5.178
2012	246	5.870
2013	194	4.629
2014	210	5.011
2015	451	10.76
Total	4191	100.0

注:反倾销数据是通过收集全球反倾销数据库中所有国家针对中国的反倾销案例整理得到,数据库链接:https://datacatalog.worldbank.org/search/dataset/0039583。

通过图 4-6 的曲线变化来看,2001 年中国正式加入 WTO 之后遭受的反倾销调查有明显下降的趋势,之后处于相对较低的水平,一定程度上也反映出加入 WTO 之后,由于关税等大幅度下降,改善了我国与主要贸易国家的贸易环境,对我国出口企业发展更加有利。直到 2008 年国际金融危机,部分国家对中国发起的反倾销调查数量开始出现迅速增长,2009 年达到峰值。从 2010 年后开始逐渐回落至较低的水平。从图中曲线的变化趋势可以看出,受金融危机等重大事件的影响,反倾销调查相应地出现大幅度波动,这加剧了我

（单位：次）

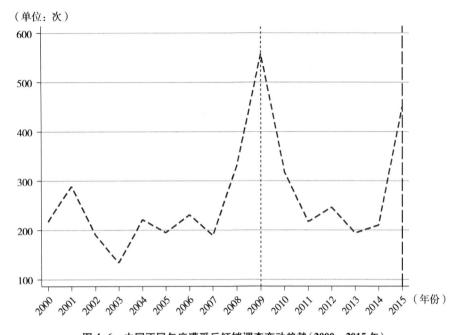

图 4-6　中国不同年度遭受反倾销调查变动趋势（2000—2015 年）

注:反倾销调查数据资料来源于世界银行的全球反倾销数据库,数据库链接:https://datacatalog.world-
　bank.org/search/dataset/0039583。

国面临贸易政策不确定性,对我国出口企业产生较大程度影响。

（三）我国产品层面反倾销调查的特征事实描述

图 4-7 报告的结果是依据中国海关 HS 编码所定义的二十二类产品,
2000—2015 年按类别遭受反倾销调查的数量从高到低的顺序,统计列示的前
五类的产品遭受反倾销的基本特征事实。从图 4-7 的统计结果来看,从产品
层面的反倾销调查主要集中在第 6 类(化学工业及其相关工业的产品)、第 11
类(纺织原料及纺织制品)、第 12 类(鞋、帽、伞、杖、鞭及其零件;已加工的羽
毛及其制品;人造花;人发制品)、第 15 类(贱金属及其制品)和第 16 类(机
器、机械器具、电气设备及其零件;录音机及放声机、电视图像、声音的录制和
重放设备及其零件、附件)。与前述产品层面出口商品的特征事实描述相比,
按照大类分布我国出口较多的领域也是遭遇反倾销调查较为严重的领域,反
倾销给出口企业造成了严峻挑战,但也可能是推动企业发展的压力,这一定程

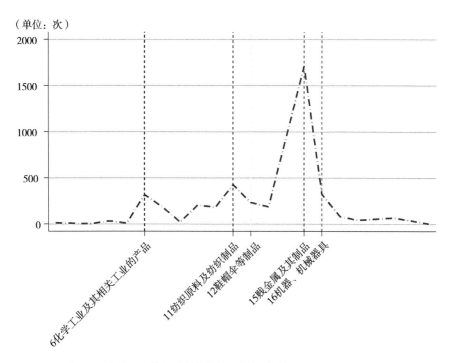

（单位：次）

图 4-7　产品层面按类别统计的中国遭受反倾销调查（2000—2015 年）

注：反倾销调查数据资料来源于世界银行的全球反倾销数据库，数据库链接：https://datacatalog.world-
　　bank.org/search/dataset/0039583。

度上可为后续实证分析提供基本特征事实。

　　图 4-8 报告了依据中国海关 HS 编码所定义的二十二类产品，产品层面
按章遭受反倾销调查的数量从高到低的顺序。从图 4-8 中可以看出，2000—
2015 年，我国遭受反倾销调查排在前五位的产品类包括第 72 章（钢铁）、第 73
章（钢铁制品）、第 44 章（木及木制品；木炭）、第 48 章（纸及纸板；纸浆、纸或
纸板制品）和第 64 章（鞋靴、护腿和类似品及其零件）。与前述关于对企业出
口波动产品层面的特征事实对比来看，按照海关 HS 编码的章的分布，我国产
品遭受反倾销调查较多的章也是出口数量相对较多的章，尤其是对第 72 章
（钢铁）和第 73 章（钢铁制品）的反倾销力度明显高于其他排在前面三章的产
品分类。也正如前述对出口特征描述过程中所提到的结果，反倾销调查加剧
了贸易政策不确定性，对企业出口造成了严峻挑战。这从一个侧面也说明，进

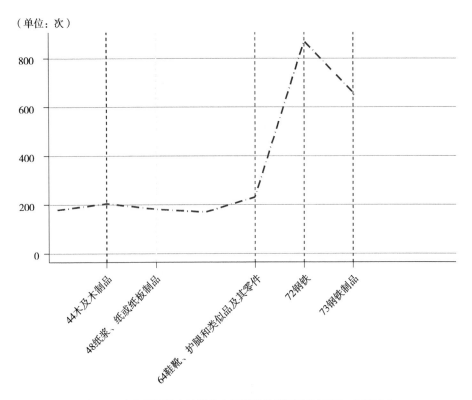

（单位：次）

图 4-8 产品层面按章统计的中国遭受反倾销调查（2000—2015 年）

注:反倾销调查数据资料来源于世界银行的全球反倾销数据库,数据库链接:https://datacatalog.world-
bank.org/search/dataset/0039583。

一步从实证角度探讨贸易政策不确定性对出口企业效应影响的必要性。

（四）中国遭受主要出口目的地的反倾销调查的特征事实描述

为进一步了解贸易政策不确定性对我国出口企业影响的特征事实,进一步考虑了主要出口目的地国家对我国发起反倾销调查的情况。根据对世界银行的全球反倾销数据库的反倾销调查案件数据统计发现,中国遭受日本、韩国反倾销调查案件很少,所以本研究选取对中国发起反倾销调查较多的主要出口目的地时,没有考虑日本和韩国,最终选取的国家包括美国、欧盟、加拿大、土耳其和印度。图 4-9 报告了我国遭受主要出口目的地的反倾销调查案件的时间变化趋势。从图中可以看出,中国主要出口目的地前五个国家中,美国对中国发起的反倾销调查总体上处于上升趋势,尤其是在 2008—2009 年,由于受到金融危机的影响,美国对中国发起的反倾销调查大幅度增长。同时,在此期间加拿大和土耳其对中国的反倾销调查也处于增长趋势,欧盟和印度对中国的反倾销调查峰值出现在 2008 年。结合图 4-2 的特征事实描述,2007—2011 年欧盟已超过美国成为中国最大的出口贸易伙伴,一定程度上说明尽管受到金融危机等不确定性事件的影响,反倾销调查在短期内会有增长,不会有长期持续的增长,这也为后续的实证分析提供了特征事实。

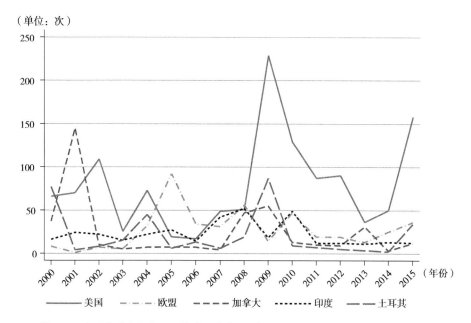

图 4-9　中国遭受主要出口目的地国家的反倾销调查案件变动趋势(2000—2015 年)

注:反倾销调查数据资料来源于世界银行的全球反倾销数据库,数据库链接:https://datacatalog.world-
　　bank.org/search/dataset/0039583。

第三节　企业创新的特征事实

前述从 TPU 指数和中国遭受反倾销调查的情况,对中国出口企业面临的贸易政策不确定性进行了特征事实描述。从以上的特征事实分析可以看出,中国出口企业面临较高的贸易政策不确定性,许多行业企业均遭受了反倾销的影响,但由于行业内的企业具有异质性特征,不同企业受到反倾销影响可能存在差异。接下来本研究对中国不同特征企业的创新水平进行统计描述,以期初步考察反倾销可能对何种类型企业的创新存在影响。

一、企业创新投入的特征事实

对于企业创新投入的特征事实描述,主要是从出口与非出口企业、生产率差异、所有制差异,以及行业差异等方面进行对比分析。企业创新投入原始数据来源于国泰安数据库(CSMAR)①,由于2007年之前研发投入数据不属于强制信息披露范围,故该项数据起始年份为2007年。由于上市公司特殊性和企业异质性因素,对研发投入强度进行上下1%分位数缩尾,以剔除异常值的影响。

(一)出口与非出口企业创新投入的变动趋势

图4-10报告了出口企业和非出口企业在样本期内的研发投入强度的变动趋势,出口与非出口企业的划分是通过匹配海关数据库和国泰安数据库上市公司基本信息确定。从图4-10的结果来看,尽管出口与非出口两类企业的研发投入强度(R&D强度)总体上呈现为上升趋势,但企业研发投入水平总体偏低,且存在比较明显的差异。另外,出口企业的研发投入水平要高于非出口企业。从图中可以看出,金融危机对企业研发投入水平有较明显的影响。一定程度上也反映出,出口企业相较于非出口企业遭受贸易政策不确定性的影响程度可能更高,这与其作为反倾销调查直接对象的特性有一定关系。对于非出口企业来说,通常只会受到反倾销事件的间接影响,受反倾销事件冲击作用相对较小。

---

① 本节笔者制作的图所使用的数据资料,如无特别说明,均来自国泰安数据库。具体地,根据海关数据库与国泰安数据库中的上市公司数据进行手动匹配,最终得到出口企业与非出口企业的相关统计数据资料。

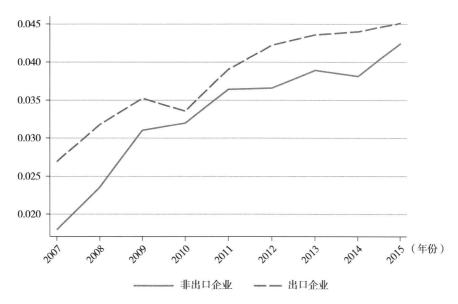

图 4-10　出口企业与非出口企业年均 R&D 强度的变动趋势(2007—2015 年)

(二)不同生产率水平企业的创新投入变动趋势

表 4-11 报告了不同生产率水平的企业研发投入强度变化趋势,根据生产率水平的分组是依据全要素生产率(TFP)。全要素生产率指生产过程中各种投入要素的单位平均产出水平,反映投入到产出的总体转化效率(鲁晓东等,2012),本报告参考鲁晓东等(2012)的研究,使用 LP 方法计算得到样本企业的全要素生产率。按照当年全要素生产率的中位数分为高 TFP 和低 TFP两组。从图 4-11 的曲线变化趋势来看,随着全要素生产率水平提升,企业创新投入保持增长趋势,但对于不同全要素生产率水平的企业研发投入强度呈现出明显的异质性,无论是从总量上还是从增速上,高 TFP 企业的研发投入强度要明显高于低 TFP 企业的研发投入强度。从图中同时可以看出,2008 年金融危机之后高 TFP 企业的研发投入强度增长十分明显,且与低 TFP 企业的研发投入强度呈现明显的分化趋势。据此来推测,贸易政策不确定性对生产率不同企业的创新有一定程度的影响。对于低 TFP 企业来说,可能是其融资约束等方面的不足,影响到其在研发方面的投入力度。

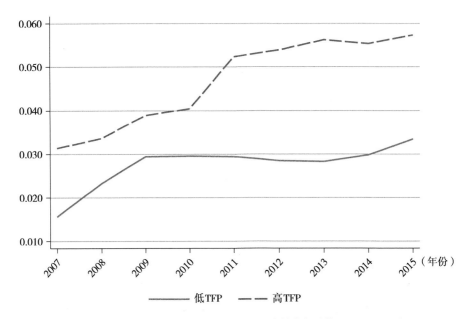

图4-11 不同生产率水平企业年均R&D强度的变化趋势(2007—2015年)

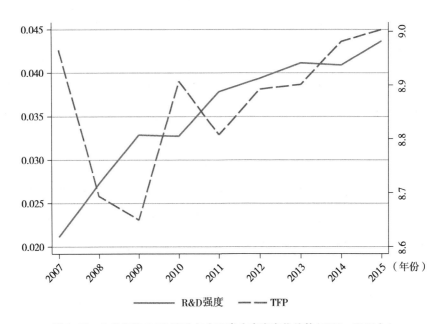

图4-12 企业年均R&D强度与全要素生产率变化趋势(2007—2015年)

图 4-12 进一步描述了研究期间,样本企业研发投入水平与全要素生产率的变化趋势。从图中两条曲线的变动趋势来看,我国企业研发投入强度一直保持增长趋势,但全要素生产率却存在比较明显的波动趋势,这在一定程度上反映出不断增长的研发投入,推动技术进步和经济增长的全要素生产率水平并没有保持很好的增长,也说明我国企业全要素生产率总体不高的现实情况。结合前述的特征事实描述,在全要素生产率水平总体不高的情况下,我国企业更容易受到贸易政策不确定性影响。由于不同生产率水平企业的创新投入存在异质性,所以贸易政策不确定性对企业创新的影响效应可能存在差异,这种差异需要通过后续的实证分析进一步检验。

(三)不同所有制企业的创新投入变动趋势

根据国泰安数据库披露的企业产权性质,将所有样本企业划分为国有企业和非国有企业两类,并对两类企业的创新投入情况进行了统计,国有企业和非国有企业创新投入强度的变动趋势如图 4-13 所示。从总体趋势来看,无论是国有企业,还是非国有企业,研发投入强度都保持增长,但两者的研发投入强度都不高。从两者的对比来看,非国有企业研发投入强度要高于国有企业,这种现象可能与国有企业更容易获取资源有关,这一点与已有的关于政治关联的研究文献结论保持一致(Liu 等,2020),即存在所谓的"资源诅咒"效应。通过以上的描述分析可以看出,贸易政策不确定性对不同所有制的企业可能存在一定程度的影响。与国有企业相比,当遭受反倾销调查时,非国有企业可能做出更加主动积极的应对,以保障企业发展。这种变化需要在后续实证研究中作进一步的检验分析。

(四)不同行业企业的创新投入变动趋势

笔者还进一步统计了不同行业企业研发投入强度的变动趋势,初步描述贸易政策不确定性对不同行业企业创新投入的影响。由于高科技企业容易遭受贸易政策不确定性的影响,借鉴李健等(2020)[①]的研究方法,按照证监会

---

① 李健、刘世洁、李晏墅、包耀东:《战略差异度能够减少先进制造业企业风险吗——基于中美贸易摩擦背景的研究》,《广东财经大学学报》2020 年第 3 期。

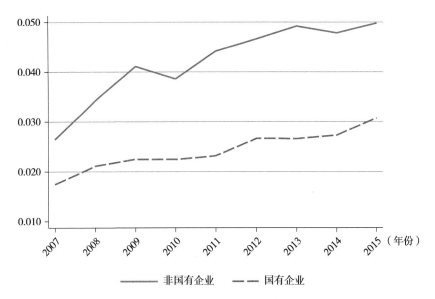

图 4-13　不同所有制企业年均 R&D 强度变动趋势(2007—2015 年)

2012 年的行业分类标准分为高科技制造企业和非高科技制造企业两类,两类企业的研发投入强度变动趋势如图 4-14 所示。高科技制造企业和非高科技制造企业的研发投入强度变动趋势表明,两类企业在创新投入方面存在比较明显的差异性。与非高科技制造企业相比较,高科技制造企业研发投入强度明显要高于非高科技制造企业的研发投入强度,这一点可能与高科技制造企业更注重创新有关。由此,笔者推断当遭受贸易政策不确定性时,可能存在前一章的理论分析提到的"选择效应",也就是说贸易政策不确定性对高科技制造企业的"激励"要高于非高科技制造企业。

二、企业创新产出的特征事实

本部分主要是从出口与非出口、生产率水平差异、所有制差异,以及行业差异的角度,对样本企业的创新产出特征事实的描述性分析。本部分所使用的样本企业的创新产出数据包括授权专利数和申请专利数,创新产出数据均

图 4-14　不同行业企业年均 R&D 强度变动趋势（2007—2015 年）

来自国泰安数据库（CSMAR），该数据库关于创新产出数据的统计期间为1996—2017 年，较为详细地披露了企业创新产出情况。

（一）出口与非出口企业创新产出变动趋势

图 4-15 和图 4-16 分别报告了出口和非出口企业研究期间的年均创新产出情况。从图中的曲线变动趋势来看，无论是从专利的年均授权数量，还是专利的年均申请数量，均保持了比较稳定的增长，但出口企业和非出口企业的创新产出存在明显的异质性。从图 4-15 的结果可以看出，出口企业年均授权专利数明显要高于非出口企业的年均授权专利数。图 4-16 的结果则表明，出口企业年均申请专利数明显要高于非出口企业的年均申请专利数。根据前述分析，一定程度上反映了出口企业创新能力要好于非出口企业。由此可见，笔者推断贸易政策不确定性对出口企业和非出口企业可能存在前述提到的"选择效应"，也就是说贸易政策不确定性对出口企业创新产出的"激励"要高于非出口企业的创新产出。

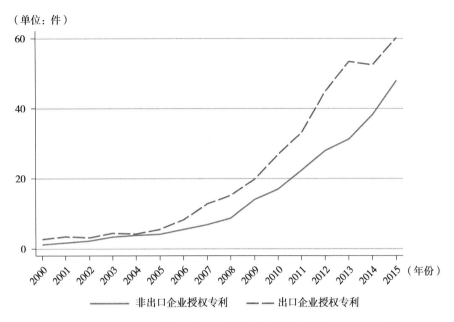

图 4-15 出口企业与非出口企业年均授权专利变动趋势(2000—2015 年)

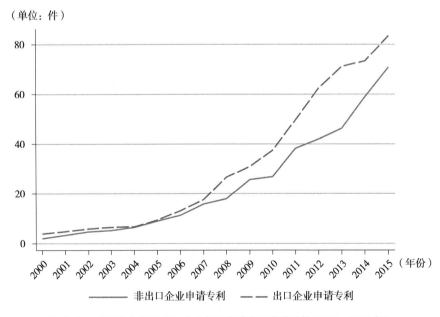

图 4-16 出口企业与非出口企业年均申请专利变动趋势(2000—2015 年)

(二)不同生产率水平企业创新产出变动趋势

图4-17和图4-18分别报告了不同生产率水平企业的创新产出变动趋势。可以看出随着全要素生产率水平的提高,企业创新产出水平均呈现出增长趋势,但不同生产率水平企业之间的创新产出存在差异。图4-17的结果表明,高全要素生产率水平分组中的授权专利数明显要比低全要素生产率水平分组中的授权专利数高。同时,从图4-18可以同样看出,高全要素生产率水平分组中的申请专利数明显也要比低全要素生产率水平分组中的申请专利数高。此外,在2008年国际金融危机之后,对于授权专利、申请专利的数量,高全要素生产率水平组无论是总量还是在增速方面都明显要高于低全要素生产率水平组。由此可见,高生产率水平的企业可能更好地应对贸易政策不确定性的变化。所以笔者推断贸易政策不确定性对不同全要素生产率水平的企业可能存在"选择效应",也就是说贸易政策不确定性对全要素生产率水平高的企业创新产出的"激励"要高于全要素生产率水平低的企业。

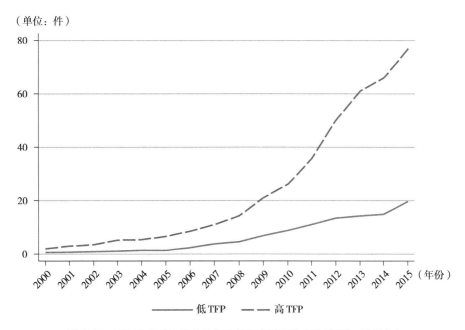

图4-17 不同生产率水平企业年均授权专利变动趋势(2000—2015年)

（单位：件）

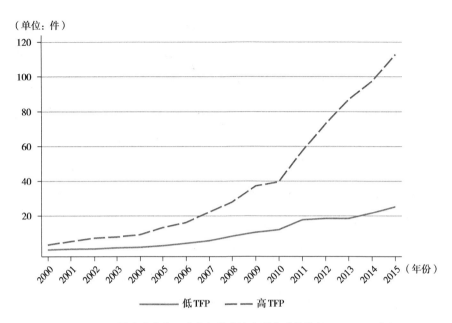

图 4-18 不同生产率水平企业年均申请专利变动趋势（2000—2015 年）

（单位：件）

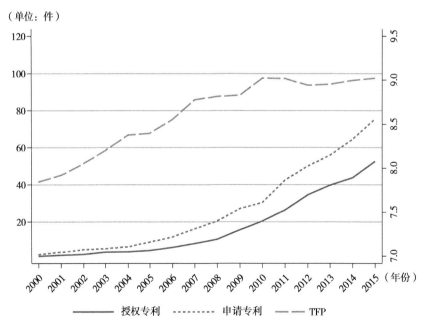

图 4-19 企业全要素生产率与创新产出变动趋势（2000—2015 年）

通过前述分别对不同生产率水平企业创新产出的比较,笔者将全要素生产率变化和创新产出变化拟合在同一个图中,如图 4-19 所示。图 4-19 的结果表明,样本企业的创新产出水平与全要素生产率水平是同一方向的变动趋势,申请专利数在总量上要高于授权专利数。同时可以看到,2008 年国际金融危机之后,尽管授权专利数、申请专利数仍然保持较快增长,但是全要素生产率水平的增长放缓。这表明授权专利数和申请专利数等反映创新产出水平的指标的快速增长与全要素生产率水平较低伴随存在,即可能存在要素资源的错配问题。由此可进一步说明贸易政策不确定性对创新产出存在"选择效应",这为后续实证检验生产率异质性下的贸易政策不确定性对企业创新的影响效应提供了进一步的特征事实。

(三)不同所有制企业创新产出变动趋势

图 4-20 和图 4-21 报告了国有企业和非国有企业的创新产出的变化趋

(单位:件)

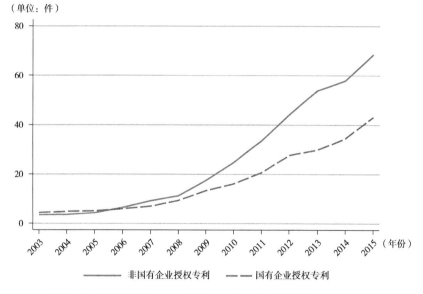

图 4-20　不同所有制企业年均授权专利变动趋势(2003—2015 年)①

---

①　注:根据国泰安数据库有关产权性质数据的统计,产权性质数据的起始披露时间是从 2003 年开始。图 4-20 和图 4-21 的时间起点从 2003 年开始。

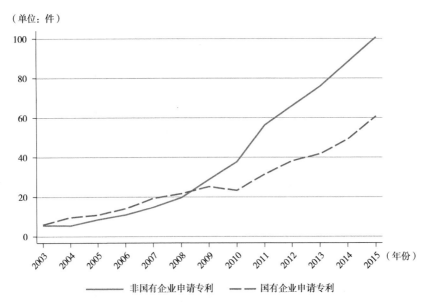

（单位:件）

图 4-21　不同所有制企业年均申请专利变动趋势（2003—2015 年）

势。从总体趋势来看,无论是授权专利数,还是申请专利数,均保持了增长趋势。2008 年之前,年均授权专利数和申请专利数总量不高,增速也相对较慢。2008 年之后,年均授权专利和申请专利数量和增速均发生较明显的增长。从两种不同类型企业的情况来看,非国有企业的年均授权专利和申请专利数量总体要高于国有企业,这一点在 2008 年之后表现得更为明显。结合前述对贸易政策不确定性的特征事实描述,可以推断贸易政策不确定性对不同所有制企业的创新产出存在"选择效应",这可能是与非国有企业对市场环境波动的弹性更高相关,因为其必须要通过持续的资源配置优化才能应对激烈变化的外部政策环境,才能实现企业可持续发展。这为本研究后续检验所有制异质性下贸易政策不确定性对企业创新的影响效应提供了特征事实基础。

（四）不同行业企业的创新产出变动趋势

图 4-22 和图 4-23 报告了不同行业企业年均申请专利和年均授权专利的情况。借鉴李健等（2020）的研究方法,将研究样本分为高科技制造企业和

（单位：件）

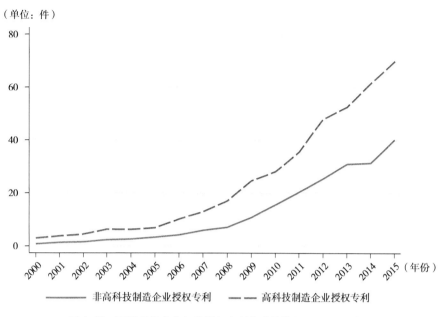

图 4-22 不同行业企业年均授权专利变动趋势（2000—2015 年）

（单位：件）

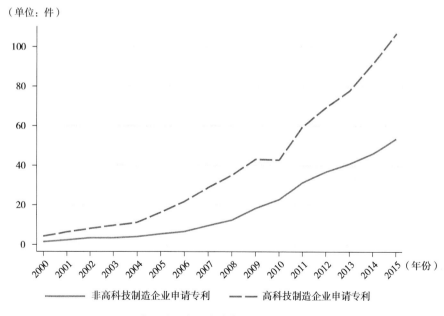

图 4-23 不同行业企业年均申请专利变动趋势（2000—2015 年）

非高科技制造企业两类。从创新产出数量的变化趋势来看,高科技制造企业和非高科技制造企业的年均授权专利和年均申请专利数量均保持增长态势,但高科技制造企业的年均授权专利和年均申请专利数量均要高于非高科技制造企业,这可能是与高科技制造企业所具有的高创新、高收益和高风险属性紧密相关。从创新产出的增速来看,2008 年之前高科技制造企业和非高科技制造企业的创新产出增长平缓,之后则保持了相对较快速的增长。根据前述对贸易政策不确定性的特征事实描述,可以推断贸易政策不确定性对不同行业企业的创新产出存在"选择效应",一定程度上可以推断贸易政策不确定性对高科技制造企业的"激励效应"更明显,这为本书后续实证检验行业异质性下贸易政策不确定性对企业创新影响效应提供了特征事实基础。

三、企业创新效率的特征事实

在这一部分,笔者仍然是从出口与非出口、生产率水平差异、所有制差异,以及行业差异的角度,对样本企业的创新效率的特征事实加以描述。本部分所使用的计算样本企业创新效率的投入和产出数据均来自国泰安数据库(CSMAR)。根据 Hirshleifer 等(2013)计算方法,创新效率计算需要滞后 5 期的投入,所以创新效率特征事实描述区间为 2012 年至 2015 年。

(一)出口企业与非出口企业创新效率变动趋势

图 4-24 报告了出口企业与非出口企业创新效率的变动趋势,可以看出出口企业与非出口企业的创新效率表现出明显的差异。从变动趋势来看,无论是出口企业,还是非出口企业,两类企业的创新效率均保持了增长趋势。从创新效率的绝对值来看,出口企业的创新效率要高于非出口企业的创新效率。从创新效率的增长率来看,出口企业的创新效率增长率比非出口企业创新效率的增长率波动更加明显。由此可以看出,出口企业相比非出口企业在同样面临贸易政策不确定性时,可能存在"选择效应"。也就是说,贸易政策不确定性可能对出口企业创新效率的"激励效应"更明显,从而为后续实证检验出

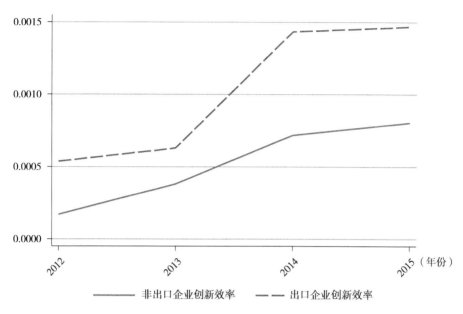

图 4-24 出口企业与非出口企业创新效率变动趋势(2012—2015 年)

口企业异质性下的贸易政策不确定性对企业创新效率影响提供了特征事实。

(二)不同生产率水平企业创新效率变动趋势

图 4-25 报告了不同生产率水平企业创新效率的变动趋势,可以看出不同生产率水平企业的创新效率表现出明显差异。从变动趋势来看,无论是高生产率水平的企业,还是低生产率水平的企业,两类企业的创新效率均保持了增长趋势。从创新效率的绝对值来看,高生产率水平企业的创新效率要高于低生产率水平企业的创新效率。从创新效率的增长率来看,高生产率水平企业的创新效率增长率比低生产率水平企业创新效率的增长率波动更加明显。由此可以看出,高生产率水平企业相比低生产率水平企业在同样面临贸易政策不确定性时,可能存在"选择效应"。也就是说,贸易政策不确定性可能对高生产率水平企业创新效率的"激励效应"更明显,从而为后续检验生产率企业异质性下的贸易政策不确定性对企业创新效率影响提供特征事实。

(三)不同所有制企业创新效率变动趋势

图 4-26 报告了国有企业与非国有企业创新效率的变动趋势,可以看出

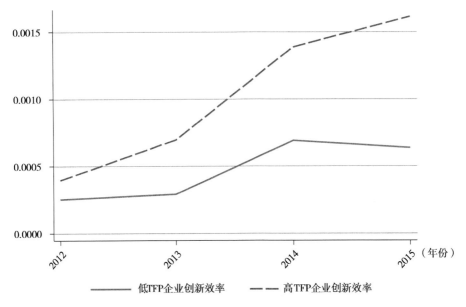

图4-25　不同生产率水平企业创新效率变动趋势(2012—2015年)

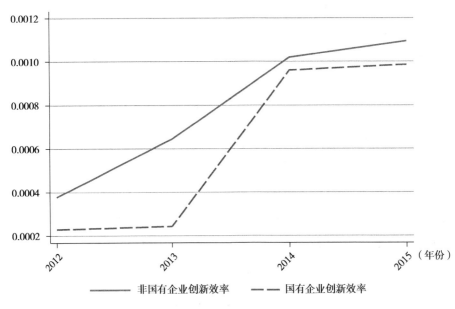

图4-26　不同所有制企业创新效率变动趋势(2012—2015年)

国有企业与非国有企业创新效率表现出明显差异。从变动趋势来看,无论是国有企业,还是非国有企业,两类企业创新效率均保持了增长趋势。从创新效率绝对值来看,非国有企业创新效率要高于国有企业创新效率。从创新效率增长率来看,非国有企业创新效率增长率比国有企业创新效率增长率波动更加明显。由此可以看出,非国有企业相比国有企业在同样面临贸易政策不确定性时,可能存在"选择效应"。也就是说,贸易政策不确定性可能对非国有企业创新效率的"激励效应"更明显,从而为后续实证检验不同所有制企业异质性下的贸易政策不确定性对企业创新效率影响提供了特征事实。

(四)不同行业企业创新效率变动趋势

图 4-27 报告了高科技制造企业与非高科技制造企业创新效率的变动趋势,可以看出高科技制造企业与非高科技制造企业创新效率表现出明显差异。从变动趋势来看,无论是高科技制造企业,还是非高科技制造企业,两类企业创新效率均保持了增长趋势。从创新效率绝对值来看,高科技制造企业创新

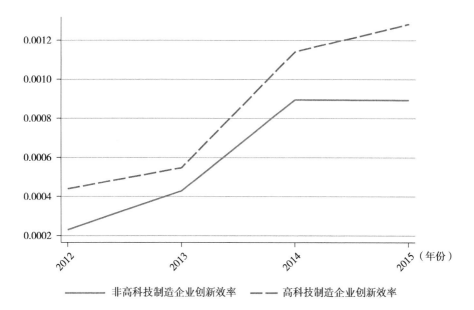

图 4-27 高科技制造企业与其他制造企业创新效率变动趋势(2012—2015 年)

效率要高于非高科技制造企业创新效率。从创新效率增长率来看,高科技制造企业创新效率增长率比非高科技制造企业创新效率增长率波动更加明显。由此可以看出,高科技制造企业相比非高科技制造企业在同样面临贸易政策不确定性时,可能存在"选择效应"。也就是说,贸易政策不确定性可能对高科技制造企业创新效率的"激励效应"更明显,从而为后续实证检验不同所有制企业异质性下的贸易政策不确定性对企业创新效率影响提供了特征事实。

小　　结

第四章主要包括三方面的内容:第一节是关于使用主要变量的测度,即贸易政策不确定性和企业创新的测度。对贸易政策不确定性测度,既使用了涵盖较全面的贸易政策不确定性指数,又使用了比较突出的反倾销强度作为测度变量。对企业创新的测度,既从投入和产出角度选取测度指标,也选择了围绕产出和投入的创新效率测度指标。第二节是关于贸易政策不确定性特征事实的描述,多维度地分析贸易政策不确定性影响,包括中国遭受反倾销的总体情况、不同年度遭受的反倾销情况、产品层面遭受的反倾销情况,以及我国主要出口国发起的反倾销情况。第三节是企业创新特征事实的描述,对企业创新特征事实的描述涉及了出口异质性、生产率差异、所有制差异,以及行业差异,从多角度对比企业创新投入、创新产出和创新效率的变动情况。通过对以上三方面内容的研究,本章主要得到了如下研究结论:

第一,我国企业出口保持增长趋势,总体出口曲线从凹函数转为凸函数,增速逐渐放缓。从与主要出口伙伴的数据来看,出口差异比较明显,对单一贸易伙伴的依赖度下降。

第二,当全球性危机等突发事件发生时,各国会采取更多的反倾销措施来保护本国企业,贸易政策不确定性增强,对我国出口企业形成十分明显的冲击。

　　第三,反倾销调查增多是导致我国企业面临更高贸易政策不确定性的重要原因之一。从我国海关定义的大类来看,主要是分布在第6类(化学工业及其相关工业的产品)、第11类(纺织原料及纺织制品)、第12类(鞋、帽、伞、杖、鞭及其零件等)、第15类(贱金属及其制品)和第16类(机器、机械器具、电气设备及其零件等)。从国别层面来看,主要是美国、欧盟、加拿大、土耳其和印度,这些国家也是我国的主要贸易伙伴。

　　第四,从我国企业创新情况来看,无论是创新投入、创新产出,还是创新效率都呈现出增长趋势,在2008年国际金融危机增长开始缓慢,但在危机之后的增速逐渐加快。

　　第五,从企业异质性角度考虑企业创新水平的变化。出口企业、高生产率企业、高科技制造企业、非国有企业的创新投入、创新产出和创新效率相应地高于对照组的企业。

　　第六,企业创新投入或创新产出在保持增长的同时,全要素生产率水平增速较慢,一定程度上反映出我国企业创新过程中可能存在的要素资源错配问题。

第五章 贸易政策不确定性影响出口
企业创新的实证检验

　　本章的实证分析与第三章的理论分析和第四章的特征事实分析相对应，也即在前述理论分析和特征事实描述的基础上，进一步利用实证方法，检验贸易政策不确定性对我国出口企业创新的影响效应。具体来说，本章基于前述理论分析，通过构建计量经济学模型，并利用从反倾销数据库、海关数据库，以及国泰安数据库和 Wind 数据库等途径获取的数据，从实证角度考察了贸易政策不确定性对我国出口企业创新投入、创新产出和创新效率的影响。在本章的实证研究过程中，主要内容涉及：实证研究过程设计、模型中所使用主要变量特征描述、基准回归分析、稳健性与内生性，以及动态效应分析。概括起来，包括三方面内容：首先，简要介绍本章分析所使用数据的总体情况，描述所使用数据的基本特征，同时对所构建的计量经济学模型进行说明。其次，进一步利用 OLS 模型，对贸易政策不确定性与我国出口企业创新之间的关系进行基准回归，并通过工具变量模型等多种方法进行稳健性和内生性检验，以更好地识别贸易政策不确定性和出口企业创新之间的内在因果逻辑。最后，对本章的关键内容做了简要的概述总结。

第一节 贸易政策不确定性影响出口
企业创新的实证设计

　　为检验贸易政策不确定性与我国出口企业创新之间的关系，本节在测度贸易政策不确定性、出口企业创新等关键变量基础上,构建形成了贸易政策不确定性影响我国出口企业创新的回归分析模型,实证检验贸易政策不确定性与出口企业创新之间的关系,从而为本研究前述的理论分析提供经验证据。基于此,本节从四个方面加以概述和说明。

一、出口企业样本选取

图 5-1 报告了样本期内的上市企业与非上市企业创新产出方面的变动趋势。其中,图 5-1 中的 L_Invent 表示上市公司年均授权发明专利数,F_Invent 表示非上市企业年均授权发明专利数;L_Patents 表示上市公司年均授权专利总数,F_Patents 表示非上市企业年均授权专利总数。从图 5-1 的曲线变化趋势来看,样本期内上市企业和非上市企业的年均授权专利数和年均发明专利数均保持增长趋势,但上市企业和非上市企业存在较明显的差异,这种差异较为明显的就是年均发明专利增速比较缓慢,而年均授权专利增速较快,反映出我国上市企业策略性创新产出水平要高于实质性创新产出水平。从绝对量来看,我国上市企业无论是年均授权专利总数,还是年均发明专利数,都要明显高于非上市企业;从增速来看,我国上市企业年均授权专利数、年均发明专利数的增速也明显高于非上市企业。在一定程度上也反映出,上市企业在遭受贸易政策不确定性时,可能具有更强的风险承担能力,更有可能通过创新的方式来应对贸易政策不确定性的挑战,这为后续实证研究提供进一步的证据。

此外,近年来随着美西方国家对我国实体企业的恶意打击,在多数关键领域限制了我国企业技术的使用和引进,一定程度上恶化了我国出口企业的市场竞争环境。对于我国的出口企业而言,如何在环境不确定性因素持续增多的情形下,积极推动创新活动可能成为其不得已而为之的选择。

（单位：件）

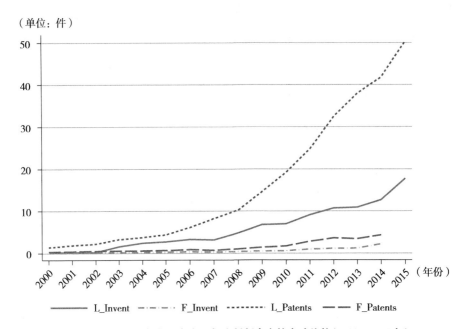

图 5-1　上市企业与非上市企业年均创新产出的变动趋势（2000—2015 年）

资料来源:数据资料主要来自国泰安数据库,根据海关数据库与国泰安数据库中的上市公司数据进行
　　　　手动匹配,最终得到相关统计数据资料。

二、主要数据来源及样本构建

（一）主要数据来源数据库

由于贸易政策不确定性、出口企业创新等关键数据来源于多个不同的数据库,所以本研究为检验贸易政策不确定性与我国出口企业创新的关系,使用多个包括海关数据库、国泰安数据库、反倾销数据库等多个来源的数据库,接下来对文中所使用变量的数据及主要数据库来源情况简要概述说明如下:

1. 世界银行的全球反倾销数据库（GAD）

本研究的主要变量贸易政策不确定性的测量之一是使用反倾销强度,所以选择世界银行的全球反倾销数据库（GAD）。世界银行的反倾销数据库最新可以获取的反倾销数据截止到 2015 年,所以反倾销数据样本末期选择为

2015 年。此外,本研究使用的与反倾销有关的数据均来自世界银行的全球反倾销数据库。

2. 中国海关数据库

本研究使用的第二个数据库为中国海关数据库,使用海关数据库主要是为了根据海关的 HS 编码匹配反倾销数据库中的反倾销调查信息,从而判断企业遭受反倾销调查的情况。根据反倾销数据库的时间周期,为保持数据库研究区间的基本一致性,海关数据库的样本末期也同样选择截止到 2015 年。

3. 国泰安数据库(CSMAR)和万得数据库(Wind)

本书研究过程中所使用的出口企业财务数据、出口企业个体特征数据等资料,均来源于国泰安数据库(CSMAR)、Wind 金融终端。对于部分企业个别年份有缺失的数据,缺失数据选择从上海证券交易所、深圳证券交易所和巨潮资讯网等证监会指定的官方网站,下载上市公司年度报告,手动搜集匹配和补充。

(二)样本构建

根据实证检验的需要,本研究对来源不同数据库的数据进行匹配,现将匹配海关数据库、反倾销数据库,以及上市公司数据库的基本步骤简要概述如下:首先,在参考魏明海等(2021)、李双杰等(2020)学者研究成果基础上,本研究将月度层面的海关数据加总到年度层面,以得到年度层面的产品记录。其次,以海关数据库的数据为主数据表,把"企业名称"作为主要字段对海关数据库和国泰安数据库中的上市企业信息进行匹配,直接匹配成功的认为是同一家企业。如果没有匹配成功,进一步通过从 Wind 数据库获取到企业基本信息中的电话号码、组织代码等再次进行匹配,匹配一致的认为是同一个企业。最后,把匹配好的海关数据库和上市公司数据库作为主数据库,以海关编码 HS6 位码为关键字段匹配全球反倾销数据库的反倾销记录。通过以上步骤完成海关数据库、反倾销数据库与上市公司数据库的最终匹配。

由于本研究使用的贸易政策不确定性指数(Huang 等,2019)的数据始于

2000年,且有关上市公司的数据多是在2000年后披露的信息相对比较完整,而反倾销数据库的数据截止到2015年。综合以上的各种情况,笔者确定研究期间为2000年到2015年。本研究选择A股上市公司为研究对象,主要考虑到上市公司的资产、收入或盈利规模经过了监管机构的严格审计(魏明海等,2021),上市门槛也比较高,比一般企业有更多的资源和能力应对贸易政策不确定性变化。根据已有研究文献(黎文靖等,2016;顾夏铭等,2018),笔者对研究样本进行了一些基础清洗处理:剔除当年被证券交易部门特殊处理的ST类企业,以及金融类上市公司;为消除异常值的影响,进一步对所有的连续变量进行上下1%分位数的缩尾。经过以上的处理之后,最终得到2000—2015年的26905个观察值。由于部分变量时点和缺失值的原因,不同的回归模型中观察值的数量可能存在差异。

三、变量选择及测量

接下来主要对模型中涉及的主要变量:贸易政策不确定性、出口企业创新以及控制变量等各种变量做简要概述说明,具体内容简要概述如下:

(一)被解释变量

被解释变量即企业创新,笔者从创新投入、创新产出和创新效率三个维度度量企业创新水平,分别选择研发投入强度、实质性创新产出和策略性创新产出,以及创新效率作为代理变量。具体的测算说明如下:

1. 创新投入

研发投入强度的计算公式为研发投入与主营业务收入比例,由于我国上市公司研发投入数据是从2007年起开始要求披露,国泰安数据库的数据统计也是从该时点开始,所以研发投入强度的计算以此为起点。由此,可能在部分回归模型中存在观察值的数量不一致的情况。

2. 创新产出

借鉴黎文靖等(2016)的关于企业创新的分类和测度方法,本研究将创新产出分为实质性创新产出和策略性创新产出。其中,实质性创新产出计算公式为公司当年申请发明专利数加 1 再取自然对数,策略性创新产出计算公式为当年申请实用新型专利与外观设计专利数量之和再加 1 后取自然对数。关于企业变量的计算主要是使用了国泰安数据库上市公司及子公司专利信息,该数据库涵盖中国所有上市企业 1989 年到 2017 年期间历年专利申请、专利授权和有效专利数据。

3. 创新效率

对于创新效率的测量,主要是依据赫舒拉发等(Hirshleifer 等,2013)的方法计算企业的创新效率。出口企业创新效率的具体计算方法如公式(5.1)所示。同时,在稳健性检验部分,使用了当年专利申请数加 1 的自然对数,以及当年授权专利数加 1 的自然对数,作为创新的代理变量。

$$Efficiency = (F.Grant)/(RD + 0.8 \times L.RD + 0.6 \times L2.RD + 0.4 \times L3.RD + 0.2 \times L4.RD) \tag{5.1}$$

其中,$Efficiency$ 表示企业的创新效率,RD 表示企业创新投入,$Grant$ 表示企业创新产出。

(二)解释变量

解释变量是贸易政策不确定性。根据前述对贸易政策不确定性测度文献梳理,分别采用贸易政策不确定性指数(TPU 指数)和反倾销强度作为代理变量。具体的测算公式和测算过程简要概述说明如下:

1. TPU 指数

由于 TPU 指数的原始数据为月度指标(Huang 等,2019),笔者借鉴已有的关于贸易政策不确定性指数的处理方式(葛新宇等,2021),将月度贸易政策不确定性指数通过计算算术平均值的方式转换为年度贸易政策不确定性指数,并将其缩小 100 倍,以避免在回归分析中量级差异导致系数过小的问题。

2. 反倾销强度

以往研究对反倾销测度多采用虚拟变量的方式,即是否遭遇反倾销。笔者在已有研究基础上,借鉴参考克劳利(Crowley 等,2018)、王孝松等(2014)、李双杰等(2020)的方法,计算 HS4 分为行业反倾销强度,即各行业遭受反倾销产品出口额占整个行业出口额比例,然后通过 HS 码对应样本企业所在行业,以此作为贸易政策不确定性指数代理变量。稳健性检验中分别构建当年是否遭遇反倾销,以及当年遭受反倾销次数均值作为代理指标。

(三)控制变量

企业创新可能受到企业、行业、国家等多个层面因素的影响,尤其是一些企业特征因素是造成企业创新异质性的重要原因。为此,笔者在借鉴比尔森等(Bilson 等,2001)、王孝松等(2019)、魏明海等(2021)一些学者的相关研究基础上,选取了一系列因素作为控制变量,以尽量避免遗漏变量可能导致的内生性问题。企业特征层面的控制因素,数据主要来源于国泰安数据库、Wind数据库;行业和国家层面的控制因素,数据主要来源中国国家统计局。具体测算说明如下:

1. 企业层面控制变量

①企业规模(*Size*)。企业规模在创新的研究文献中是必须要控制的因素,但在已有的研究文献中(虞义华等,2018),企业规模与创新的关系并不完全一致,既有正向影响关系,也可能存在负向关系。本研究沿用已有的主流做法,使用总资产的自然对数作为测度指标。②资产负债率(*Leverage*)。资产负债率即使用期末总负债除以期末总资产的比例,使用该变量主要是控制资产结构对企业创新可能产生的影响。通常情况下,资产负债率越高的企业风险越大,可能对企业创新行为造成影响。③总资产收益率(*ROA*)。总资产收益率是用净利润除以资产总额的比例,通常使用该指标衡量企业的盈利能力,盈利能力高低将可能对企业的创新行为产生重要影响。④托宾 Q 值(*TobinQ*)。使用市值与账面值比例作为代理指标,托宾 Q 值主要用来衡量企业价值,在此用于控制可能对企业创新产生的影响。⑤经营性现金持有(*Operation*)。经营现金持有使用企业经营活动产生的现金流净额与资产总额的比率作为代理

指标,该指标可衡量企业营运资产的效率与效益,用以控制其可能对企业创新产生的影响。⑥股权集中度($TOP1$)。股权集中度使用第一大股东持股比例作为代理指标,把股权集中程度作为控制变量,主要是考虑了公司治理因素对企业创新的影响。⑦董事会规模($Board$)。董事会规模使用董事会人数加 1 再取自然对数作为代理指标,主要是从公司治理层面控制可能对企业创新的影响。⑧产权性质(SOE)。国有企业取值为 1,其他的企业则取值为 0。

2. 行业与国家层面控制变量

本研究在控制一系列企业因素的基础上,同时考虑行业和国家层面的控制因素,主要包括:①赫芬达尔指数(HHI)。赫芬达尔指数主要是用于衡量行业集中度,该指标数值越高,反映出企业所在行业集中度越高。②GDP 增长率($GdpPct$)。该指标的计算是以样本企业总部所在省份的 GDP 同比上一期GDP 的增长情况,主要用于控制地区增长情况可能对创新产生的影响。③人均 GDP 水平($PerGdp$)。该指标的计算同样使用样本企业总部所在省份的人均 GDP 同比上一期人均 GDP 的增长情况。

3. 与贸易相关的控制变量

在计量模型中进一步控制了与企业对外贸易行为相关的变量:①出口收入比重(Ex_ratio)。出口收入比重使用企业当年出口收入占总收入的比重,通常情况下企业出口收入占比越高,越容易受到贸易政策不确定性的影响。②出口国家或地区数($Ex\_country$)。使用当年企业出口国家或地区的数量衡量,该指标反映了企业出口的离散程度,通常出口离散程度越高,受贸易政策不确定性影响的程度越低。笔者还设置了年份、地区和行业虚拟变量,控制年份、地区和行业固定效应,以控制不同企业之间存在不随着行业和时间变化的特征差异,行业按照中国证监会 2012 年的行业分类标准进行分类。

(四)工具变量

OLS 回归成立的前提是解释变量与扰动项不相关,如果解释变量与扰动项存在相关性,会导致产生所谓的内生性问题。内生解释变量是由遗漏变量、测量偏差及双向因果等问题所导致。所以在模型设定过程中,为了更好地识别因果效应,采用 Heckman 两步法、工具变量模型等处理可能存在的内生性问题。笔者主要选择如下三类变量作为工具变量:

1. 滞后一期的解释变量作为工具变量

参考已有的关于贸易政策不确定性和企业创新方面的研究文献(毛其淋等,2019)的内生性处理方法,选择滞后一期的解释变量,包括滞后一期的 TPU 指数和反倾销强度作为工具变量。如果模型中的扰动项不存在较强的序列关联性,扰动项是由当期值所决定(Wooldridge,2010),即通过滞后一期的解释变量,可以缓解解释变量与扰动项之间相关问题。

2. 我国行业反倾销强度均值作为工具变量

参考阿诺德等(高翔等,2018)①方法,选择采用 HS4 位行业的反倾销均值作为工具变量(Dump_IV_M)。该变量和自变量具有相关性,但是不可能直接影响企业创新。也就是说,HS4 位行业的反倾销均值满足工具变量的相关性和外生性基本条件,选其作为工具变量具有一定的合理性。

3. 以印度行业反倾销强度作为工具变量

参考阿诺德等(Arnold 等,2011)②、李双杰等(2020)在文献提到的方法,综合考虑人口规模、发展水平、产品结构、技术水平等多个因素,选择与中国相似性较高的国家反倾销强度作为工具变量,这满足工具变量相关性条件。同时,中国企业创新行为不会受到他国遭遇反倾销调查的影响,满足工具变量的外生性条件。基于以上考虑,笔者选择印度所遭受的反倾销强度作为贸易政策不确定性的工具变量(Dump_IV_Ind),通过 HS4 位编码匹配到样本企业中,以缓解可能存在的内生性问题,以确保因果机制的稳健性。

---

① 高翔、刘啟仁、黄建忠:《要素市场扭曲与中国企业出口国内附加值率:事实与机制》,《世界经济》2018 年第 10 期。

② Arnold J.M., Javorcik B.S., Mattoo A., "Does Services Liberalization Benefit Manufacturing Firms:Evidence from The Czech Republic", *Journal of International Economics*, Vol.85, No.1, 2011.

表 5-1 主要变量定义

变量符号	变量名称	变量定义
RD	创新投入	研发投入占主营业务收入比例
Patent_in	实质性创新产出	(1+发明专利申请数)的自然对数
Patent_ud	策略性创新产出	(1+实用新型专利申请数+外观设计专利申请数)的自然对数
TFP	全要素生产率	参考鲁晓东等(2012)研究,使用 LP 方法计算得到全要素生产率
TPU	贸易政策不确定性指数	根据 Huang 等(2020)的月度指数按照年度加总,然后再求平均并除以 100
Dump_Int	反倾销强度	按照 HS4 位码计算的各行业遭受反倾销产品出口额占整个行业出口额比例
Dump_Dua	是否反倾销	如果行业内遭受反倾销赋值为1,否则赋值为 0
Size	企业规模	企业总人数的自然对数
Leverage	资本结构	资产与负债比例
Operation	营运能力	经营性现金流占总资产比率
ROA	盈利能力	总资产收益率,净利润除以平均总资产
TobinQ	企业价值	托宾 Q 值
Board	董事会规模	(1+董事会人数)的自然对数
Top1	股权集中度	企业第一大股东持股比例
SOE	产权性质	如果是国有企业赋值为1,否则赋值为 0
HHI_A	赫芬达尔指数	该数值越大,行业集中度越高
GdpPct	GDP 增长	企业总部所在省份当期 GDP 比上一期增长率
PerGdp	人均 GDP 增长	企业总部所在省份当期人均 GDP 比上一期增长率
Ex_ratio	出口收入比例	企业当年出口收入占总收入的比重
Ex_country	出口国家或地区数量	企业当年出口国家或地区数

四、基准模型构建

为检验贸易政策不确定性对企业创新的影响,笔者在参考顾夏铭等(2018)、王孝松等(2019)学者关于政策不确定性与微观企业行为研究模型的

基础上,提出并构建如下基准回归模型,如公式(5.2)所示:

$$Innovation_{i,t} = \alpha_0 + \alpha_1 TPU(Dump\_Int)_{i,t} + \alpha_2 Ctrls_{i,t} + \mu_t + \delta_{ind} + \tau_{area} + \epsilon_{it}$$

$$(5.2)$$

由于不同企业之间可能存在不随行业、时间变化的差异,所以在基准回归模型中同时控制了年份、行业和地区固定效应,以控制这些不随时间变化的差异,以减弱遗漏变量、样本选择偏误等可能导致的内生性问题(孟宁,2020)。其中,*Innovation* 表示企业创新,分别使用研发投入强度、实质性创新产出和策略性创新产出,以及创新效率作为代理变量;*TPU*、*Dump_Int* 分别表示贸易政策不确定性指数、反倾销强度;*Ctrls* 表示各种控制变量。μ_t、δ_{ind}、τ_{area} 分别表示年份、行业和地区的固定效应,ϵ_{it} 表示随机扰动项。

为缓解或消除遗漏变量、反向因果等问题可能导致的内生性问题,笔者使用了工具变量回归模型,即使用 Stata 中的 ivreg2 工具变量回归命令。

第二节　贸易政策不确定性影响出口企业创新的变量特征描述

对于主要变量的描述性分析部分,主要是报告贸易政策不确定性与出口企业创新关系的实证模型中所涉及主要变量的基本情况,并计算了贸易政策不确定性与出口企业创新的偏相关系数,初步识别主要变量之间的是否存在显著的相关性。最后,对比我国工业企业与上市企业在创新产出方面的差异,进一步为本研究选择上市企业作为研究对象提供佐证,从而也为后续实证分析提供基本依据。

一、主要变量描述性统计

表5-2报告了主要变量的描述性统计结果,包括样本均值、中位数、标准差、最小值、最大值、25%分位数、75%分位数。由表 5-2 的结果可知,一是在

贸易政策不确定性方面,TPU 指数均值大于 1,反映出我国面临的贸易政策不确定性水平较高;Dump_Dua 的均值为 0.431,一定程度上表明样本期内我国从事出口上市企业所在行业遭受反倾销占比较高;Dump_Int 的均值为 0.028,标准差为 0.063,均值与标准差差异较大,反映出不同行业遭受反倾销强度存在较大差异。二是对于我国出口企业创新方面,RD 均值为 0.015,标准差为0.028,反映出在样本期内我国上市企业平均研发投入水平较低;Patent_in 的均值为 0.588,标准差为 0.976,均值小于标准差较多,一定程度上反映出样本期内不同企业的实质性创新产出方面存在较大的差异;Patent_ud 的均值为1.152,标准差为 1.483,均值与标准差的差异较小,一定程度上说明在样本期内不同企业的策略性创新产出差异不大。

表 5-2　主要变量描述性统计

变量	观察值	均值	标准差	最小值	25%分位数	中位数	75%分位数	最大值
RD	18896	0.015	0.028	0.000	0.000	0.000	0.022	0.158
Patent_in	26905	0.588	0.976	0.000	0.000	0.000	1.099	4.220
Patent_ud	26905	1.152	1.483	0.000	0.000	0.000	2.197	5.642
Efficiency	2243	0.003	0.004	0.000	0.001	0.002	0.003	0.022
TPU	26905	1.006	0.209	0.648	0.867	0.931	1.158	1.428
Dump_Dua	26905	0.431	0.443	0.000	0.000	0.000	1.000	1.000
Dump_Int	26905	0.028	0.063	0.000	0.000	0.003	0.016	0.282
Size	24816	7.459	1.329	3.526	6.678	7.474	8.279	10.818
Leverage	26902	0.469	0.238	0.048	0.299	0.462	0.619	1.467
ROA	24941	0.035	0.064	−0.275	0.013	0.036	0.064	0.205
TobinQ	24050	1.916	1.214	0.936	1.199	1.507	2.130	8.264
Operation	24939	0.046	0.078	−0.201	0.004	0.045	0.090	0.267
HHI	23818	0.129	0.133	0.018	0.053	0.083	0.149	0.786
Top1	22114	37.452	15.665	9.230	24.980	35.720	49.330	75.770

续表

变量	观察值	均值	标准差	最小值	25%分位数	中位数	75%分位数	最大值
Board	24896	2.367	0.216	1.792	2.303	2.303	2.485	2.944
GdpPct	26905	1.135	0.058	1.006	1.085	1.126	1.179	1.270
PerGdp	26905	1.120	0.059	0.963	1.076	1.110	1.164	1.264
Ex_country	26905	5.601	12.441	0.000	0.000	0.000	4.000	65.000
Ex_ratio	26905	0.096	0.189	0.000	0.000	0.000	0.102	0.863

注:由于我国上市企业研发数据披露开始于2007年,所以表格中RD的观察值数较少。

二、主要变量相关性分析

表5-3报告了主要被解释变量和解释变量的偏相关系数,偏相关系数可以更好地反映在控制其他变量影响后的关注变量之间的相关系数。从表5-3的结果来看,贸易政策不确定性指数和反倾销强度与研发投入强度、实质性创新产出、策略性创新产出以及创新效率之间存在显著的正相关关系,这初步说明贸易政策不确定性可能对样本企业创新产生"激励"作用。同时,贸易政策不确定性指数与主要创新变量的偏相关系数,以及反倾销强度与主要创新变量的偏相关系数,都没有超过0.4的临界值,一定程度上说明变量之间不存在严重的多重共线性问题。为确保模型不会受到多重共线性问题的影响,本研究在回归分析部分均检验了各回归模型的主要变量之间VIF值是否满足不存在共线性的判别标准。

表5-3 主要变量相关系数

变量	1	2	3	4	5	6	7
RD	1						
Patent_in	0.369 ***	1					
Patent_ud	0.309 ***	0.637 ***	1				

续表

变量	1	2	3	4	5	6	7
Efficiency	−0.175 ***	0.074 ***	0.312 ***	1			
TPU	0.043 ***	0.017 ***	0.040 ***	0.095 ***	1		
Dump_Dua	0.069 ***	0.178 ***	0.230 ***	0.050 **	0.010 *	1	
Dump_Int	0.099 ***	0.114 ***	0.155 ***	0.049 **	0.150 ***	0.267 ***	1

注：***、**、*，分别表示在1%、5%、10%(双尾检验)的显著性水平上显著。

第三节　贸易政策不确定性影响出口企业创新的基准回归

根据第三章的理论分析与数理推动结果,贸易政策不确定性对我国出口企业创新具有"激励效应",即贸易政策不确定性可能"倒逼"出口企业创新。在此基础上,本研究进一步通过构建贸易政策不确定性与出口企业创新关系的OLS基准回归模型,并分别从企业层面和产品层面进行了实证检验,即分别使用贸易政策不确定性指数和反倾销强度作为代理变量,检验贸易政策不确定性是否对出口企业创新存在"激励效应",为研究贸易政策不确定性的微观经济后果提供进一步的经验证据。

一、TPU指数与出口企业创新

表5-4报告贸易政策不确定性的第一个代理变量,即TPU指数与我国出口企业创新回归结果。总体来看,TPU指数作为贸易政策不确定性代理变量,均对我国出口企业创新产生显著的正向影响。这一结果也为贸易政策不确定性对企业创新的"激励效应"提供了进一步的证据。具体结果分析如下:

表 5-4　TPU 指数与出口企业创新的回归结果

变量	模型 1 RD	模型 2 Patent_in	模型 3 Patent_ud	模型 4 Efficiency	模型 5 RD
TPU	0.176***	7.228***	8.515***	0.006*	0.102***
	(0.006)	(0.249)	(0.358)	(0.004)	(0.005)
Size	−0.001***	0.205***	0.321***	−0.000**	0.002***
	(0.000)	(0.006)	(0.008)	(0.000)	(0.000)
Leverage	−0.030***	0.054*	0.126***	0.001	−0.010***
	(0.001)	(0.029)	(0.041)	(0.001)	(0.001)
ROA	−0.010***	0.997***	1.667***	0.003*	−0.021***
	(0.003)	(0.108)	(0.155)	(0.002)	(0.003)
TobinQ	0.001***	−0.000	−0.045***	0.000*	0.001***
	(0.000)	(0.005)	(0.008)	(0.000)	(0.000)
Operation	−0.000	−0.046	−0.303***	−0.004***	0.002
	(0.002)	(0.075)	(0.111)	(0.001)	(0.001)
HHI	−0.019***	−0.107*	0.443***	0.001	0.002
	(0.002)	(0.056)	(0.076)	(0.001)	(0.001)
Top1	−0.000***	−0.002***	−0.002***	0.000***	−0.000***
	(0.000)	(0.000)	(0.001)	(0.000)	(0.000)
Board	−0.002***	0.046	−0.148***	−0.001*	−0.001
	(0.001)	(0.031)	(0.041)	(0.000)	(0.001)
SOE	−0.006***	−0.060***	−0.021	−0.000	0.001*
	(0.000)	(0.014)	(0.019)	(0.000)	(0.001)
GdpPct	0.005	0.267	−0.213	−0.016	−0.006
	(0.007)	(0.286)	(0.422)	(0.024)	(0.005)
PerGdp	0.000	−0.418**	−0.032	0.015	0.003
	(0.005)	(0.199)	(0.297)	(0.021)	(0.004)
Ex_country	0.000***	0.005***	0.011***	0.000***	0.000***
	(0.000)	(0.001)	(0.001)	(0.000)	(0.000)
Ex_ratio	0.001	0.070**	0.072	0.000	0.005***
	(0.001)	(0.035)	(0.048)	(0.000)	(0.001)

续表

变量	模型 1	模型 2	模型 3	模型 4	模型 5
	RD	Patent_in	Patent_ud	Efficiency	RD
_cons	−0.112***	−6.914***	−7.885***	−0.003	−0.056***
	(0.010)	(0.393)	(0.564)	(0.005)	(0.007)
行业/地区/年	控制	控制	控制	控制	控制
企业固定效应	不控制	不控制	不控制	不控制	控制
观察值	18896	21162	21162	2147	18896
Adj_R^2	0.464	0.337	0.433	0.124	0.781

注：***、**、*，分别表示在1%、5%、10%（双尾检验）的显著性水平，括号内数字为稳健标准误。行业/地区/年表示在回归模型控制了行业、地区和年份固定效应。如无特别标注，本节其余表格中的显著性水平，以及回归模型中固定效应的控制方式，均按照表5-4的方式统一标注。

在创新投入方面，表5-4的模型1报告了TPU指数与研发投入强度的关系。回归结果表明，TPU指数的回归系数为0.176，且在1%水平显著，说明TPU指数与研发投入强度之间存在显著的正相关关系。这一定程度上反映出，贸易政策不确定性既是一种挑战，也是一种机会，通过加大研发投入水平，通过持续的创新来提升产品竞争力，以提高企业应对贸易政策不确定性的能力和主动适应外部不确定性的变化。

在创新产出方面，由于不同专利类型价值不同，笔者选择实质性创新产出和策略性创新产出作为创新投入的代理指标（黎文靖等，2016），同时考虑贸易政策不确定性可能对不同专利类型的具体影响效应，表5-4的模型2和模型3报告了TPU指数与实质性创新产出和策略性创新产出的关系。回归结果表明，TPU指数对实质性创新产出、策略性创新产出的回归系数分别为7.228和8.515，且在1%水平显著，说明TPU指数与创新产出之间存在显著的关系，这与TPU指数对创新投入的影响情况相一致。

在创新效率方面，创新效率作为反映企业研发投入利用水平的重要体现（Hirshleifer等，2013），笔者在关注贸易政策不确定性对创新投入、创新产出影响的基础上,进一步考察了贸易政策不确定性对创新效率的影响,表5-4的模型4报告了TPU指数与创新效率的关系。回归结果表明,TPU指数的回归系数为0.006,且在10%水平显著,说明TPU指数与创新效率之间也存在显著的正相关关系,即在面临贸易政策不确定性变化时,企业不仅可能会加大研发投入,也会注重提高创新效率,以应对贸易政策不确定性带来的挑战。此外,笔者还在模型5中控制了企业固定效应,回归系数仍然显著为正。

从控制变量的情况来看,规模越大的企业其研发投入强度越小,这反映出小公司比大公司在创新方面的灵活性更高;从公司治理来看,股权集中度越高,董事会规模越大,企业研发投入强度越小,说明高度股权集中可能影响创新决策,不利于企业创新活动开展;从所有制来看,非国有企业研发投入强度要高于国有企业,与特征事实反映的情况一致。控制变量的情况与已有研究结果基本保持一致(虞义华等,2018;顾夏铭,2018)。

二、反倾销强度与出口企业创新

表5-5报告了贸易政策不确定性第二个代理变量,即反倾销强度与我国出口企业创新的回归结果。总体来看,反倾销强度作为贸易政策不确定性的代理变量,均对出口企业创新产生显著的正向影响。这一结果也为贸易政策不确定性对企业创新的"激励效应"提供了进一步的证据。具体结果分析如下:

表5-5 反倾销与出口企业创新的回归结果

变量	模型1	模型2	模型3	模型4	模型5
	RD	Patent_in	Patent_ud	Efficiency	RD
Dump_Int	0.015*** (0.003)	0.323** (0.130)	0.898*** (0.169)	0.001* (0.001)	0.013*** (0.002)
Size	-0.001*** (0.000)	0.205*** (0.006)	0.321*** (0.008)	-0.000** (0.000)	0.002*** (0.000)

续表

变量	模型 1	模型 2	模型 3	模型 4	模型 5
	RD	Patent_in	Patent_ud	Efficiency	RD
Leverage	−0.030***	0.054*	0.128***	0.001	−0.010***
	(0.001)	(0.029)	(0.041)	(0.001)	(0.001)
ROA	−0.010***	0.999***	1.673***	0.003*	−0.021***
	(0.003)	(0.108)	(0.154)	(0.002)	(0.003)
TobinQ	0.001***	−0.000	−0.044***	0.000*	0.001***
	(0.000)	(0.005)	(0.008)	(0.000)	(0.000)
Operation	−0.000	−0.047	−0.308***	−0.004***	0.002
	(0.002)	(0.075)	(0.111)	(0.001)	(0.001)
HHI	−0.019***	−0.107*	0.442***	0.001	0.002
	(0.002)	(0.056)	(0.076)	(0.001)	(0.001)
Top1	−0.000***	−0.002***	−0.002***	0.000***	−0.000***
	(0.000)	(0.000)	(0.001)	(0.000)	(0.000)
Board	−0.002***	0.047	−0.147***	−0.001*	−0.001
	(0.001)	(0.031)	(0.041)	(0.000)	(0.001)
SOE	−0.006***	−0.061***	−0.020	−0.000	0.001*
	(0.000)	(0.014)	(0.019)	(0.000)	(0.001)
GdpPct	0.005	0.260	−0.234	−0.015	−0.006
	(0.007)	(0.286)	(0.423)	(0.024)	(0.005)
PerGdp	0.001	−0.414**	−0.020	0.015	0.003
	(0.005)	(0.200)	(0.298)	(0.021)	(0.004)
Ex_country	0.000***	0.005***	0.010***	0.000***	0.000***
	(0.000)	(0.001)	(0.001)	(0.000)	(0.000)
Ex_ratio	0.001	0.070**	0.071	0.000	0.005***
	(0.001)	(0.035)	(0.048)	(0.000)	(0.001)
_cons	0.020***	−1.505***	−1.502***	0.005	0.020***
	(0.007)	(0.261)	(0.372)	(0.008)	(0.005)
行业/地区/年	控制	控制	控制	控制	控制
企业固定效应	不控制	不控制	不控制	不控制	控制
观察值	18896	21162	21162	2147	18896
Adj_R²	0.465	0.337	0.433	0.124	0.781

在创新投入方面,表5-5的模型1报告了反倾销强度与研发投入强度的关系。回归结果表明,反倾销强度的回归系数为0.015,且在1%水平显著,说明反倾销强度与研发投入强度之间存在显著的正相关关系,这说明反倾销可能会"激励"企业提高创新投入水平,通过创新能力的提升来增强出口产品的不可替代性,提高企业在价值链中的地位和应对贸易政策不确定性的能力,从而更好地降低反倾销的不利影响。

在创新产出方面,表5-5的模型2和模型3分别报告了反倾销强度与出口企业实质性创新产出的关系,以及反倾销强度与出口企业策略性创新产出的关系。回归结果表明,反倾销强度影响出口企业实质性创新的回归系数为0.323,且在5%水平显著;反倾销强度影响出口企业实质性创新的回归系数为0.898,且在1%水平显著。无论是从实质性创新产出,还是策略性创新产出,都反映出反倾销强度对出口企业创新产出存在明显的"激励"作用,这一结果与反倾销强度对出口企业创新投入的影响保持一致。

在创新效率方面,表5-5的模型报告了反倾销强度与出口企业创新效率的关系。从回归结果来看,反倾销强度影响出口企业创新效率的回归系数为0.001,且在10%的水平上显著,说明反倾销强度与创新效率之间也存在显著的正相关关系,即出口企业遭受反倾销时,会在增加创新投入的同时,也重视提升创新效率,以此来保持企业产品竞争力,从而更好地应对反倾销的不利影响。此外,笔者还在模型5中控制了企业固定效应,回归系数仍然显著为正。

在控制变量方面,企业规模、资产负债率、总资产收益率、董事会规模、股权集中度对企业研发投入强度的影响显著为负,意味着资产规模越大企业、资产负债率越高企业、股权集中度高、董事会规模大,企业研发投入强度反而少。这与TPU指数检验保持一致。

第四节　贸易政策不确定性影响出口
企业创新的进一步检验

由于可能存在的遗漏变量偏误、样本选择偏误、反向因果关系等问题,为保证贸易政策不确定性影响出口企业创新效应检验结论的稳健性,本研究进一步通过处理内生性问题,进行一系列稳健性检验,以及异质性检验,最终结果支持贸易政策不确定性对出口企业创新的"激励效应",具体结果如下。

一、内生性检验

针对可能存在的内生性问题,本研究在已有文献基础上(Wooldridge,2010;Arnold 等,2011;顾夏铭等,2018;李双杰等,2020),主要采用以下三种处理方法:一是使用滞后一期的解释变量替代解释变量;二是采用 Heckman 两步法回归;三是用工具变量模型重新估计基准回归方程。

(一)用滞后一期的内生解释变量替代内生解释变量

根据伍德里奇(Wooldridge,2010)的计量经济模型设定与研究方法,他指出当扰动项不存在很强的序列相关时,扰动项当期值确定,所以使用滞后一期的内生解释变量替代内生解释变量,在一定程度上可以缓解内生性问题。基于此,本章分别使用滞后一期的 TPU 指数和滞后一期的反倾销强度作为替代变量,具体的检验结果如表5-6和表5-7所示。

表5-6报告了滞后一期的 TPU 指数与出口企业创新的回归估计结果。表5-6的回归结果表明,使用滞后一期的 TPU 指数替代当期的 TPU 指数,对研发投入强度、实质性创新产出与策略性创新产出、创新效率,均具有显著的正向影响,且具有统计意义的显著性。表5-6的实证检验结果一定程度上说明,缓解内生性问题后检验结果支持了 TPU 指数显著影响出口企业创新的基准回归结论。

表 5-6　使用滞后一期 TPU 指数的回归结果

变量	模型 1	模型 2	模型 3	模型 4
	RD	Patent_in	Patent_ud	Efficiency
L.TPU	0.023 ***	0.166 ***	0.328 ***	0.001 *
	(0.001)	(0.028)	(0.039)	(0.001)
Size	−0.000 ***	0.239 ***	0.368 ***	−0.000 ***
	(0.000)	(0.006)	(0.008)	(0.000)
Leverage	−0.032 ***	−0.069 **	0.000	0.001
	(0.001)	(0.030)	(0.042)	(0.001)
ROA	−0.006 *	1.114 ***	1.940 ***	0.003 **
	(0.003)	(0.109)	(0.159)	(0.002)
TobinQ	0.002 ***	0.038 ***	0.015 **	0.000
	(0.000)	(0.005)	(0.007)	(0.000)
Operation	−0.013 ***	−0.472 ***	−0.886 ***	−0.004 ***
	(0.002)	(0.079)	(0.117)	(0.001)
HHI	−0.021 ***	−0.118 **	0.391 ***	0.001
	(0.002)	(0.060)	(0.080)	(0.001)
Top1	−0.000 ***	−0.002 ***	−0.003 ***	0.000 ***
	(0.000)	(0.000)	(0.001)	(0.000)
Board	0.001	0.118 ***	−0.046	−0.001 *
	(0.001)	(0.032)	(0.043)	(0.000)
SOE	−0.008 ***	−0.037 **	−0.136 ***	−0.000
	(0.000)	(0.015)	(0.020)	(0.000)
GdpPct	−0.090 ***	−2.788 ***	−3.701 ***	0.010
	(0.005)	(0.222)	(0.312)	(0.020)
PerGdp	−0.021 ***	−1.153 ***	−1.329 ***	−0.003
	(0.005)	(0.207)	(0.301)	(0.019)
Ex_country	0.000 ***	0.006 ***	0.011 ***	0.000 ***
	(0.000)	(0.001)	(0.001)	(0.000)
Ex_ratio	0.003 ***	0.133 ***	0.002	0.000
	(0.001)	(0.039)	(0.052)	(0.000)
_cons	0.144 ***	2.618 ***	3.513 ***	−0.005
	(0.005)	(0.182)	(0.248)	(0.005)
行业/地区/年	控制	控制	控制	控制

续表

变量	模型 1	模型 2	模型 3	模型 4
	RD	Patent_in	Patent_ud	Efficiency
观察值	16487	19909	19909	2147
Adj_R^2	0.418	0.300	0.402	0.120

注:***、**、*,分别表示在1%、5%、10%(双尾检验)的显著性水平,括号内为稳健标准误。行业/地区/年表示在回归模型控制了行业、地区和年份固定效应。如无特别标注,本节其余表格中的显著性水平,以及回归模型中固定效应的控制方式,均按照表5-6的方式统一标注。

表5-7报告了滞后一期的反倾销强度与出口企业创新的回归估计结果。表5-7的回归结果表明,使用滞后一期的反倾销强度替代当期的反倾销强度,滞后一期的反倾销强度对研发投入强度、实质性创新产出与策略性创新产出、创新效率的回归系数均为正,且具有统计意义的显著性。所以由表5-7的实证检验结果可知,当内生性问题缓解之后,反倾销强度对我国出口企业创新具有"激励效应"的观点得到进一步支持。

表 5-7　使用滞后一期的反倾销强度的回归结果

变量	模型 1	模型 2	模型 3	模型 4
	RD	Patent_in	Patent_ud	Efficiency
L.Dump_Int	0.033***	2.222***	3.868***	0.001*
	(0.004)	(0.137)	(0.178)	(0.001)
Size	−0.001***	0.238***	0.397***	−0.000***
	(0.000)	(0.006)	(0.008)	(0.000)
Leverage	−0.036***	−0.069**	−0.023	0.001**
	(0.001)	(0.029)	(0.043)	(0.001)
ROA	−0.019***	0.733***	1.190***	0.003*
	(0.003)	(0.108)	(0.164)	(0.002)
TobinQ	0.003***	0.015***	−0.019**	0.000
	(0.000)	(0.005)	(0.008)	(0.000)
Operation	−0.009***	−0.374***	−1.147***	−0.004***
	(0.002)	(0.078)	(0.122)	(0.001)

续表

变量	模型1	模型2	模型3	模型4
	RD	Patent_in	Patent_ud	Efficiency
HHI	−0.018 ***	−0.427 ***	0.099	0.002 ***
	(0.001)	(0.051)	(0.070)	(0.001)
Top1	−0.000 ***	−0.002 ***	−0.001	0.000 ***
	(0.000)	(0.000)	(0.001)	(0.000)
Board	−0.003 ***	−0.015	−0.258 ***	−0.001 *
	(0.001)	(0.033)	(0.047)	(0.000)
SOE	−0.009 ***	−0.041 ***	−0.166 ***	−0.000
	(0.000)	(0.015)	(0.021)	(0.000)
GdpPct	0.006	0.213	−0.480	−0.018
	(0.007)	(0.297)	(0.461)	(0.025)
PerGdp	0.001	−0.474 **	−0.081	0.016
	(0.005)	(0.210)	(0.332)	(0.022)
Ex_country	0.000 ***	0.007 ***	0.014 ***	0.000 ***
	(0.000)	(0.001)	(0.001)	(0.000)
Ex_ratio	0.003 ***	0.245 ***	0.382 ***	0.000
	(0.001)	(0.038)	(0.056)	(0.000)
_cons	0.019 ***	−1.121 ***	−0.838 **	0.008
	(0.007)	(0.270)	(0.406)	(0.008)
行业/地区/年	控制	控制	控制	控制
观察值	16487	19909	19909	2147
Adj_R^2	0.353	0.286	0.304	0.066

（二）Heckman 两步法检验

考虑样本选择偏误和因果效应带来的内生性问题，参考杨汝岱等（2011）的做法，结合 Heckman 两步法和两阶段最小二乘法（2SLS）进行估计，基本思路是利用两阶段最小二乘法第一阶段回归结果得到内生解释变量的预测值，然后进行 Heckman 两步法回归。其中，工具变量选取参考许荣等（2019）的做法，使用内生解释变量的上一层级变量的均值作为工具变量，即以四分位行业反倾销强度的均值来衡量。由于 Heckman 两步法第一阶段的回归为 Probit 模型,所以本研究按照反倾销强度大小分组,即如果反倾销强度大于其中位数则赋值 Dump_Dua = 1,否则赋值 Dump_Dua = 0。具体来说,首先通过 Probit 回归计算得到拟米尔斯比(IMR),表 5-8 模型 1 结果报告了 Heckman 第一阶段的回归结果,该结果表明工具变量四分位行业均值的回归系数显著为正,且在 1% 水平具有统计意义显著性,反映出工具变量与解释变量之间具有相关性。第二阶段回归需要将第一阶段得到的拟米尔斯比(IMR)纳入到回归模型中,表 5-8 的模型 2 到模型 4 报告了纳入 IMR 之后的回归结果。从上述回归结果可以看出,在处理内生性问题之后,反倾销强度对出口企业的研发投入强度、实质性创新产出和策略性创新产出,仍然具有统计意义的显著正向影响。

表 5-8　Heckman 两步法检验结果

变量	第一阶段	第二阶段			
	模型 1	模型 2	模型 3	模型 4	模型 5
	Dump_Int	RD	Patent_in	Patent_ud	Efficiency
Dump_IV_M	90. 278 *** (1. 072)				
Dump_Dua		0. 001 * (0. 001)	0. 150 *** (0. 020)	0. 190 *** (0. 029)	0. 001 (0. 001)
IMR		0. 000 (0. 000)	-0. 190 *** (0. 013)	-0. 484 *** (0. 019)	-0. 001 *** (0. 000)
Size	0. 053 *** (0. 013)	0. 000 *** (0. 000)	0. 209 *** (0. 006)	0. 330 *** (0. 008)	0. 000 *** (0. 000)
Leverage	-0. 192 ** (0. 075)	-0. 038 *** (0. 001)	0. 007 (0. 028)	0. 107 ** (0. 042)	0. 001 ** (0. 001)
ROA	0. 105 (0. 299)	-0. 020 *** (0. 003)	0. 882 *** (0. 107)	1. 530 *** (0. 162)	0. 003 ** (0. 002)
TobinQ	-0. 022 (0. 015)	0. 003 *** (0. 000)	0. 013 ** (0. 005)	-0. 036 *** (0. 008)	0. 000 (0. 000)
Operation	-0. 630 *** (0. 205)	-0. 008 *** (0. 002)	-0. 193 ** (0. 076)	-0. 808 *** (0. 115)	-0. 004 *** (0. 001)

变量	第一阶段	第二阶段			
	模型 1	模型 2	模型 3	模型 4	模型 5
	Dump_Int	RD	Patent_in	Patent_ud	Efficiency
HHI	−1.183 ***	−0.018 ***	−0.001	1.063 ***	0.003 ***
	(0.097)	(0.001)	(0.051)	(0.073)	(0.001)
Top1	0.002 **	−0.000 ***	−0.002 ***	−0.001	0.000 ***
	(0.001)	(0.000)	(0.000)	(0.001)	(0.000)
Board	−0.272 ***	−0.003 ***	0.052	−0.120 ***	−0.001
	(0.074)	(0.001)	(0.032)	(0.045)	(0.000)
SOE	−0.129 ***	−0.009 ***	−0.007	−0.085 ***	−0.000
	(0.034)	(0.000)	(0.014)	(0.020)	(0.000)
GdpPct	−1.113	0.003	0.340	−0.062	−0.017
	(0.784)	(0.007)	(0.291)	(0.442)	(0.025)
PerGdp	−0.255	0.000	−0.416 **	0.022	0.015
	(0.576)	(0.005)	(0.206)	(0.316)	(0.022)
Ex_country	0.013 ***	0.000 ***	0.006 ***	0.010 ***	0.000 ***
	(0.002)	(0.000)	(0.001)	(0.001)	(0.000)
Ex_ratio	0.022	0.003 ***	0.114 ***	0.122 **	0.000
	(0.091)	(0.001)	(0.036)	(0.053)	(0.000)
_cons	−0.423	0.027 ***	−1.236 ***	−1.033 ***	0.009
	(0.647)	(0.007)	(0.262)	(0.389)	(0.008)
行业/地区/年	控制	控制	控制	控制	控制
观察值	18896	21162	21162	21162	2147
$Pseudo\_R^2 / Adj\_R^2$	0.616	0.350	0.293	0.333	0.070

（三）工具变量 2SLS 回归

表 5-9 报告了工具变量两阶段最小二乘（2SLS）的估计结果。其中，表 5-9 模型 1 为第一阶段估计结果，模型 2 至模型 5 为第二阶段的估计结果，分别使用研发投入强度、实质性创新产出和策略性创新产出、创新效率作为被解释变量。从表 5-9 模型 1 报告的第一阶段回归结果可知，工具变量行业反倾销强度和印度行业反倾销强度均值的回归估计系数均显著为正，这表明行业

反倾销强度水平越高、印度行业反倾销水平越高,内生解释变量反倾销水平也越高。在选取工具变量有效性方面,分别进行了不可识别检验或识别不足检验、弱工具变量检验和过度识别检验。从表5-9所列示的检验结果看,用于不可识别检验或识别不足检验的统计量Kleibergen-Paap rk LM,检验结果的P值均为0.000,在1%的显著性水平上拒绝原假设,说明工具变量不存在识别不足的问题;用于弱工具变量检验的统计量Kleibergen-Paap rk Wald F值均大于Stock-Yogo检验在10%水平上的临界值19.93,从而拒绝工具变量是弱工具变量的原假设,说明工具变量是合理的;用于过度识别检验Hansen J统计量的P值均高于0.1,表明不能拒绝工具变量是外生的原假设,从而保证了所选取工具变量的外生性。以上工具变量相关性和外生性的检验结果表明,本研究所使用的工具变量是合适的。根据表5-9第二阶段的回归结果可知,在使用工具变量2SLS回归处理内生性问题后,反倾销强度对出口企业研发投入强度、实质性创新产出和策略性创新产出,以及创新效率均具有正向影响,且在1%水平具有统计意义的显著性。这进一步支持了贸易政策不确定性对出口企业创新的"激励效应"的结论,意味着结论具有稳健性。

表5-9　工具变量2SLS回归结果

变量	模型1	模型2	模型3	模型4	模型5
	Dump_Int	RD	Patent_in	Patent_ud	Efficiency
Dump_IV_M	3.616*** (0.773)				
Dump_IV_Ind	5.431*** (0.125)				
Dump_Int		0.613*** (0.076)	49.181*** (4.334)	78.888*** (6.481)	0.028*** (0.009)
Size	0.244*** (0.019)	−0.001*** (0.000)	0.093*** (0.021)	0.164*** (0.031)	0.000*** (0.000)
Leverage	−0.411*** (0.114)	−0.028*** (0.002)	0.506*** (0.109)	0.906*** (0.165)	0.002*** (0.001)

续表

变量	模型 1	模型 2	模型 3	模型 4	模型 5
	Dump_Int	RD	Patent_in	Patent_ud	Efficiency
ROA	−0.994 **	0.001	2.298 ***	3.718 ***	0.005 **
	(0.442)	(0.006)	(0.375)	(0.574)	(0.002)
TobinQ	0.027	0.003 ***	−0.006	−0.054 *	0.000
	(0.021)	(0.000)	(0.019)	(0.028)	(0.000)
Operation	−1.276 ***	−0.004	0.057	−0.442	−0.003
	(0.315)	(0.004)	(0.257)	(0.395)	(0.002)
HHI	−3.203 ***	−0.001	0.920 ***	2.261 ***	0.002 ***
	(0.201)	(0.003)	(0.193)	(0.291)	(0.001)
Top1	−0.000	−0.000 ***	−0.001	−0.001	0.000 **
	(0.002)	(0.000)	(0.001)	(0.002)	(0.000)
Board	−0.757 ***	−0.000	0.228 **	0.132	−0.001 *
	(0.114)	(0.001)	(0.104)	(0.157)	(0.000)
SOE	−0.365 ***	−0.006 ***	−0.148 ***	−0.138 *	−0.000
	(0.055)	(0.001)	(0.049)	(0.074)	(0.000)
GdpPct	−0.534	−0.006	−0.720	−2.031	−0.010
	(1.329)	(0.012)	(0.839)	(1.291)	(0.025)
PerGdp	−0.825	0.009	0.117	0.902	0.008
	(0.942)	(0.008)	(0.582)	(0.891)	(0.022)
Ex_country	0.035 ***	0.000	−0.003	−0.003	0.000 ***
	(0.004)	(0.000)	(0.002)	(0.003)	(0.000)
Ex_ratio	1.745 ***	−0.006 ***	−0.436 ***	−0.708 ***	−0.000
	(0.168)	(0.002)	(0.132)	(0.198)	(0.000)
_cons	0.621	0.045 ***	0.169	0.782	0.007
	(1.113)	(0.010)	(0.687)	(1.054)	(0.007)
行业/地区/年	控制	控制	控制	控制	控制
观察值	18896	21162	21162	21162	2147
Adj_R^2	0.612	0.346	0.277	0.272	0.061
Kleibergen-Paap rk LM 统计量	—	200.34 [0.000]	200.34 [0.000]	200.34 [0.000]	96.74 [0.000]
Kleibergen-Paap rk Wald F 统计量	—	95.238 {19.93}	95.238 {19.93}	95.238 {19.93}	42.825 {19.93}

续表

变量	模型 1	模型 2	模型 3	模型 4	模型 5
	Dump_Int	RD	Patent_in	Patent_ud	Efficiency
Hansen J 统计量	—	0.80 [0.371]	1.66 [0.198]	0.00 [0.991]	0.68 [0.411]

注:小括号"( )"表示稳健标准误,中括号"[ ]"表示对应的检验统计量 P 值,大括号"{ }"为 Stock-Yogo
检验统计量在 10% 水平上临界值。

二、稳健性检验

为保证本研究基准回归部分的研究结论的稳健性,分别采用了替换估计方法、更换代理变量和变更估计样本等多种不同的稳健性检验,对贸易政策不确定性与我国出口企业创新的基准回归模型进行重新估计。根据稳健性检验结果,贸易政策不确定性对出口企业创新也具有显著"激励效应",该结论与全书基准回归的结果具有一致性,一定程度上可以反映出本研究结论的可靠性。

(一)Tobit 模型估计结果

本研究被解释变量的代理指标:研发投入强度、实质性创新产出与策略性创新产出,以及创新效率,都是大于"0"的数据,具有归并数据特征,这种类型的数据满足删失数据的结构形式,用 OLS 等传统的均值估计模型还可能存在估计偏误(李双建等,2020)。基于此,借鉴李双建等(2020),使用 Tobit 回归模型重新估计基准回归模型。表 5-10 和表 5-11 分别报告了 TPU 指数和反倾销强度与出口企业创新的回归结果。

根据表 5-10 的回归结果发现,TPU 指数对研发投入强度、实质性创新产出与策略性创新产出,以及创新效率都是显著的正向影响,回归系数的符号没有发生根本变化,这意味着贸易政策不确定性可以显著地对出口企业创新产生"激励效应",该结论与 OLS 基准回归的检验结果保持一致,说明本研究基本结论稳健性。

表5-10 基于 Tobit 模型的 TPU 指数与企业创新回归结果

变量	模型1	模型2	模型3	模型4
	RD	Patent_in	Patent_ud	Efficiency
TPU	1.610***	19.240***	14.276***	0.006*
	(0.000)	(0.839)	(0.812)	(0.004)
Size	0.004***	0.570***	0.756***	0.000***
	(0.000)	(0.014)	(0.016)	(0.000)
Leverage	−0.076***	−0.798***	−0.763***	0.001**
	(0.000)	(0.075)	(0.089)	(0.000)
ROA	−0.034***	1.307***	2.010***	0.003*
	(0.002)	(0.296)	(0.351)	(0.002)
TobinQ	0.003***	0.038***	−0.043***	0.000
	(0.000)	(0.012)	(0.016)	(0.000)
Operation	−0.028***	−1.210***	−2.727***	−0.005***
	(0.001)	(0.198)	(0.238)	(0.001)
HHI	−0.036***	−1.372***	−0.264**	0.002***
	(0.001)	(0.121)	(0.124)	(0.001)
Top1	−0.000***	−0.006***	−0.003***	0.000***
	(0.000)	(0.001)	(0.001)	(0.000)
Board	−0.003***	−0.003	−0.420***	−0.001*
	(0.000)	(0.068)	(0.080)	(0.000)
SOE	−0.016***	−0.118***	−0.354***	−0.000
	(0.000)	(0.032)	(0.038)	(0.000)
GdpPct	−0.015***	1.839**	−0.315	−0.015
	(0.000)	(0.898)	(1.005)	(0.025)
PerGdp	0.014***	−2.038***	−0.322	0.013
	(0.000)	(0.633)	(0.710)	(0.022)
Ex_country	0.000***	0.015***	0.022***	0.000***
	(0.000)	(0.001)	(0.001)	(0.000)
Ex_ratio	0.008***	0.542***	0.650***	0.000
	(0.000)	(0.070)	(0.085)	(0.000)
_cons	−1.392***	−19.710***	−14.375***	0.001
	(0.000)	(1.175)	(1.252)	(0.005)
行业/地区/年	控制	控制	控制	控制
观察值	18896	21162	21162	2147

表 5-11 报告了用 Tobit 模型对反倾销强度与出口企业创新关系的估计结果。表 5-11 的回归结果表明,反倾销强度对研发投入强度、实质性创新产出与策略性创新产出,以及创新效率也是显著的正向影响,回归系数的符号仍然与 OLS 基准回归的符号一致。Tobit 回归检验结果意味着反倾销强度可以对出口企业创新产生"激励效应",该结论与 OLS 基准回归的检验结果保持一致。进一步地说明本研究结论具有稳健性。

表 5-11 基于 Tobit 模型的反倾销强度与企业创新回归结果

变量	模型 1	模型 2	模型 3	模型 4
	RD	Patent_in	Patent_ud	Efficiency
Dump_Int	0.046 ***	2.585 ***	4.981 ***	0.003 ***
	(0.001)	(0.240)	(0.280)	(0.001)
Size	0.004 ***	0.561 ***	0.740 ***	0.000 ***
	(0.000)	(0.014)	(0.016)	(0.000)
Leverage	−0.076 ***	−0.761 ***	−0.688 ***	0.001 **
	(0.000)	(0.075)	(0.088)	(0.000)
ROA	−0.032 ***	1.404 ***	2.187 ***	0.003 **
	(0.002)	(0.295)	(0.349)	(0.002)
TobinQ	0.003 ***	0.037 ***	−0.044 ***	0.000
	(0.000)	(0.012)	(0.016)	(0.000)
Operation	−0.028 ***	−1.178 ***	−2.680 ***	−0.004 ***
	(0.001)	(0.197)	(0.236)	(0.001)
HHI	−0.034 ***	−1.286 ***	−0.112	0.002 ***
	(0.001)	(0.121)	(0.124)	(0.001)
Top1	−0.000 ***	−0.006 ***	−0.003 ***	0.000 ***
	(0.000)	(0.001)	(0.001)	(0.000)
Board	−0.003 ***	0.014	−0.389 ***	−0.001 *
	(0.000)	(0.068)	(0.080)	(0.000)
SOE	−0.016 ***	−0.109 ***	−0.333 ***	−0.000
	(0.000)	(0.032)	(0.038)	(0.000)
GdpPct	−0.018 ***	1.772 **	−0.420	−0.015
	(0.000)	(0.892)	(0.995)	(0.025)
PerGdp	0.016 ***	−2.003 ***	−0.254	0.013
	(0.000)	(0.629)	(0.703)	(0.022)

变量	模型 1	模型 2	模型 3	模型 4
	RD	Patent_in	Patent_ud	Efficiency
Ex_country	0. 000 ***	0. 014 ***	0. 021 ***	0. 000 ***
	(0. 000)	(0. 001)	(0. 001)	(0. 000)
Ex_ratio	0. 007 ***	0. 506 ***	0. 581 ***	0. 000
	(0. 000)	(0. 070)	(0. 084)	(0. 000)
_cons	− 0. 222 ***	− 5. 291 ***	− 3. 660 ***	0. 008
	(0. 000)	(0. 705)	(0. 798)	(0. 008)
行业/地区/年	控制	控制	控制	控制
观察值	18896	21162	21162	2147

(二)替代变量检验

除了在使用其他估计模型基础上,为了进一步检验基准回归结果的稳健性,选择被解释变量和解释变量的替代变量,然后对基准回归模型进行了重新估计。首先,被解释变量的代理变量。借鉴虞义华等(2018)、李双建等(2020)研究,分别选择授权专利数和申请专利数作为被解释变量的代理指标,回归模型中具体使用授权专利数加 1 的自然对数(lnGrants)、申请专利数加 1 的自然对数(lnApply),作为测度值。其次,解释变量的代理变量。借鉴魏明海等(2021)、卢晓菲和黎峰(2022)的研究,使用行业遭受反倾销次数的均值作为反倾销强度的替代变量,回归模型中具体使用反倾销次数的自然对数作为测度值。

表 5-12 报告了使用被解释变量的替代变量时的基准回归模型的估计结果。表 5-12 模型 1 和模型 2 分别是 TPU 指数影响授权专利和申请专利的检验结果,模型 3 和模型 4 分别是反倾销强度影响授权专利和申请专利的检验结果。从上述四个回归模型的估计结果可以看出,无论是 TPU 指数,还是反倾销强度,都对授权专利和申请专利两个被解释变量的替代变量都有正向影响,且在 1% 的水平具有统计意义的显著性。这一检验结果意味着贸易政策

不确定性对出口企业创新具有"激励效应",说明使用被解释变量的替代变量进行实证检验并没有改变基准回归所得到的结论,即基准回归结果具有稳健性。

表 5-12　企业创新替代变量回归估计结果

变量	模型 1	模型 2	模型 3	模型 4
	lnGrants	lnApply	lnGrants	lnApply
TPU	9. 571 ***	9. 427 ***		
	(0. 394)	(0. 433)		
Dump_Int			3. 292 ***	3. 441 ***
			(0. 179)	(0. 191)
Size	0. 449 ***	0. 504 ***	0. 439 ***	0. 493 ***
	(0. 009)	(0. 010)	(0. 009)	(0. 010)
Leverage	−0. 235 ***	−0. 318 ***	−0. 195 ***	−0. 275 ***
	(0. 044)	(0. 047)	(0. 044)	(0. 047)
ROA	1. 148 ***	1. 844 ***	1. 258 ***	1. 959 ***
	(0. 168)	(0. 178)	(0. 167)	(0. 177)
TobinQ	−0. 001	0. 014 *	−0. 002	0. 013
	(0. 008)	(0. 009)	(0. 008)	(0. 009)
Operation	−1. 113 ***	−1. 179 ***	−1. 089 ***	−1. 153 ***
	(0. 123)	(0. 135)	(0. 122)	(0. 133)
HHI	−0. 308 ***	−0. 485 ***	−0. 214 ***	−0. 386 ***
	(0. 072)	(0. 078)	(0. 072)	(0. 078)
Top1	−0. 002 ***	−0. 003 ***	−0. 002 ***	−0. 003 ***
	(0. 001)	(0. 001)	(0. 001)	(0. 001)
Board	−0. 204 ***	−0. 190 ***	−0. 185 ***	−0. 171 ***
	(0. 048)	(0. 052)	(0. 048)	(0. 051)
SOE	−0. 213 ***	−0. 236 ***	−0. 200 ***	−0. 223 ***
	(0. 021)	(0. 023)	(0. 021)	(0. 023)
GdpPct	−0. 044	0. 384	−0. 101	0. 325
	(0. 471)	(0. 526)	(0. 469)	(0. 523)
PerGdp	−0. 261	−0. 395	−0. 229	−0. 361
	(0. 340)	(0. 371)	(0. 339)	(0. 369)
Ex_country	0. 017 ***	0. 018 ***	0. 016 ***	0. 017 ***
	(0. 001)	(0. 001)	(0. 001)	(0. 001)

续表

变量	模型 1	模型 2	模型 3	模型 4
	lnGrants	lnApply	lnGrants	lnApply
Ex_ratio	0.486 ***	0.543 ***	0.443 ***	0.499 ***
	(0.054)	(0.057)	(0.053)	(0.057)
_cons	−8.482 ***	−8.878 ***	−1.307 ***	−1.810 ***
	(0.627)	(0.690)	(0.414)	(0.454)
行业/地区/年	控制	控制	控制	控制
观察值	18896	21162	21162	21162
Adj_R^2	0.330	0.326	0.341	0.336

表 5-13 报告了解释变量反倾销强度的替代变量的回归估计结果。表 5-13 是使用反倾销强度替代变量行业反倾销次数的均值($Dump\_Ave$)对出口企业创新的影响。从实证检验结果可以看出,使用替代变量进行回归检验,替代变量行业反倾销次数均值对研发投入强度、实质性创新产出和策略性创新产出、创新效率在 1% 的水平有显著的正向影响。这一检验结果进一步说明贸易政策不确定性对出口企业创新具有"激励效应",也反映出本研究基准回归得到的结果具有稳健性。

表 5-13 反倾销强度替代变量回归估计结果

变量	模型 1	模型 2	模型 3	模型 4
	RD	Patent_in	Patent_ud	Efficiency
Dump_Ave	0.002 ***	0.130 ***	0.235 ***	0.000 *
	(0.001)	(0.021)	(0.029)	(0.000)
Size	0.001 ***	0.205 ***	0.321 ***	0.000 **
	(0.000)	(0.006)	(0.008)	(0.000)
Leverage	−0.030 ***	0.055 *	0.129 ***	0.001
	(0.001)	(0.029)	(0.041)	(0.001)
ROA	−0.010 ***	0.999 ***	1.670 ***	0.003 *
	(0.003)	(0.107)	(0.154)	(0.002)

续表

变量	模型 1	模型 2	模型 3	模型 4
	RD	Patent_in	Patent_ud	Efficiency
TobinQ	0.001 ***	0.000	−0.043 ***	0.000 *
	(0.000)	(0.005)	(0.008)	(0.000)
Operation	−0.000	−0.035	−0.284 **	−0.004 ***
	(0.002)	(0.075)	(0.111)	(0.001)
HHI	−0.019 ***	−0.100 *	0.455 ***	0.001
	(0.002)	(0.056)	(0.076)	(0.001)
Top1	−0.000 ***	−0.002 ***	−0.002 ***	0.000 ***
	(0.000)	(0.000)	(0.001)	(0.000)
Board	−0.002 ***	0.048	−0.145 ***	−0.001 *
	(0.001)	(0.031)	(0.041)	(0.000)
SOE	−0.006 ***	−0.061 ***	−0.019	−0.000
	(0.000)	(0.014)	(0.019)	(0.000)
GdpPct	0.006	0.284	−0.182	−0.016
	(0.007)	(0.286)	(0.421)	(0.024)
PerGdp	0.000	−0.418 **	−0.032	0.016
	(0.005)	(0.200)	(0.297)	(0.021)
Ex_country	0.000 ***	0.005 ***	0.010 ***	0.000 ***
	(0.000)	(0.001)	(0.001)	(0.000)
Ex_ratio	0.001	0.070 **	−0.071	0.000
	(0.001)	(0.035)	(0.048)	(0.000)
_cons	0.019 ***	−1.511 ***	−1.518 ***	0.005
	(0.007)	(0.261)	(0.371)	(0.008)
行业/地区/年	控制	控制	控制	控制
观察值	18896	21162	21162	2147
Adj_R^2	0.465	0.338	0.434	0.124

（三）替换研究样本

前述第四章的事实特征描述过程中发现,2008 年金融危机对企业影响较大,无论是从各国发起反倾销的情况,还是我国企业的创新投入和创新产出,2008 年金融危机期间都有较明显的变化。这些特殊的年份可能会对本研究的基准回归结果产生重要影响? 因此,为了保证估计的准确性,笔者剔除了这些特殊年份,然后使用新的样本对基准模型重新估计。表 5-14 和表 5-15 分别报告了使用新样本后的 TPU 指数与出口企业创新,以及反倾销强度与出口企业创新的回归估计结果。重新对基准模型的回归估计结果表明,估计系数的符号都没有发生根本性变化。

表 5-14　替换样本后 TPU 指数与出口企业回归结果

变量	模型 1	模型 2	模型 3	模型 4
	RD	Patent_in	Patent_ud	Efficiency
TPU	0. 157 ***	6. 707 ***	7. 807 ***	0. 006 *
	(0. 006)	(0. 257)	(0. 389)	(0. 004)
Size	0. 001 ***	0. 248 ***	0. 408 ***	0. 000 ***
	(0. 000)	(0. 006)	(0. 009)	(0. 000)
Leverage	−0. 039 ***	−0. 089 ***	−0. 091 **	0. 001 **
	(0. 001)	(0. 030)	(0. 044)	(0. 001)
ROA	−0. 024 ***	0. 725 ***	1. 089 ***	0. 003 *
	(0. 004)	(0. 114)	(0. 174)	(0. 002)
TobinQ	0. 003 ***	0. 020 ***	−0. 021 ***	0. 000
	(0. 000)	(0. 006)	(0. 008)	(0. 000)
Operation	−0. 008 ***	−0. 352 ***	−1. 121 ***	−0. 005 ***
	(0. 002)	(0. 081)	(0. 125)	(0. 001)
HHI	−0. 020 ***	−0. 506 ***	−0. 002	0. 002 ***
	(0. 001)	(0. 051)	(0. 071)	(0. 001)
Top1	−0. 000 ***	−0. 002 ***	−0. 001	0. 000 ***
	(0. 000)	(0. 000)	(0. 001)	(0. 000)
Board	−0. 004 ***	−0. 015	−0. 266 ***	−0. 001 *
	(0. 001)	(0. 033)	(0. 048)	(0. 000)
SOE	−0. 009 ***	−0. 038 ***	−0. 189 ***	−0. 000
	(0. 000)	(0. 015)	(0. 022)	(0. 000)
GdpPct	0. 000	0. 217	−0. 311	−0. 015
	(0. 007)	(0. 304)	(0. 472)	(0. 025)
PerGdp	0. 001	−0. 463 **	−0. 062	0. 013
	(0. 005)	(0. 211)	(0. 329)	(0. 022)
Ex_country	0. 000 ***	0. 008 ***	0. 015 ***	0. 000 ***
	(0. 000)	(0. 001)	(0. 001)	(0. 000)
Ex_ratio	0. 002 **	0. 256 ***	0. 407 ***	0. 000
	(0. 001)	(0. 038)	(0. 056)	(0. 000)

续表

变量	模型 1	模型 2	模型 3	模型 4
	RD	Patent_in	Patent_ud	Efficiency
_cons	−0. 085 *** (0. 011)	−6. 176 *** (0. 417)	−6. 846 *** (0. 633)	0. 001 (0. 005)
行业/地区/年	控制	控制	控制	控制
观察值	16487	19909	19909	2147
Adj_R²	0. 353	0. 270	0. 283	0. 063

表 5-14 的估计结果表明,替换样本后的 TPU 指数对研发投入强度、实质性创新产出和策略性创新产出,以及创新效率仍然具有正向影响,且具有统计意义的显著性。因此,替换样本没有改变 TPU 指数对出口企业创新的"激励"作用。

表 5-15 的估计结果表明,替换样本后反倾销强度对研发投入强度、实质性创新产出和策略性创新产出,以及创新效率仍然具有正向影响,且具有统计意义的显著性。因此,替换样本也没有改变反倾销强度对创新的"激励"作用。

根据表 5-14 和表 5-15 的回归估计结果可以看出,替换样本后并没有对贸易政策不确定性与出口企业创新基准回归模型中的估计系数符号产生根本性影响。

表 5-15　剔除样本后反倾销强度与出口企业创新回归结果

变量	模型 1	模型 2	模型 3	模型 4
	RD	Patent_in	Patent_ud	Efficiency
Dump_Int	0. 023 *** (0. 004)	1. 319 *** (0. 130)	3. 368 *** (0. 176)	0. 003 *** (0. 001)
Size	0. 000 *** (0. 000)	0. 244 *** (0. 006)	0. 397 *** (0. 009)	0. 000 *** (0. 000)

变量	模型1	模型2	模型3	模型4
	RD	Patent_in	Patent_ud	Efficiency
Leverage	−0.039 ***	−0.072 **	−0.047	0.001 **
	(0.001)	(0.030)	(0.044)	(0.001)
ROA	−0.023 ***	0.772 ***	1.208 ***	0.003 *
	(0.004)	(0.114)	(0.173)	(0.002)
TobinQ	0.003 ***	0.020 ***	−0.023 ***	0.000
	(0.000)	(0.006)	(0.008)	(0.000)
Operation	−0.007 ***	−0.341 ***	−1.095 ***	−0.004 ***
	(0.002)	(0.080)	(0.124)	(0.001)
HHI	−0.019 ***	−0.466 ***	0.100	0.002 ***
	(0.001)	(0.051)	(0.071)	(0.001)
Top1	−0.000 ***	−0.002 ***	−0.001	0.000 ***
	(0.000)	(0.000)	(0.001)	(0.000)
Board	−0.004 ***	−0.008	−0.246 ***	−0.001 *
	(0.001)	(0.033)	(0.047)	(0.000)
SOE	−0.009 ***	−0.033 **	−0.175 ***	−0.000
	(0.000)	(0.015)	(0.021)	(0.000)
GdpPct	−0.000	0.187	−0.388	−0.015
	(0.007)	(0.303)	(0.470)	(0.025)
PerGdp	0.001	−0.449 **	−0.027	0.013
	(0.005)	(0.211)	(0.328)	(0.022)
Ex_country	0.000 ***	0.008 ***	0.015 ***	0.000 ***
	(0.000)	(0.001)	(0.001)	(0.000)
Ex_ratio	0.002 **	0.238 ***	0.361 ***	0.000
	(0.001)	(0.038)	(0.056)	(0.000)
_cons	0.033 ***	−1.146 ***	−0.969 **	0.008
	(0.007)	(0.277)	(0.421)	(0.008)
行业/地区/年	控制	控制	控制	控制
观察值	16487	19909	19909	2147
Adj_R²	0.354	0.275	0.296	0.066

158

进一步,本研究对样本进行缩尾处理,包括上下 5% 分位数、上下 10% 分位数,剔除这些可能存在的异常值之后,贸易政策不确定性对出口企业创新影响的基准回归的研究结论也没有发生明显变化。因此,认为剔除金融危机事件后的新样本,对基本研究结论没有产生明显的影响,即基准回归的研究结果具有稳健性。

三、异质性检验

在前述第四章关于企业创新的基本特征事实描述过程中发现,不同特征企业的创新水平存在着比较明显的差异,反映出企业创新能力可能存在异质性。为了更加深入解释贸易政策不确定性对出口企业创新的影响,笔者从所有制、地区、行业等多个维度研究了贸易政策不确定性与我国出口企业创新之间的关系,为保证分组检验结果的系数具有可比性,对本部分所有的分组回归模型均进行了 Chow 检验,以进一步了解基准回归结论是否具有稳健性。

(一)贸易政策不确定性对不同所有制企业创新的影响

表 5-16 报告了 TPU 指数对不同所有制企业创新影响的回归估计结果。根据所有制类型,将样本企业分为国有企业和非国有企业两组,SOE = 0 表示非国有企业,SOE = 1 表示国有企业。然后,分别检验 TPU 指数对企业研发投入强度、实质性创新产出和策略性创新产出、创新效率的影响。为保证不同分组之间的回归结果具有可比性,笔者对所有分组回归进行了 Chow 检验(曾赛星等,2019)。表 5-16 各组之间 Chow 检验的 F 值表明,国有企业和非国有企业两组的回归系数具有显著性差异。表 5-16 的模型 1 和模型 2 报告了 TPU 指数对不同所有制企业研发投入强度的影响,模型 3 和模型 4 报告了 TPU 指数对不同所有制企业实质性创新产出的影响,模型 5 和模型 6 报告了 TPU 指数对不同所有制企业策略性创新产出的影响,模型 7 和模型 8 报告了 TPU 指数对不同所有制企业创新效率的影响。以上模型的回归结果表明,TPU 指数对研发投入强度、实质性创新产出和策略性创新产出的回归系数显著为正,且

非国有企业样本组回归系数要大于国有企业样本组回归系数，这一检验结果表明贸易政策不确定性对非国有的出口企业的创新影响程度更大。

表5-16　TPU指数与不同所有制企业创新的回归结果

变量	模型1	模型2	模型3	模型4	模型5	模型6	模型7	模型8
	SOE=0	SOE=1	SOE=0	SOE=1	SOE=0	SOE=1	SOE=0	SOE=1
	RD		Patent_in		Patent_ud		Efficiency	
TPU	0.195 ***	0.120 ***	7.062 ***	6.681 ***	8.085 ***	7.563 ***	0.004	0.007
	(0.012)	(0.007)	(0.392)	(0.383)	(0.660)	(0.541)	(0.005)	(0.006)
Size	−0.000	0.001 ***	0.223 ***	0.261 ***	0.366 ***	0.437 ***	−0.000	−0.000 *
	(0.000)	(0.000)	(0.010)	(0.008)	(0.013)	(0.012)	(0.000)	(0.000)
Leverage	−0.053 ***	−0.018 ***	−0.082 **	−0.134 ***	−0.222 ***	0.068	0.001	0.001
	(0.002)	(0.001)	(0.042)	(0.045)	(0.064)	(0.066)	(0.001)	(0.001)
ROA	−0.033 ***	−0.010 **	0.836 ***	0.660 ***	0.556 **	1.746 ***	0.003	0.003
	(0.006)	(0.004)	(0.164)	(0.160)	(0.247)	(0.247)	(0.002)	(0.003)
TobinQ	0.003 ***	0.003 ***	0.007	0.031 ***	−0.048 ***	0.021	−0.000	0.000 *
	(0.000)	(0.000)	(0.007)	(0.009)	(0.010)	(0.013)	(0.000)	(0.000)
Operation	−0.003	−0.010 ***	0.061	−0.709 ***	−0.455 **	−1.673 ***	−0.003 **	−0.005 *
	(0.004)	(0.002)	(0.116)	(0.113)	(0.179)	(0.175)	(0.002)	(0.003)
HHI	−0.025 ***	−0.013 ***	−0.818 ***	−0.213 ***	0.043	−0.061	0.003 ***	−0.000
	(0.003)	(0.001)	(0.066)	(0.073)	(0.107)	(0.096)	(0.001)	(0.001)
Top1	−0.000 ***	−0.000 ***	−0.003 ***	−0.001 *	−0.001	−0.001	0.000 **	0.000
	(0.000)	(0.000)	(0.001)	(0.001)	(0.001)	(0.001)	(0.000)	(0.000)
Board	−0.006 ***	0.000	0.070	−0.112 **	−0.194 ***	−0.317 ***	−0.001 *	−0.000
	(0.002)	(0.001)	(0.047)	(0.048)	(0.068)	(0.068)	(0.000)	(0.001)
GdpPct	−0.001	−0.001	0.485	−0.076	−0.566	−0.338	−0.016	−0.010
	(0.017)	(0.006)	(0.512)	(0.381)	(0.818)	(0.582)	(0.036)	(0.032)
PerGdp	0.007	−0.003	−0.434	−0.383	0.190	−0.052	0.022	0.008
	(0.012)	(0.004)	(0.344)	(0.263)	(0.559)	(0.405)	(0.031)	(0.028)
Ex_country	0.000 ***	0.000 ***	0.007 ***	0.010 ***	0.016 ***	0.014 ***	0.000 ***	0.000
	(0.000)	(0.000)	(0.001)	(0.001)	(0.001)	(0.001)	(0.000)	(0.000)
Ex_ratio	0.000	0.009 ***	0.140 ***	0.435 ***	0.188 **	0.607 ***	0.001	−0.001
	(0.001)	(0.001)	(0.052)	(0.058)	(0.077)	(0.084)	(0.000)	(0.001)
_cons	−0.108 ***	−0.085 ***	−6.866 ***	−5.816 ***	−7.040 ***	−6.897 ***	−0.006	−0.002
	(0.022)	(0.011)	(0.673)	(0.567)	(1.040)	(0.839)	(0.007)	(0.006)
行业/地区/年	控制	控制	控制	控制	控制	控制	控制	控制
观察值	7531	11365	9769	11393	9769	11393	1475	672

续表

变量	模型 1	模型 2	模型 3	模型 4	模型 5	模型 6	模型 7	模型 8
	SOE=0	SOE=1	SOE=0	SOE=1	SOE=0	SOE=1	SOE=0	SOE=1
	RD		Patent_in		Patent_ud		Efficiency	
Adj_R^2	0.347	0.234	0.248	0.295	0.264	0.300	0.081	0.103
Chow 检验 F 值	25.13		27.70		25.30		27.30	

表 5-17 报告了反倾销强度对不同所有制企业创新影响的回归估计结果，分别检验反倾销强度对企业研发投入强度、实质性创新产出和策略性创新产出、创新效率的影响，各组之间 Chow 检验的 F 值表明，国有企业和非国有企业两组，反倾销强度的回归系数具有显著性差异。模型 1 和模型 2 报告了反倾销强度对不同所有制企业研发投入强度的影响，模型 3 和模型 4 报告了反倾销强度对不同所有制企业实质性创新产出的影响，模型 5 和模型 6 报告了反倾销强度对不同所有制企业策略性创新产出的影响，模型 7 和模型 8 报告了反倾销强度对不同所有制企业创新效率的影响。以上模型的回归结果表明，反倾销强度对研发投入强度、实质性创新产出和策略性创新产出的回归系数显著为正，且非国有企业样本组回归系数要大于国有企业样本组回归系数。非国有企业样本组的反倾销强度对创新效率的影响显著为正，国有样本组的回归系数为正，但是不显著。综合以上分析结果，表明贸易反倾销强度对非国有出口企业创新的影响程度更大。

表 5-17　反倾销强度与不同所有制企业创新的回归结果

变量	模型 1	模型 2	模型 3	模型 4	模型 5	模型 6	模型 7	模型 8
	SOE=0	SOE=1	SOE=0	SOE=1	SOE=0	SOE=1	SOE=0	SOE=1
	RD		Patent_in		Patent_ud		Efficiency	
$Dump\_Int$	0.042 ***	0.007	2.192 ***	0.620 ***	3.586 ***	3.095 ***	0.005 **	0.002
	(0.004)	(0.006)	(0.201)	(0.172)	(0.270)	(0.235)	(0.002)	(0.001)

续表

变量	模型 1	模型 2	模型 3	模型 4	模型 5	模型 6	模型 7	模型 8
	SOE=0	SOE=1	SOE=0	SOE=1	SOE=0	SOE=1	SOE=0	SOE=1
	RD		Patent_in		Patent_ud		Efficiency	
$Size$	0.001***	-0.000	0.252***	0.222***	0.423***	0.358***	-0.000*	-0.000
	(0.000)	(0.000)	(0.008)	(0.010)	(0.011)	(0.013)	(0.000)	(0.000)
$Leverage$	-0.017***	-0.053***	-0.110**	-0.074*	0.108*	-0.182***	0.001	0.001
	(0.001)	(0.002)	(0.045)	(0.042)	(0.066)	(0.063)	(0.001)	(0.001)
ROA	-0.009**	-0.033***	0.708***	0.864***	1.823***	0.692***	0.002	0.003
	(0.004)	(0.006)	(0.160)	(0.163)	(0.247)	(0.244)	(0.003)	(0.002)
$TobinQ$	0.003***	0.003***	0.025***	0.007	0.011	-0.045***	0.000*	-0.000
	(0.000)	(0.000)	(0.009)	(0.007)	(0.013)	(0.010)	(0.000)	(0.000)
$Operation$	-0.009***	-0.003	-0.664***	0.058	-1.600***	-0.468***	-0.005	-0.003**
	(0.002)	(0.004)	(0.112)	(0.115)	(0.174)	(0.177)	(0.003)	(0.002)
HHI	-0.012***	-0.025***	-0.136*	-0.804***	0.066	0.113	-0.000	0.003***
	(0.001)	(0.003)	(0.074)	(0.066)	(0.097)	(0.106)	(0.001)	(0.001)
$Top1$	-0.000***	-0.000***	-0.001	-0.003***	-0.001	-0.001	0.000*	0.000**
	(0.000)	(0.000)	(0.001)	(0.001)	(0.001)	(0.001)	(0.000)	(0.000)
$Board$	0.000	-0.006***	-0.095**	0.072	-0.289***	-0.188***	-0.000	-0.001*
	(0.001)	(0.002)	(0.047)	(0.047)	(0.067)	(0.068)	(0.001)	(0.000)
$GdpPct$	-0.002	-0.001	-0.126	0.473	-0.419	-0.631	-0.009	-0.016
	(0.006)	(0.017)	(0.380)	(0.511)	(0.580)	(0.814)	(0.031)	(0.036)
$PerGdp$	-0.002	0.007	-0.345	-0.437	0.010	0.174	0.008	0.021
	(0.004)	(0.012)	(0.263)	(0.344)	(0.404)	(0.557)	(0.028)	(0.031)
$Ex\_country$	0.000***	0.000***	0.010***	0.007***	0.013***	0.016***	0.000	0.000***
	(0.000)	(0.000)	(0.001)	(0.001)	(0.001)	(0.001)	(0.000)	(0.000)
Ex_ratio	0.008***	0.000	0.397***	0.134**	0.546***	0.159**	-0.001*	0.001
	(0.001)	(0.001)	(0.058)	(0.052)	(0.083)	(0.076)	(0.001)	(0.000)
$\_cons$	0.005	0.038**	-0.807**	-1.566***	-1.219**	-0.884	0.006	-0.001
	(0.007)	(0.015)	(0.366)	(0.450)	(0.550)	(0.680)	(0.012)	(0.011)
行业/地区/年	控制	控制	控制	控制	控制	控制	控制	控制
观察值	7531	11365	9769	11393	9769	11393	1475	672
Adj_R^2	0.347	0.244	0.249	0.305	0.278	0.313	0.082	0.112
Chow 检验 F 值	5.16		4.42		4.88		4.44	

（二）贸易政策不确定性对不同行业企业创新的影响

表5-18报告了TPU指数与不同行业企业创新的回归估计结果。参考李健等（2020）的方法将样本分为高科技制造企业样本组（Tech=1）和非高科技制造企业样本组（Tech=0）。表5-18各组之间Chow检验的F值表明,高科技制造企业和非高科技制造企业两组的回归系数存在显著性差异。表5-18的模型1和模型2报告了TPU指数对不同行业企业研发投入强度的影响,模型3和模型4报告了TPU指数对不同行业企业实质性创新产出的影响,模型5和模型6报告了TPU指数对不同行业企业策略性创新产出的影响,模型7和模型8报告了TPU指数对不同行业企业创新效率的影响。以上模型的回归结果表明,TPU指数对研发投入强度、实质性创新产出和策略性创新产出的回归系数显著为正,且高科技制造企业样本组回归系数要大于非高科技制造企业样本组回归系数。高科技制造企业样本组的反倾销强度对创新效率的影响显著为正,非高科技制造企业样本组的回归系数为正,但不显著。根据以上分析结果,表明TPU指数对高科技制造出口企业创新的"激励效应"更明显。

表5-18　TPU指数与不同行业企业创新回归结果

变量	模型1	模型2	模型3	模型4	模型5	模型6	模型7	模型8
	Tech=0	Tech=1	Tech=0	Tech=1	Tech=0	Tech=1	Tech=0	Tech=1
	RD		Patent_in		Patent_ud		Efficiency	
TPU	0.095***	0.284***	4.882***	10.75***	6.287***	11.58***	0.003	0.011*
	(0.007)	(0.011)	(0.296)	(0.437)	(0.458)	(0.660)	(0.005)	(0.006)
Size	0.001***	−0.002***	0.191***	0.373***	0.345***	0.523***	−0.000**	−0.000
	(0.000)	(0.000)	(0.007)	(0.013)	(0.009)	(0.018)	(0.000)	(0.000)
Leverage	−0.033***	−0.038***	0.054	0.153***	0.076	0.287***	0.000	0.002**
	(0.001)	(0.002)	(0.033)	(0.058)	(0.053)	(0.078)	(0.001)	(0.001)
ROA	−0.016***	−0.022***	0.324**	1.542***	1.013***	1.910***	0.004	0.001
	(0.005)	(0.006)	(0.126)	(0.211)	(0.210)	(0.291)	(0.002)	(0.002)

续表

变量	模型 1	模型 2	模型 3	模型 4	模型 5	模型 6	模型 7	模型 8
	Tech = 0	Tech = 1	Tech = 0	Tech = 1	Tech = 0	Tech = 1	Tech = 0	Tech = 1
	RD		Patent_in		Patent_ud		Efficiency	
$TobinQ$	0.003 ***	0.001 **	0.013 *	−0.022 **	−0.015	−0.099 ***	0.000	0.000
	(0.000)	(0.000)	(0.007)	(0.009)	(0.010)	(0.013)	(0.000)	(0.000)
$Operation$	−0.003	−0.009 *	−0.147 *	−0.122	−0.373 ***	−1.577 ***	−0.005 **	−0.004 **
	(0.002)	(0.004)	(0.083)	(0.162)	(0.137)	(0.230)	(0.002)	(0.002)
HHI	−0.009 ***	0.001	0.306 ***	−0.636 ***	0.768 ***	2.858 ***	0.002 **	0.004 ***
	(0.002)	(0.004)	(0.056)	(0.166)	(0.081)	(0.347)	(0.001)	(0.001)
$Top1$	−0.000 ***	−0.000 **	−0.001 *	−0.002 **	0.001	−0.002 *	0.000 **	0.000
	(0.000)	(0.000)	(0.001)	(0.001)	(0.001)	(0.001)	(0.000)	(0.000)
$Board$	−0.002 **	−0.004 ***	−0.001	0.111 *	−0.148 ***	−0.265 ***	−0.001 **	−0.000
	(0.001)	(0.002)	(0.038)	(0.057)	(0.057)	(0.077)	(0.001)	(0.000)
SOE	−0.010 ***	−0.004 ***	−0.023	0.011	−0.165 ***	−0.135 ***	0.000	−0.001 **
	(0.000)	(0.001)	(0.016)	(0.027)	(0.025)	(0.037)	(0.000)	(0.000)
$GdpPct$	0.002	0.003	0.042	0.769	−0.333	0.032	−0.041	−0.008
	(0.008)	(0.013)	(0.332)	(0.546)	(0.540)	(0.819)	(0.042)	(0.030)
$PerGdp$	−0.005	0.010	−0.369	−0.652 *	−0.330	0.323	0.030	0.014
	(0.005)	(0.009)	(0.226)	(0.390)	(0.375)	(0.578)	(0.038)	(0.026)
$Ex\_country$	0.000 ***	0.000 ***	0.008 ***	0.002 ***	0.017 ***	0.007 ***	0.000 **	0.000 ***
	(0.000)	(0.000)	(0.001)	(0.001)	(0.001)	(0.001)	(0.000)	(0.000)
Ex_ratio	−0.001	0.000	0.189 ***	−0.129 **	0.447 ***	−0.261 ***	0.001 *	−0.000
	(0.001)	(0.002)	(0.045)	(0.058)	(0.075)	(0.079)	(0.001)	(0.000)
$\_cons$	−0.045 ***	−0.183 ***	−4.588 ***	−10.75 ***	−5.659 ***	−11.16 ***	0.008	−0.007
	(0.012)	(0.019)	(0.474)	(0.714)	(0.742)	(1.066)	(0.009)	(0.005)
行业/地区/年	控制	控制	控制	控制	控制	控制	控制	控制
观察值	12781	6115	13253	7909	13253	7909	960	1187
Adj_R^2	0.292	0.412	0.230	0.378	0.272	0.362	0.080	0.090
Chow 检验 F 值	18.48		18.49		18.14		18.35	

表 5-19 的模型 1 和模型 2 报告了反倾销强度对不同行业企业研发投入

强度的影响,模型 3 和模型 4 报告了反倾销强度对不同行业企业实质性创新产出的影响,模型 5 和模型 6 报告了反倾销强度对不同行业企业策略性创新产出的影响,模型 7 和模型 8 报告了反倾销强度对不同行业企业创新效率的影响。以上模型的回归结果表明,对于高科技制造业样本组,反倾销强度对研发投入强度、实质性创新产出和策略性创新产出的回归系数为正,且高科技制造企业样本组回归系数多数要大于非高科技制造企业样本组回归系数。高科技制造企业样本组的反倾销强度对创新效率的影响显著为正,非高科技制造企业样本组的回归系数为正,但不显著。根据以上分析结果,表明反倾销强度对高科技制造出口企业创新的"激励效应"更明显。

表 5-19　反倾销强度与不同行业企业创新的回归结果

变量	模型 1	模型 2	模型 3	模型 4	模型 5	模型 6	模型 7	模型 8
	Tech = 0	Tech = 1	Tech = 0	Tech = 1	Tech = 0	Tech = 1	Tech = 0	Tech = 1
	RD		Patent_in		Patent_ud		Efficiency	
Dump_Int	−0.006	0.042 ***	1.160 ***	0.252	2.545 ***	2.713 ***	0.001	0.003 ***
	(0.004)	(0.006)	(0.171)	(0.209)	(0.249)	(0.275)	(0.002)	(0.001)
Size	0.001 ***	−0.002 ***	0.187 ***	0.373 ***	0.337 ***	0.520 ***	−0.000 ***	−0.000
	(0.000)	(0.000)	(0.007)	(0.013)	(0.009)	(0.018)	(0.000)	(0.000)
Leverage	−0.033 ***	−0.037 ***	0.064 *	0.154 ***	0.097 *	0.299 ***	0.000	0.002 ***
	(0.001)	(0.002)	(0.033)	(0.058)	(0.052)	(0.077)	(0.001)	(0.001)
ROA	−0.016 ***	−0.021 ***	0.360 ***	1.547 ***	1.092 ***	1.961 ***	0.004	0.001
	(0.005)	(0.006)	(0.126)	(0.211)	(0.209)	(0.291)	(0.002)	(0.002)
TobinQ	0.003 ***	0.001 **	0.013 **	−0.022 **	−0.013	−0.100 ***	0.000	0.000
	(0.000)	(0.000)	(0.007)	(0.009)	(0.010)	(0.013)	(0.000)	(0.000)
Operation	−0.003	−0.008 *	−0.148 *	−0.120	−0.374 ***	−1.554 ***	−0.005 **	−0.003 *
	(0.002)	(0.004)	(0.083)	(0.162)	(0.137)	(0.229)	(0.002)	(0.002)
HHI	−0.009 ***	0.000	0.317 ***	−0.638 ***	0.792 ***	2.831 ***	0.002 **	0.004 **
	(0.002)	(0.004)	(0.056)	(0.166)	(0.080)	(0.350)	(0.001)	(0.001)
Top1	−0.000 ***	−0.000 **	−0.001 **	−0.002 **	0.001	−0.002 *	0.000 **	0.000
	(0.000)	(0.000)	(0.001)	(0.001)	(0.001)	(0.001)	(0.000)	(0.000)
Board	−0.002 **	−0.004 ***	0.003	0.112 **	−0.138 **	−0.252 ***	−0.001 **	−0.000
	(0.001)	(0.002)	(0.038)	(0.057)	(0.056)	(0.076)	(0.001)	(0.000)
SOE	−0.010 ***	−0.004 ***	−0.018	0.011	−0.154 ***	−0.132 ***	0.000	−0.001 **
	(0.000)	(0.001)	(0.016)	(0.027)	(0.025)	(0.036)	(0.000)	(0.000)

续表

变量	模型 1	模型 2	模型 3	模型 4	模型 5	模型 6	模型 7	模型 8
	Tech = 0	Tech = 1	Tech = 0	Tech = 1	Tech = 0	Tech = 1	Tech = 0	Tech = 1
	RD		Patent_in		Patent_ud		Efficiency	
GdpPct	0.002	0.001	0.021	0.759	−0.379	−0.079	−0.041	−0.008
	(0.008)	(0.013)	(0.331)	(0.546)	(0.537)	(0.822)	(0.042)	(0.030)
PerGdp	−0.005	0.008	−0.326	−0.662 *	−0.237	0.216	0.030	0.014
	(0.005)	(0.009)	(0.226)	(0.390)	(0.374)	(0.582)	(0.038)	(0.026)
Ex_country	0.000 ***	0.000 ***	0.008 ***	0.002 ***	0.017 ***	0.007 ***	0.000 **	0.000 ***
	(0.000)	(0.000)	(0.001)	(0.001)	(0.001)	(0.001)	(0.000)	(0.000)
Ex_ratio	−0.001	0.000	0.173 ***	−0.130 **	0.414 ***	−0.271 ***	0.001 *	−0.000
	(0.001)	(0.002)	(0.045)	(0.058)	(0.075)	(0.078)	(0.001)	(0.000)
_cons	0.026 ***	0.033 **	−0.954 ***	−2.693 ***	−0.993 **	−2.286 ***	0.021	−0.003
	(0.008)	(0.013)	(0.312)	(0.485)	(0.492)	(0.710)	(0.015)	(0.009)
行业/地区/年	控制	控制	控制	控制	控制	控制	控制	控制
观察值	12781	6115	13253	7909	13253	7909	960	1187
Adj_R²	0.292	0.416	0.233	0.378	0.280	0.370	0.080	0.094
Chow 检验 *F* 值	6.77		6.88		6.60		6.71	

(三)贸易政策不确定性对不同地区企业创新的影响

表 5-20 报告了 TPU 指数与不同行业企业创新的回归估计结果。根据国家统计局东中西部划分方法①,分为东部地区和非东部地区,Area = 1 表示样本企业属于东部地区,Area = 0 表示样本企业属于非东部地区。表 5-20 各组之间 Chow 检验的 F 值表明,东部地区企业和非东部地区企业两组的回归系数存在显著性差异。表 5-20 的模型 1 和模型 2 报告了 TPU 指数对不同行业企业研发投入强度的影响,模型 3 和模型 4 报告了 TPU 指数对不同行业企业实质性创新产出的影响,模型 5 和模型 6 报告了 TPU 指数对不同行业企业策略性创新产出的影响,模型 7 和模型 8 报告了 TPU 指数对不同行业企业创新

---

① 资料来源:国家统计局网站 (http://www.stats.gov.cn/ztjc/zthd/sjtjr/dejtjkfr/tjkp/201106/t20110613_71947.htm)。其中,东部地区包括北京、天津、河北、上海、江苏、浙江、福建、山东、广东和海南。

效率的影响。以上模型的回归结果表明,TPU 指数对研发投入强度、实质性
创新产出和策略性创新产出的回归系数显著为正,且东部地区企业样本组回
归系数要大于非东部地区企业样本组回归系数。东部地区企业样本组的反倾
销强度对创新效率的影响显著为正,非东部地区企业样本组的回归系数为正,
但不显著。根据以上检验分析结果,表明 TPU 指数对东部地区出口企业创新
的"激励效应"更明显。

表 5-20　TPU 指数与不同地区企业创新的回归结果

变量	模型 1	模型 2	模型 3	模型 4	模型 5	模型 6	模型 7	模型 8
	Area=0	Area=1	Area=0	Area=1	Area=0	Area=1	Area=0	Area=1
	RD		Patent_in		Patent_ud		Efficiency	
TPU	0.154 ***	0.186 ***	6.051 ***	7.188 ***	6.293 ***	9.014 ***	0.008	0.009 *
	(0.010)	(0.010)	(0.406)	(0.390)	(0.614)	(0.578)	(0.009)	(0.005)
Size	0.001 ***	−0.000	0.286 ***	0.170 ***	0.459 ***	0.309 ***	−0.000 ***	−0.000
	(0.000)	(0.000)	(0.008)	(0.010)	(0.011)	(0.014)	(0.000)	(0.000)
Leverage	−0.043 ***	−0.030 ***	0.005	−0.269 ***	0.035	−0.379 ***	0.001	0.001 *
	(0.001)	(0.001)	(0.040)	(0.043)	(0.059)	(0.068)	(0.001)	(0.001)
ROA	−0.024 ***	−0.018 ***	1.160 ***	0.149	1.220 ***	0.859 ***	0.004	0.003
	(0.006)	(0.004)	(0.163)	(0.157)	(0.241)	(0.250)	(0.003)	(0.002)
TobinQ	0.003 ***	0.001 ***	0.027 ***	0.002	−0.027 **	−0.013	−0.000	0.000
	(0.000)	(0.000)	(0.007)	(0.008)	(0.011)	(0.012)	(0.000)	(0.000)
Operation	−0.004	−0.016 ***	−0.042	−0.904 ***	−0.706 ***	−1.832 ***	−0.006 **	−0.004 ***
	(0.003)	(0.003)	(0.105)	(0.121)	(0.159)	(0.199)	(0.003)	(0.002)
HHI	−0.022 ***	−0.017 ***	−0.448 ***	−0.652 ***	0.196 **	−0.429 ***	0.002 *	0.002 **
	(0.002)	(0.002)	(0.069)	(0.065)	(0.095)	(0.099)	(0.001)	(0.001)
Top1	−0.000 ***	−0.000 **	−0.002 ***	−0.002 **	0.000	−0.002 *	0.000 **	0.000 **
	(0.000)	(0.000)	(0.001)	(0.001)	(0.001)	(0.001)	(0.000)	(0.000)
Board	−0.005 ***	−0.002	−0.007	−0.023	−0.340 ***	−0.163 **	−0.001 *	−0.000
	(0.001)	(0.001)	(0.045)	(0.048)	(0.064)	(0.070)	(0.001)	(0.000)
SOE	−0.011 ***	−0.006 ***	−0.021	−0.047 **	−0.195 ***	−0.160 ***	−0.000	0.000
	(0.001)	(0.001)	(0.020)	(0.023)	(0.028)	(0.034)	(0.000)	(0.000)
GdpPct	0.013	0.015 *	−0.772	0.618	−1.693 **	−0.043	0.047	−0.042
	(0.013)	(0.009)	(0.515)	(0.378)	(0.769)	(0.639)	(0.058)	(0.031)

续表

变量	模型1	模型2	模型3	模型4	模型5	模型6	模型7	模型8
	Area=0	Area=1	Area=0	Area=1	Area=0	Area=1	Area=0	Area=1
	RD		Patent_in		Patent_ud		Efficiency	
PerGdp	−0.012 *	0.018 ***	−0.633 **	0.072	−0.238	0.404	−0.055	0.040
	(0.006)	(0.007)	(0.294)	(0.296)	(0.448)	(0.514)	(0.061)	(0.028)
Ex_country	0.000 ***	0.000 ***	0.007 ***	0.010 ***	0.013 ***	0.022 ***	0.000	0.000 ***
	(0.000)	(0.000)	(0.001)	(0.001)	(0.001)	(0.002)	(0.000)	(0.000)
Ex_ratio	0.002	0.005 ***	0.220 ***	0.363 ***	0.453 ***	0.204 *	−0.001	0.001 *
	(0.001)	(0.002)	(0.043)	(0.079)	(0.064)	(0.118)	(0.001)	(0.000)
_cons	−0.080 ***	−0.149 ***	−4.751 ***	−6.825 ***	−4.196 ***	−8.257 ***	0.010	−0.003
	(0.020)	(0.023)	(0.747)	(0.609)	(1.116)	(0.936)	(0.008)	(0.008)
行业/地区/年	控制	控制	控制	控制	控制	控制	控制	控制
观察值	6979	11917	7631	13531	7631	13531	639	1508
Adj_R^2	0.314	0.364	0.252	0.280	0.279	0.286	0.080	0.059
Chow 检验 F 值	11.41		11.43		10.93		11.41	

表5-21的模型1和模型2报告了反倾销强度对不同地区企业研发投入强度的影响,模型3和模型4报告了反倾销强度对不同地区企业实质性创新产出的影响,模型5和模型6报告了反倾销强度对不同地区企业策略性创新产出的影响,模型7和模型8报告了反倾销强度对不同地区企业创新效率的影响。以上模型的回归结果表明,反倾销强度对研发投入强度、实质性创新产出和策略性创新产出的回归系数显著为正,且东部地区企业样本组回归系数要大于非东部地区企业样本组回归系数。东部地区企业样本组的反倾销强度对创新效率的影响显著为正,非东部地区企业样本组的回归系数为正,但不显著。根据以上的检验分析结果,表明反倾销强度对东部地区出口企业创新的"激励效应"更明显。

表 5-21　反倾销强度与不同地区企业创新的回归结果

变量	模型 1 Area=0	模型 2 Area=1	模型 3 Area=0	模型 4 Area=1	模型 5 Area=0	模型 6 Area=1	模型 7 Area=0	模型 8 Area=1
	RD		Patent_in		Patent_ud		Efficiency	
Dump_Int	0.020 *** (0.005)	0.026 *** (0.005)	1.192 *** (0.206)	1.363 *** (0.167)	3.028 *** (0.286)	3.501 *** (0.223)	0.003 (0.002)	0.003 ** (0.001)
Size	0.001 *** (0.000)	−0.000 * (0.000)	0.167 *** (0.010)	0.281 *** (0.008)	0.300 *** (0.014)	0.447 *** (0.011)	−0.000 *** (0.000)	−0.000 * (0.000)
Leverage	−0.043 *** (0.001)	−0.030 *** (0.001)	−0.254 *** (0.043)	0.023 (0.040)	−0.339 *** (0.068)	0.081 (0.058)	0.001 (0.001)	0.001 * (0.001)
ROA	−0.023 *** (0.006)	−0.018 *** (0.004)	0.166 (0.157)	1.228 *** (0.162)	0.901 *** (0.249)	1.397 *** (0.240)	0.004 (0.003)	0.003 (0.002)
TobinQ	0.003 *** (0.000)	0.001 *** (0.000)	0.001 (0.008)	0.027 *** (0.007)	−0.016 (0.012)	−0.027 *** (0.011)	−0.000 (0.000)	0.000 (0.000)
Operation	−0.005 (0.003)	−0.015 *** (0.003)	−0.862 *** (0.121)	−0.052 (0.105)	−1.724 *** (0.198)	−0.733 *** (0.158)	−0.006 ** (0.003)	−0.004 ** (0.002)
HHI	−0.021 *** (0.002)	−0.016 *** (0.002)	−0.610 *** (0.066)	−0.410 *** (0.069)	−0.323 *** (0.099)	0.294 *** (0.095)	0.002 * (0.001)	0.002 ** (0.001)
Top1	−0.000 *** (0.000)	−0.000 ** (0.000)	−0.001 ** (0.001)	−0.002 *** (0.001)	−0.002 * (0.001)	0.000 (0.001)	0.000 ** (0.000)	0.000 ** (0.000)
Board	−0.005 *** (0.001)	−0.002 (0.001)	−0.017 (0.047)	0.002 (0.045)	−0.149 ** (0.069)	−0.316 *** (0.063)	−0.001 * (0.001)	−0.000 (0.000)
SOE	−0.011 *** (0.001)	−0.006 *** (0.001)	−0.045 ** (0.022)	−0.014 (0.020)	−0.154 *** (0.034)	−0.178 *** (0.028)	−0.000 (0.000)	0.000 (0.000)
GdpPct	0.013 (0.013)	0.014 (0.009)	0.591 (0.377)	−0.768 (0.514)	−0.111 (0.641)	−1.682 ** (0.761)	0.046 (0.058)	−0.041 (0.031)
PerGdp	−0.011 * (0.006)	0.017 *** (0.006)	0.041 (0.296)	−0.594 ** (0.293)	0.325 (0.521)	−0.137 (0.444)	−0.054 (0.061)	0.039 (0.028)
Ex_country	0.000 *** (0.000)	0.000 *** (0.000)	0.010 *** (0.001)	0.007 *** (0.001)	0.021 *** (0.002)	0.012 *** (0.001)	0.000 (0.000)	0.000 *** (0.000)
Ex_ratio	0.001 (0.001)	0.005 *** (0.002)	0.353 *** (0.078)	0.199 *** (0.043)	0.178 (0.117)	0.401 *** (0.063)	−0.001 (0.001)	0.001 (0.000)

续表

变量	模型 1	模型 2	模型 3	模型 4	模型 5	模型 6	模型 7	模型 8
	Area = 0	Area = 1	Area = 0	Area = 1	Area = 0	Area = 1	Area = 0	Area = 1
	RD		Patent_in		Patent_ud		Efficiency	
_cons	0.034 ***	−0.009	−1.393 ***	−0.283	−1.367 **	0.368	0.020	0.008
	(0.013)	(0.010)	(0.400)	(0.497)	(0.627)	(0.737)	(0.016)	(0.011)
行业/地区/年	控制	控制	控制	控制	控制	控制	控制	控制
观察值	6979	11917	7631	13531	7631	13531	639	1508
Adj_R²	0.317	0.365	0.257	0.284	0.291	0.300	0.082	0.061
Chow 检验 F 值	9.63		9.62		9.08		9.69	

(四)贸易政策不确定性对不同年龄企业创新的影响

表 5-22 报告了 TPU 指数与不同年龄的企业创新的回归估计结果。根据企业年龄中位数的大小,即将样本企业分为年龄较大的企业和年龄较小的企业两组。其中,年龄小于中位数时,AGE = 0,表示年龄较小的企业;年龄大于中位数时,AGE = 1 表示年龄较大的企业。表 5-22 各组之间 Chow 检验 F 值表明,年龄较大的企业和年龄较小的企业两组的回归系数存在显著性差异。表 5-22 的模型 1 和模型 2 报告了 TPU 指数对不同年龄企业研发投入强度的影响,模型 3 和模型 4 报告了 TPU 指数对不同年龄企业实质性创新产出的影响,模型 5 和模型 6 报告了 TPU 指数对不同年龄企业策略性创新产出的影响,模型 7 和模型 8 报告了 TPU 指数对不同年龄企业创新效率的影响。以上模型的回归结果表明,TPU 指数对研发投入强度、实质性创新产出和策略性创新产出的回归系数显著为正,在年龄较小企业样本组回归系数要大于年龄较大企业样本组回归系数。此外,贸易政策不确定性指数对企业创新效率的影响为正,但无论是对年龄较大的企业,还是年龄较小的企业,贸易政策不确定性对企业创新效率的影响都不显著。根据以上检验分析结果,表明 TPU 指数对年龄较小企业创新的"激励效应"更明显。

表 5-22　TPU 指数与不同年龄企业创新的回归结果

变量	模型 1 AGE=0	模型 2 AGE=1	模型 3 AGE=0	模型 4 AGE=1	模型 5 AGE=0	模型 6 AGE=1	模型 7 AGE=0	模型 8 AGE=1
	RD		Patent_in		Patent_ud		Efficiency	
TPU	0.165*** (0.010)	0.129*** (0.008)	7.362*** (0.360)	5.994*** (0.376)	9.511*** (0.538)	5.941*** (0.569)	0.007 (0.005)	0.005 (0.005)
Size	−0.000 (0.000)	0.001*** (0.000)	0.262*** (0.009)	0.234*** (0.008)	0.420*** (0.013)	0.391*** (0.012)	−0.000*** (0.000)	−0.000 (0.000)
Leverage	−0.043*** (0.002)	−0.028*** (0.001)	0.063 (0.047)	−0.201*** (0.040)	0.245*** (0.068)	−0.293*** (0.061)	0.002*** (0.001)	0.000 (0.001)
ROA	−0.031*** (0.006)	−0.014*** (0.004)	0.917*** (0.180)	0.629*** (0.145)	1.605*** (0.263)	0.889*** (0.232)	0.003 (0.002)	0.005* (0.003)
TobinQ	0.004*** (0.000)	0.002*** (0.000)	0.025*** (0.009)	0.016** (0.007)	−0.043*** (0.013)	−0.003 (0.011)	0.000 (0.000)	0.000 (0.000)
Operation	−0.011*** (0.004)	−0.004 (0.003)	−0.595*** (0.120)	−0.105 (0.108)	−1.660*** (0.183)	−0.562*** (0.168)	−0.003 (0.002)	−0.007*** (0.002)
HHI	−0.021*** (0.002)	−0.016*** (0.002)	−0.473*** (0.070)	−0.543*** (0.069)	0.027 (0.096)	−0.023 (0.105)	0.001 (0.001)	0.004*** (0.001)
Top1	−0.000*** (0.000)	−0.000*** (0.000)	−0.002*** (0.001)	−0.003*** (0.001)	−0.001 (0.001)	−0.002** (0.001)	0.000** (0.000)	0.000 (0.000)
Board	−0.005*** (0.001)	−0.002* (0.001)	−0.070 (0.047)	0.047 (0.048)	−0.349*** (0.066)	−0.149** (0.069)	−0.001 (0.000)	−0.001 (0.001)
SOE	−0.009*** (0.001)	−0.007*** (0.000)	0.003 (0.022)	−0.062*** (0.020)	−0.177*** (0.033)	−0.181*** (0.030)	−0.000 (0.000)	0.000 (0.000)
GdpPct	0.001 (0.010)	−0.004 (0.009)	0.210 (0.418)	0.184 (0.450)	−0.055 (0.640)	−0.704 (0.704)	−0.033 (0.033)	0.009 (0.040)
PerGdp	0.003 (0.008)	−0.001 (0.006)	−0.617** (0.311)	−0.296 (0.290)	−0.284 (0.469)	0.174 (0.467)	0.029 (0.029)	−0.006 (0.036)
Ex_country	0.000*** (0.000)	0.000*** (0.000)	0.009*** (0.001)	0.007*** (0.001)	0.013*** (0.001)	0.017*** (0.001)	0.000*** (0.000)	0.000 (0.000)
Ex_ratio	−0.004*** (0.001)	0.008*** (0.001)	0.132*** (0.050)	0.379*** (0.060)	0.154** (0.075)	0.698*** (0.086)	0.000 (0.001)	0.001 (0.001)
_cons	−0.081*** (0.016)	−0.076*** (0.014)	−6.543*** (0.563)	−5.708*** (0.627)	−8.255*** (0.857)	−5.199*** (0.941)	0.004 (0.007)	−0.004 (0.006)
行业/地区/年	控制	控制	控制	控制	控制	控制	控制	控制
观察值	10830	8987	10830	8987	10830	8987	1281	866

续表

变量	模型 1	模型 2	模型 3	模型 4	模型 5	模型 6	模型 7	模型 8
	AGE=0	AGE=1	AGE=0	AGE=1	AGE=0	AGE=1	AGE=0	AGE=1
	RD		Patent_in		Patent_ud		Efficiency	
Adj_R^2	0.400	0.299	0.287	0.261	0.294	0.289	0.063	0.071
Chow 检验 F 值	17.809		17.650		17.369		17.495	

表 5-23 为反倾销强度对不同年龄企业创新影响的回归结果。其中，模型 1 和模型 2 报告了反倾销强度对不同年龄企业研发投入强度的影响，模型 3 和模型 4 报告了反倾销强度对不同年龄企业实质性创新产出的影响，模型 5 和模型 6 报告了反倾销强度对不同年龄企业策略性创新产出的影响，模型 7 和模型 8 报告了反倾销强度对不同年龄企业创新效率的影响。以上模型的回归结果表明，反倾销强度对研发投入强度、实质性创新产出和策略性创新产出的回归系数显著为正，且年龄较小的企业样本组回归系数要大于年龄较大的企业样本组回归系数。此外，不同年龄企业样本组的反倾销强度对出口企业创新效率的回归系数为正，但无论是对年龄较大的出口企业，还是年龄较小的出口企业，回归系数均不具有显著型。综合以上的检验分析结果来看，表明反倾销强度对年龄较小企业创新的"激励效应"更明显。

表 5-23　反倾销强度与不同年龄企业创新的回归结果

变量	模型 1	模型 2	模型 3	模型 4	模型 5	模型 6	模型 7	模型 8
	AGE=0	AGE=1	AGE=0	AGE=1	AGE=0	AGE=1	AGE=0	AGE=1
	RD		Patent_in		Patent_ud		Efficiency	
Dump_Int	0.027 ***	0.013 **	1.500 ***	1.068 ***	3.643 ***	3.000 ***	0.003	0.002
	(0.005)	(0.005)	(0.190)	(0.182)	(0.258)	(0.243)	(0.002)	(0.002)
Size	0.001 ***	−0.000	0.228 ***	0.260 ***	0.376 ***	0.414 ***	−0.000 ***	−0.000
	(0.000)	(0.000)	(0.008)	(0.009)	(0.012)	(0.013)	(0.000)	(0.000)
Leverage	−0.027 ***	−0.043 ***	0.182 ***	0.072	−0.247 ***	0.272 ***	0.002 ***	0.001
	(0.001)	(0.002)	(0.040)	(0.047)	(0.061)	(0.068)	(0.001)	(0.001)

续表

变量	模型1	模型2	模型3	模型4	模型5	模型6	模型7	模型8
	AGE=0	AGE=1	AGE=0	AGE=1	AGE=0	AGE=1	AGE=0	AGE=1
	RD		Patent_in		Patent_ud		Efficiency	
ROA	-0.014***	-0.031***	0.668***	0.958***	0.983***	1.721***	0.003	0.005*
	(0.004)	(0.006)	(0.145)	(0.180)	(0.231)	(0.263)	(0.002)	(0.003)
TobinQ	0.002***	0.004***	0.014*	0.026***	-0.008	-0.042***	0.000	0.000
	(0.000)	(0.000)	(0.007)	(0.009)	(0.011)	(0.013)	(0.000)	(0.000)
Operation	-0.004	-0.010***	-0.105	-0.578***	-0.563***	-1.612***	-0.003	-0.007***
	(0.003)	(0.004)	(0.108)	(0.120)	(0.167)	(0.182)	(0.002)	(0.002)
HHI	-0.015***	-0.021***	-0.510***	-0.433***	0.056	0.137	0.001	0.004***
	(0.002)	(0.002)	(0.069)	(0.071)	(0.104)	(0.096)	(0.001)	(0.001)
Top1	-0.000***	-0.000***	-0.003***	-0.002***	-0.002**	-0.001	0.000**	0.000
	(0.000)	(0.000)	(0.001)	(0.001)	(0.001)	(0.001)	(0.000)	(0.000)
Board	-0.002*	-0.005***	0.055	-0.063	-0.131*	-0.329***	-0.001	-0.001
	(0.001)	(0.001)	(0.048)	(0.047)	(0.068)	(0.066)	(0.000)	(0.001)
SOE	-0.007***	-0.009***	-0.054***	0.005	-0.161***	-0.172***	0.000	0.000
	(0.000)	(0.001)	(0.020)	(0.022)	(0.029)	(0.032)	(0.000)	(0.000)
GdpPct	-0.005	0.000	0.132	0.179	-0.830	-0.142	-0.032	0.008
	(0.009)	(0.010)	(0.448)	(0.417)	(0.701)	(0.638)	(0.033)	(0.040)
PerGdp	-0.000	0.003	-0.270	-0.610**	0.238	-0.264	0.027	-0.006
	(0.006)	(0.008)	(0.289)	(0.311)	(0.464)	(0.469)	(0.029)	(0.036)
Ex_country	0.000***	0.000***	0.006***	0.009***	0.016***	0.013***	0.000***	0.000
	(0.000)	(0.000)	(0.001)	(0.001)	(0.001)	(0.001)	(0.000)	(0.000)
Ex_ratio	0.008***	-0.004***	0.351***	0.120**	0.631***	0.122	0.000	0.001
	(0.001)	(0.001)	(0.059)	(0.050)	(0.085)	(0.074)	(0.001)	(0.001)
_cons	0.021**	0.043***	-1.190***	-1.025***	-0.666	-1.103*	0.012	0.002
	(0.009)	(0.011)	(0.414)	(0.376)	(0.626)	(0.567)	(0.012)	(0.010)
行业/地区/年	控制	控制	控制	控制	控制	控制	控制	控制
观察值	10830	8987	10830	8987	10830	8987	1281	866
Adj_R²	0.401	0.302	0.289	0.267	0.304	0.305	0.067	0.071
Chow检验F值	6.702		5.955		6.404		5.773	

（五）贸易政策不确定性对不同全要素生产率水平企业创新的影响

表5-24报告了TPU指数对不同全要素生产率水平企业创新影响的回归估计结果。根据全要素生产率水平高低,将样本企业分为全要素生产率水平

高企业和全要素生产率水平低企业两组,TFP=0 表示全要素生产率水平低的
企业,TFP=1 表示全要素生产率水平高的企业。表 5-24 的模型 1 和模型 2
报告了 TPU 指数对不同全要素生产率水平企业研发投入强度的影响,模型 3
和模型 4 报告了 TPU 指数对不同全要素生产率水平企业实质性创新产出的
影响,模型 5 和模型 6 报告了 TPU 指数对不同全要素生产率水平企业策略性
创新产出的影响,模型 7 和模型 8 报告了 TPU 指数对不同全要素生产率水平
企业创新效率的影响。以上模型的回归结果表明,TPU 指数对研发投入强
度、实质性创新产出和策略性创新产出的回归系数显著为正,且全要素生产率
水平高企业样本回归系数要大于全要素生产率水平低企业样本回归系数。全
要素生产率水平高企业样本的反倾销强度对创新效率的影响显著为正,全要
素生产率水平低企业样本的回归系数为正,但不显著。根据以上检验分析结
果,表明 TPU 指数对全要素生产率水平高企业创新的"激励效应"更明显。

表 5-24　TPU 指数与不同全要素生产率水平企业创新的回归结果

变量	模型 1	模型 2	模型 3	模型 4	模型 5	模型 6	模型 7	模型 8
	TFP=0	TFP=1	TFP=0	TFP=1	TFP=0	TFP=1	TFP=0	TFP=1
	RD		Patent_in		Patent_ud		Efficiency	
TPU	0.141 ***	0.183 ***	5.911 ***	7.036 ***	7.605 ***	7.806 ***	0.005	0.005 *
	(0.007)	(0.013)	(0.347)	(0.351)	(0.531)	(0.532)	(0.006)	(0.003)
Size	0.000 **	0.003 ***	0.108 ***	0.286 ***	0.255 ***	0.441 ***	−0.000	−0.000
	(0.000)	(0.000)	(0.008)	(0.008)	(0.013)	(0.011)	(0.000)	(0.000)
Leverage	−0.027 ***	−0.049 ***	−0.343 ***	−0.051	−0.403 ***	−0.013	0.001	0.002 **
	(0.001)	(0.002)	(0.049)	(0.040)	(0.075)	(0.060)	(0.001)	(0.001)
ROA	−0.005	−0.027 ***	0.358 **	0.701 ***	0.389	1.365 ***	0.005 *	0.004 *
	(0.003)	(0.007)	(0.167)	(0.159)	(0.250)	(0.243)	(0.003)	(0.002)
TobinQ	0.002 ***	0.002 ***	−0.002	0.053 ***	−0.044 ***	−0.002	−0.000	0.000
	(0.000)	(0.000)	(0.008)	(0.008)	(0.011)	(0.012)	(0.000)	(0.000)
Operation	−0.006 **	−0.011 **	−0.433 ***	−0.301 ***	−1.601 ***	−0.828 ***	−0.004 *	−0.004 **
	(0.002)	(0.005)	(0.112)	(0.109)	(0.183)	(0.165)	(0.002)	(0.002)
HHI	−0.013 ***	−0.027 ***	−0.761 ***	−0.303 ***	−0.507 ***	0.433 ***	0.002 **	0.001
	(0.002)	(0.002)	(0.055)	(0.078)	(0.086)	(0.107)	(0.001)	(0.001)

续表

变量	模型 1	模型 2	模型 3	模型 4	模型 5	模型 6	模型 7	模型 8
	TFP=0	TFP=1	TFP=0	TFP=1	TFP=0	TFP=1	TFP=0	TFP=1
	RD		Patent_in		Patent_ud		Efficiency	
Top1	−0.000***	−0.000***	−0.002***	−0.003***	0.000	−0.003***	0.000***	0.000*
	(0.000)	(0.000)	(0.001)	(0.001)	(0.001)	(0.001)	(0.000)	(0.000)
Board	−0.004***	−0.004**	0.088**	−0.118**	−0.128**	−0.398***	−0.001	−0.000
	(0.001)	(0.002)	(0.043)	(0.047)	(0.065)	(0.066)	(0.001)	(0.000)
SOE	−0.006***	−0.012***	−0.098***	0.001	−0.270***	−0.126***	−0.000	−0.000
	(0.000)	(0.001)	(0.020)	(0.021)	(0.030)	(0.030)	(0.000)	(0.000)
GdpPct	−0.002	−0.001	0.368	0.210	−1.116*	0.162	−0.033	0.006
	(0.007)	(0.015)	(0.393)	(0.423)	(0.634)	(0.653)	(0.038)	(0.027)
PerGdp	−0.004	0.009	−0.385	−0.560*	0.242	−0.236	0.035	−0.003
	(0.005)	(0.010)	(0.254)	(0.297)	(0.418)	(0.459)	(0.032)	(0.024)
Ex_country	0.000***	0.000***	0.008***	0.009***	0.017***	0.015***	0.000**	0.000***
	(0.000)	(0.000)	(0.001)	(0.001)	(0.001)	(0.001)	(0.000)	(0.000)
Ex_ratio	0.007***	−0.007***	0.117**	0.398***	0.123	0.624***	0.000	0.000
	(0.001)	(0.002)	(0.054)	(0.053)	(0.081)	(0.077)	(0.001)	(0.000)
_cons	−0.074***	−0.117***	−4.917***	−6.459***	−5.308***	−7.180***	−0.002	−0.006
	(0.011)	(0.021)	(0.555)	(0.575)	(0.860)	(0.872)	(0.009)	(0.004)
行业/地区/年	控制	控制	控制	控制	控制	控制	控制	控制
观察值	8007	11810	8007	11810	8007	11810	1071	1076
Adj_R^2	0.389	0.297	0.232	0.298	0.282	0.288	0.079	0.087
Chow 检验 F 值	18.480		18.489		18.142		18.345	

　　表 5-25 的模型 1 和模型 2 报告了反倾销强度对不同全要素生产率水平企业研发投入强度的影响,模型 3 和模型 4 报告了反倾销强度对不同全要素生产率水平企业实质性创新产出的影响,模型 5 和模型 6 报告了反倾销强度对不同全要素生产率水平企业策略性创新产出的影响,模型 7 和模型 8 报告了反倾销强度对不同全要素生产率水平企业创新效率的影响。以上模型的回归结果表明,反倾销强度对研发投入强度、实质性创新产出和策略性创新产出的回归系数显著为正,且全要素生产率水平高的企业样本回归系数要大于全

要素生产率水平低的企业样本回归系数。全要素生产率水平高企业样本的反倾销强度对创新效率的影响显著为正，全要素生产率水平低企业样本的回归系数为正，但不显著。根据以上检验结果，表明反倾销强度对全要素生产率水平高企业创新的"激励效应"更明显。

表 5-25　反倾销强度与不同全要素生产率水平企业创新的回归结果

变量	模型 1	模型 2	模型 3	模型 4	模型 5	模型 6	模型 7	模型 8
	TFP＝0	TFP＝1	TFP＝0	TFP＝1	TFP＝0	TFP＝1	TFP＝0	TFP＝1
	RD		Patent_in		Patent_ud		Efficiency	
Dump_Int	0.021 ***	0.023 ***	0.583 ***	1.812 ***	2.822 ***	3.678 ***	0.001	0.005 ***
	(0.007)	(0.004)	(0.165)	(0.190)	(0.229)	(0.255)	(0.001)	(0.001)
Size	0.003 ***	0.000 **	0.106 ***	0.280 ***	0.248 ***	0.427 ***	−0.000	−0.000
	(0.000)	(0.000)	(0.008)	(0.008)	(0.013)	(0.011)	(0.000)	(0.000)
Leverage	−0.049 ***	−0.027 ***	−0.335 ***	−0.027	−0.367 ***	0.035	0.001	0.002 **
	(0.002)	(0.001)	(0.049)	(0.040)	(0.074)	(0.060)	(0.001)	(0.001)
ROA	−0.026 ***	−0.004	0.380 **	0.762 ***	0.498 **	1.488 ***	0.006 **	0.004 *
	(0.007)	(0.003)	(0.166)	(0.159)	(0.249)	(0.243)	(0.003)	(0.002)
TobinQ	0.002 ***	0.002 ***	−0.002	0.049 ***	−0.041 ***	−0.010	−0.000	0.000
	(0.000)	(0.000)	(0.008)	(0.008)	(0.011)	(0.012)	(0.000)	(0.000)
Operation	−0.011 **	−0.005 **	−0.428 ***	−0.284 ***	−1.579 ***	−0.794 ***	−0.004 *	−0.004 **
	(0.005)	(0.002)	(0.112)	(0.108)	(0.182)	(0.163)	(0.002)	(0.002)
HHI	−0.026 ***	−0.013 ***	−0.739 ***	−0.260 ***	−0.402 ***	0.520 ***	0.002 **	0.001
	(0.002)	(0.002)	(0.055)	(0.078)	(0.086)	(0.107)	(0.001)	(0.001)
Top1	−0.000 ***	−0.000 ***	−0.002 ***	−0.002 ***	0.000	−0.003 ***	0.000 ***	0.000
	(0.000)	(0.000)	(0.001)	(0.001)	(0.001)	(0.001)	(0.000)	(0.000)
Board	−0.004 **	−0.003 ***	0.092 **	−0.107 **	−0.113 *	−0.376 ***	−0.001	−0.000
	(0.002)	(0.001)	(0.043)	(0.047)	(0.064)	(0.066)	(0.001)	(0.000)
SOE	−0.012 ***	−0.006 ***	−0.094 ***	0.005	−0.252 ***	−0.118 ***	−0.000	−0.000
	(0.001)	(0.000)	(0.020)	(0.021)	(0.030)	(0.030)	(0.000)	(0.000)
GdpPct	−0.002	−0.003	0.361	0.173	−1.152 *	0.087	−0.034	0.007
	(0.015)	(0.007)	(0.393)	(0.422)	(0.633)	(0.649)	(0.037)	(0.027)
PerGdp	0.009	−0.003	−0.393	−0.518 *	0.202	−0.150	0.035	−0.003
	(0.010)	(0.005)	(0.254)	(0.296)	(0.417)	(0.458)	(0.032)	(0.024)
Ex_country	0.000 ***	0.000 ***	0.008 ***	0.009 ***	0.016 ***	0.015 ***	0.000 **	0.000 ***
	(0.000)	(0.000)	(0.001)	(0.001)	(0.001)	(0.001)	(0.000)	(0.000)

续表

变量	模型 1	模型 2	模型 3	模型 4	模型 5	模型 6	模型 7	模型 8
	TFP=0	TFP=1	TFP=0	TFP=1	TFP=0	TFP=1	TFP=0	TFP=1
	RD		Patent_in		Patent_ud		Efficiency	
Ex_ratio	−0.007***	0.007***	0.113**	0.368***	0.100	0.563***	0.000	0.000
	(0.002)	(0.001)	(0.054)	(0.053)	(0.080)	(0.077)	(0.001)	(0.000)
_cons	0.020	0.031***	−0.486	−1.198***	0.442	−1.340**	0.004	−0.001
	(0.014)	(0.007)	(0.371)	(0.382)	(0.578)	(0.577)	(0.014)	(0.008)
行业/地区/年	控制	控制	控制	控制	控制	控制	控制	控制
观察值	8007	11810	8007	11810	8007	11810	1071	1076
Adj_R^2	0.390	0.299	0.234	0.304	0.295	0.301	0.088	0.087
Chow 检验 F 值	6.766		6.885		6.602		6.706	

第五节　贸易政策不确定性对出口
企业创新的动态影响

本部分主要是检验贸易政策不确定性对企业创新的动态作用,也就是说贸易政策不确定性可能存在"时间效应"。根据已有的贸易政策不确定性研究文献来看,佟家栋等(2016)研究指出,贸易政策不确定性对出口企业产品创新密集度的影响具有时滞性;唐宜红等(2016)的研究也发现反倾销对出口企业行为的动态变化特征。这些研究在一定程度上表明,贸易政策不确定性对微观企业创新行为的影响可能具有时间特征。进一步来说,企业创新具有高投入、高风险、高收益特征,创新产出需要一定的转换周期,这些都与企业资源和管理能力具有重要关联(Demerjian 等,2012)①。前述关于贸易政策不确定性对企业创新效率的回归分析也体现出时间因素的存在,所以企业创新行

---

① Demerjian P., Lev B., McVay S., "Quantifying Managerial Ability: A New Measure and Validity Tests", *Management Science*, Vol.58, No.7, 2012.

为变动也具有时间特征。综合以上,笔者进一步检验了贸易政策不确定性对出口企业创新的时间作用,分别选取滞后1—5期的 TPU 指数和反倾销强度,分别对研发投入强度、实质性创新产出和策略性创新产出,以及创新效率进行回归,考察时间因素的作用。

一、TPU 指数影响出口企业创新的动态效应检验

表5-26 报告了 TPU 指数影响出口企业的动态影响,Panel A 到 Panel D分别给出了 TPU 指数对研发投入强度、实质性创新产出和策略性创新产出、创新效率的回归结果。以上实证检验结果表明,TPU 指数对出口企业活动在较长时间内产生正向影响,但是随着时间的推移,TPU 指数对创新的影响程度呈现减弱趋势,甚至影响变得不再具有统计意义显著性。这在一定程度上反映出 TPU 指数对出口企业创新影响的时间特征。

表5-26　TPU 指数影响出口企业创新的动态效应检验结果①

	模型 1	模型 2	模型 3	模型 4	模型 5
Panel A					
	RD				
L1. TPU	0.023 ***				
	(0.001)				
L2. TPU		0.013 ***			
		(0.001)			
L3. TPU			0.009 ***		
			(0.001)		
I4. TPU				0.006 ***	
				(0.001)	
L5. TPU					0.001

① 注:表5-26 中 L1、L2、L3、L4、L5 分别表示滞后1、2、3、4、5期的贸易政策不确定性指数。

续表

			Panel A		
	模型 1	模型 2	模型 3	模型 4	模型 5
			RD		
					(0.001)
控制变量	控制	控制	控制	控制	控制
行业/地区/年	控制	控制	控制	控制	控制
观察值	16487	12178	9989	7860	5855
Adj_R^2	0.418	0.421	0.412	0.383	0.363
			Panel B		
	模型 1	模型 2	模型 3	模型 4	模型 5
			Patent_in		
L1. TPU	0.166***				
	(0.028)				
L2. TPU		0.103***			
		(0.027)			
L3. TPU			0.065***		
			(0.028)		
I4. TPU				0.004	
				(0.034)	
L5. TPU					0.006
					(0.032)
控制变量	控制	控制	控制	控制	控制
行业/地区/年	控制	控制	控制	控制	控制
观察值	21162	18493	17134	14972	12931
Adj_R^2	0.300	0.307	0.321	0.324	0.333
			Panel C		
	模型 1	模型 2	模型 3	模型 4	模型 5
			Patent_ud		
L1. TPU	0.328***				
	(0.039)				

续表

	模型 1	模型 2	模型 3	模型 4	模型 5
Panel C					
			Patent_ud		
L2. TPU		0. 210***			
		(0. 039)			
L3. TPU			0. 166***		
			(0. 040)		
L4. TPU				0. 019	
				(0. 047)	
L5. TPU					0. 007
					(0. 042)
控制变量	控制	控制	控制	控制	控制
行业/地区/年	控制	控制	控制	控制	控制
观察值	21162	18493	17134	14972	12931
Adj_R²	0. 402	0. 409	0. 413	0. 416	0. 422
Panel D					
	模型 1	模型 2	模型 3	模型 4	模型 5
			Efficiency		
L1. TPU	0. 001*				
	(0. 001)				
L2. TPU		0. 001			
		(0. 001)			
L3. TPU			−0. 001		
			(0. 001)		
L4. TPU				−0. 001	
				(0. 001)	
L5. TPU					−0. 000
					(0. 001)
控制变量	控制	控制	控制	控制	控制
行业/地区/年	控制	控制	控制	控制	控制
观察值	2147	2147	2147	2147	1645
Adj_R²	0. 120	0. 121	0. 122	0. 122	0. 136

二、反倾销强度影响出口企业创新的动态效应检验

表 5-27 报告了反倾销强度影响出口企业的动态影响,Panel A 到 Panel D
分别给出了反倾销强度对研发投入强度、实质性创新产出和策略性创新产出、
创新效率的回归结果。以上实证检验结果表明,反倾销强度对出口企业活动
在较长时间内产生正向影响,但是随着时间的推移,反倾销强度对创新的影响
程度也呈现出逐渐减弱的趋势,甚至影响变得不再具有统计意义显著性。这
在一定程度上反映出反倾销强度对出口企业创新影响的时间特征。

表 5-27　反倾销强度影响出口企业创新的动态效应检验结果

Panel A					
	模型 1	模型 2	模型 3	模型 4	模型 5
	RD				
L1. *Dump_Int*	0.033 ***				
	(0.004)				
L2. *Dump_Int*		0.010 **			
		(0.005)			
L3. *Dump_Int*			0.002		
			(0.004)		
L4. *Dump_Int*				0.005	
				(0.004)	
L5. *Dump_Int*					0.005
					(0.004)
控制变量	控制	控制	控制	控制	控制
行业/地区/年	控制	控制	控制	控制	控制
观察值	16487	12178	9989	7860	5855
Adj_R²	0.353	0.350	0.345	0.326	0.299

续表

Panel B					
	模型 1	模型 2	模型 3	模型 4	模型 5
	Patent_in				
L1. Dump_Int	2. 222***				
	(0. 137)				
L2. Dump_Int		2. 527***			
		(0. 212)			
L3. Dump_Int			1. 819***		
			(0. 204)		
L4. Dump_Int				1. 718***	
				(0. 191)	
L5. Dump_Int					1. 520***
					(0. 185)
控制变量	控制	控制	控制	控制	控制
行业/地区/年	控制	控制	控制	控制	控制
观察值	21162	18493	17134	14972	12931
Adj_R²	0. 286	0. 282	0. 284	0. 283	0. 281
Panel C					
	模型 1	模型 2	模型 3	模型 4	模型 5
	Patent_ud				
L1. Dump_Int	3. 868***				
	(0. 178)				
L2. Dump_Int		1. 746***			
		(0. 314)			
L3. Dump_Int			0. 195		
			(0. 275)		

续表

	模型 1	模型 2	模型 3	模型 4	模型 5
Panel C					
Patent_ud					
L4. Dump_Int				0. 426	
				(0. 288)	
L5. Dump_Int					0. 003
					(0. 288)
控制变量	控制	控制	控制	控制	控制
行业/地区/年	控制	控制	控制	控制	控制
观察值	21162	18493	17134	14972	12931
Adj_R²	0. 304	0. 292	0. 293	0. 292	0. 287
Panel D					
Efficiency					
L1. Dump_Int	0. 001*				
	(0. 001)				
L2. Dump_Int		0. 001*			
		(0. 001)			
L3. Dump_Int			−0. 008		
			(0. 006)		
L4. Dump_Int				−0. 006**	
				(0. 005)	
L5. Dump_Int					−0. 004
					(0. 003)
控制变量	控制	控制	控制	控制	控制
行业/地区/年	控制	控制	控制	控制	控制
观察值	2147	2147	2147	2147	1645
Adj_R²	0. 066	0. 063	0. 065	0. 065	0. 079

注:L1、L2、L3、L4、L5 分别表示滞后 1、2、3、4、5 期的反倾销强度。

小　　结

本章主要是通过实证方法,从企业和产品层面分别检验贸易政策不确定性对我国出口企业创新的基准效应,并且通过内生性问题处理,以及进行了一系列的稳健性检验和异质性检验等,支持了贸易政策不确定性对我国出口企业创新的"激励效应"。综合前述的实证检验和结果分析,本章的基本研究结论主要包括以下几方面的内容:

第一,贸易政策不确定性对出口企业创新具有"激励效应"。无论是使用TPU指数,还是反倾销强度,都对出口企业的创新投入、实质性创新产出和策略性创新产出,以及创新效率具有显著的正向影响。进一步通过 Heckman 方法、工具变量模型和两阶段最小二乘法等多种方法处理内生性问题,贸易政策不确定性对出口企业创新的正向影响仍然显著。在此基础上,通过改变因变量的测量方法、使用 Tobit 模型替换基准回归模型,以及使用新的研究样本等一系列稳健性检验,本研究的基准回归结果依然得到支持,一定程度上说明主效应结论的稳健性。

第二,前述在第四章的特征事实分析过程中表明,不同特征企业的创新水平存在着明显差异,所以笔者从所有制、地区、行业类型、企业年龄,以及企业的全要素生产率水平五个方面,分别探讨了贸易政策不确定性与出口企业创新的关系,并利用 Chow 检验对比不同分组结果是否存在显著差异。本章异质性检验结果表明,无论是使用TPU指数还是反倾销强度作为贸易政策不确定性的代理变量,贸易政策不确定性对非国有企业样本组的研发投入强度、实质性创新产出和策略性创新产出的影响要高于国有企业样本组回归系数。同样的结果被发现在高科技制造企业、东部地区的企业、年龄较小的企业、全要素生产率水平较高的企业样本中,贸易政策不确定性对研发投入强度、实质性创新产出和策略性创新产出的影响更显著。但贸易政策不确定性对出口企业创新效率的影响在不同所有制、不同行业、不同地区、不同年龄和不同全要素生产率水平企业之间并不显著。

　　第三,考虑到可能存在的时间趋势问题。本章也检验了贸易政策不确定性对出口企业创新的时间趋势。根据实证检验结果,TPU 指数与出口企业创新的动态效应,以及反倾销强度与出口企业创新的动态效应,都反映出贸易政策不确定性对出口企业创新投入、创新产出在较长时期内存在不同程度的影响。随着时间的推移,贸易政策不确定性对出口企业创新的影响程度逐渐减弱且变得不再显著。以上关于动态效应检验的结果表明,贸易政策不确定性的影响具有时间效应。

第六章　贸易政策不确定性影响出口企业创新的效应检验

第五章关于贸易政策不确定性影响我国出口企业创新分析的结果表明,贸易政策不确定性对我国出口企业创新具有明显的"激励"作用。也就是说,为更好地应对来自环境不确定性的挑战,出口企业采取了相对更主动的创新策略。基于此,本章进一步探讨了贸易政策不确定性如何影响我国出口企业创新,即贸易政策不确定性影响我国出口企业创新的渠道机制。本章通过迪普尔(Dippel,2020)[①]的因果中介工具变量模型,实证检验中介变量企业风险承担水平和政府补贴在因果路径中的作用以识别潜在因果机制,并且通过纳入工具变量,在处理和解决传统中介分析中可能存在的内生性等问题,使得统计结果更具稳健性和可靠性,最终的检验结果支持了企业风险承担水平和政府补贴是贸易政策不确定性下影响出口企业创新的重要渠道。在此基础上,进一步解释了贸易政策不确定性影响我国出口企业创新的"激励效应"和"选择效应"。

第一节　贸易政策不确定性影响出口企业创新效应检验的实证设计

本章首先简要介绍所使用的主要数据来源,模型中所使用变量的测度方

---

① Dippel C., Ferrara A., Heblich S., "Causal Mediation Analysis in Instrumental-Variables Regressions", *Stata Journal*, Vol.20, No.3, 2020.

式。然后,根据理论假设提出检验贸易政策不确定性影响我国出口企业创新的中介效应检验模型及检验选择效应的理论模型。

一、主要数据来源及说明

根据模型中所定义的变量,本章所使用的数据主要来源于以下三个数据库:

第一,世界银行全球反倾销数据库(GAD)2000—2015年的反倾销数据,该数据主要来源于世界银行的临时关税壁垒数据库(Temporary Trade Barriers Database,TTBD),比较全面地收录了世界各国发起的反倾销调查信息。

第二,国泰安数据库(CSMAR)、万得数据库(Wind)。本章所使用的财务数据、企业特征数据均来源于国泰安数据库(CSMAR)、Wind金融终端,其他部分缺失数据从上海证券交易所、深圳证券交易所和巨潮网的官方网站下载上市公司年度报告,手动搜集匹配和补充。

第三,中国海关数据库。本书使用的第三个数据库为中国海关数据库,使用海关数据库主要是根据海关的HS编码匹配反倾销数据库中的反倾销调查信息,从而判断企业遭受反倾销调查的情况。根据反倾销数据库的时间周期,为保持数据库研究区间的基本一致,海关数据库的样本末期,也是截至2015年。

二、变量选择与测量

本章所使用的被解释变量企业创新,以及解释变量贸易政策不确定性指数与第五章的被解释变量和解释变量相同,在此不再重复说明。本章主要对计量模型中新引入的其他相关变量做简要的描述和分析说明,包括政府补贴、企业风险承担水平、融资约束。下面简要对这三个变量的测度情况作简要说明。

1. 政府补贴(*Subsidy*)

政府补贴是影响企业创新的重要因素。例如,霍尔等(Hall 等,2015)、朱金生等(2021)①的研究指出,政府资金支持可对企业创新活动产生激励,这主要是政府补贴有助于化解创新外部效应导致的市场失灵问题(Karhunen 等,2015)。我国政府对企业创新的补贴从 2006 年的 1688.5 亿元增加到现在的1 万多亿元。可以看出,政府补贴已成为企业创新活动的重要资金渠道,一定程度上有利于缓解企业创新资源匮乏的问题。政府补贴的数据来源为国泰安数据库,根据陈等(2018)、吴伟伟等(2021)对研发补贴的研究,本书从国泰安数据库中提取公司财务报表附注中"营业外收入"科目下的"政府补贴"明细,然后通过人工筛选方式整理得到政府补贴的年度数据。

2. 企业风险承担水平(*Risk*)

企业风险承担水平会对企业创新行为产生激励效应。例如,贸易政策不确定性增强,企业可能通过增加研发活动降低生产成本和实现边际收益增加(谢申祥等,2013),进而有助于增加企业创新意愿和促进创新行为(沈昊旻等,2021)。企业风险承担通常使用 ROA 波动程度测度(何瑛等,2019)②,盈余波动性越大则企业的风险承担水平越高。借鉴约翰等(John 等,2008)、何瑛等(2019)的相关研究,测算得到企业风险承担水平,以 t 年至 $t+2$ 年作为一个观测期,分别滚动计算经行业调整后的标准差(Adj_ROA),然后将最终的计算结果乘以 100,得到企业风险承担水平,具体的变量测度结果按照公式(6.1)计算得到:

$$Risk_{i,t} = \sqrt{\frac{1}{T-1}\sum_{t=1}^{T}\left(Adj_{ROAi,t} - \frac{1}{T}Adj_{ROAi,t}\right)^2 \mid T = 3} \qquad (6.1)$$

---

① 朱金生、朱华:《政府补贴能激励企业创新吗? ——基于演化博弈的新创与在位企业创新行为分析》,《中国管理科学》2021 年第 12 期。

② 何瑛、丁文蕾、杨棉之:《CEO 复合型职业经历、企业风险承担与企业价值》,《中国工业经济》2019 年第 9 期。

3. 融资约束(KZ)

衡量企业融资约束主要有四种不同的方式:现金流敏感系数法、公司特征单指标方法、指数构建方法(包括 SA 指数、KZ 指数、FC 指数),以及感知调查法(吴秋生和黄贤环,2017)。本书参考魏志华等(2014)的研究,使用 KZ 指数方法计算样本企业的融资约束指数,KZ 指数方法计算融资约束水平是基于经营性净现金流除以总资产、股利分配比例、市值账面比、资产负债率以及息税前利润除以总资产五个财务指标,采用排序逻辑回归模型,计算得到 KZ 指数。该指数越大,企业面临的融资约束程度越高。本书计算 KZ 融资约束指标使用的财务数据,均来自国泰安数据库。

表 6-1　主要变量定义

变量符号	变量名称	变量定义
RD	创新投入	研发投入占主营业务收入比例
Patent_in	实质性创新产出	(1+发明专利申请数)的自然对数
Patent_ud	策略性创新产出	(1+实用新型专利申请数+外观设计专利申请数)的自然对数
TFP	全要素生产率	参考鲁晓东等(2012)研究,使用 LP 方法计算得到全要素生产率
TPU	贸易政策不确定性指数	根据黄等(Huang 等,2020)的月度指数按照年度加总,然后再求平均并除以100
Dump_Int	反倾销强度	按照 HS4 位码计算的各行业遭受反倾销产品出口额占整个行业出口额比例
Dump_Dua	是否反倾销	如果行业内遭受反倾销赋值为1,否则赋值为0
Subsidy	政府补贴	本书使用公司财务报表附注中"营业外收入"科目下的"政府补贴"明细作为测度指标
Risk	企业风险承担水平	本书使用 ROA 波动程度作为企业风险承担水平的测量指标
KZ	融资约束	本书使用 KZ 指数作为融资约束的测量
Size	企业规模	企业总人数的自然对数

续表

变量符号	变量名称	变量定义
Leverage	资本结构	资产与负债比例
Operation	营运能力	经营性现金流占总资产比率
ROA	盈利能力	总资产收益率，净利润除以平均总资产
TobinQ	企业价值	托宾 Q 值
Board	董事会规模	(1+董事会人数)的自然对数
Top1	股权集中度	企业第一大股东持股比例
SOE	产权性质	如果是国有企业赋值为1，否则赋值为0
HHI_A	赫芬达尔指数	该数值越大，行业集中度越高
GdpPct	GDP 增长	企业总部所在省份当期 GDP 比上一期增长率
PerGdp	人均 GDP 增长	企业总部所在省份当期人均 GDP 比上一期增长率
Ex_ratio	出口收入比例	企业当年出口收入占总收入的比重
Ex_country	出口国家或地区数量	企业当年出口国家或地区数

三、中介效应检验模型

本章主要检验贸易政策不确定性对出口企业创新影响的中介效应，以及贸易政策不确定性对企业创新影响的选择效应，据此分别构建了中介效应检验模型和选择效应的检验模型。

为检验贸易政策不确定性对政府补贴、企业风险承担水平的影响，参考谢杰等(2021)的研究方法，本书构建以下回归模型，如公式(6.2)所示：

$$Subsidy(Risk)_{i,t} = \alpha_0 + \alpha_1 \, TPU(Dump\_Int)_{i,t} + \alpha_2 \, Ctrls_{i,t} + \mu_t + \delta_{ind} + \tau_{area} + \epsilon_{it} \tag{6.2}$$

由于不同企业之间可能存在不随行业、时间变化的差异，所以在基准回归模型中同时控制了年份、行业和地区固定效应，以控制这些不随时间变化的差异,以缓解遗漏变量、样本选择偏误等可能导致的内生性问题(孟宁,2020)[1]。其中,*Subsidy*、*Risk* 分别表示政府补贴、企业风险承担水平;*TPU*、*Dump_Int* 分别表示贸易政策不确定性指数、反倾销强度;*Ctrls* 表示各种控制变量。μ_t、δ_{ind}、τ_{area} 分别表示年份、行业和地区的固定效应,ϵ_{it} 表示随机扰动项。

为检验贸易政策不确定性影响出口企业创新的中介效应,本书采用被广泛应用于社会科学研究的因果中介分析模型(Imai 等,2010)[2],该方法可以通过检验中介变量在因果路径中的作用来识别潜在因果机制,可有效解决传统统计分析中诸如选择性偏误等难题(朱旭峰等,2016)[3]。同时,进一步考虑可能存在的内生性问题,为了保证结果的稳健性,使用迪普尔等(Dippel 等,2020)提出的因果中介工具变量模型估计贸易政策不确定性影响企业创新的中介效应。迪普尔的因果中介工具变量模型实际上是两个 2SLS,构建步骤如下:

第一步,构建自变量与中介变量的 2SLS 模型,具体的计算方式分别为公式(6.3)和公式(6.4)。

$$IV_{i,t} = \alpha_0 + \alpha_1 ZV_{i,t} + \alpha_2 Ctrls_{i,t} + \mu_t + \delta_{ind} + \tau_{area} + \epsilon_{it} \tag{6.3}$$

$$MV_{i,t} = \beta_0 + \beta_1 \widetilde{IV}_{i,t} + \beta_2 Ctrls_{i,t} + \mu_t + \delta_{ind} + \tau_{area} + \epsilon_{it} \tag{6.4}$$

第二步,构建自变量、中介变量对因变量的 2SLS 模型,具体的计算公式分别为公式(6.5)和公式(6.6)。

$$MV_{i,t} = \gamma_0 + \gamma_1 IV_{i,t} + \gamma_2 ZV_{i,t} + \gamma_3 Ctrls_{i,t} + \mu_t + \delta_{ind} + \tau_{area} + \epsilon_{it} \tag{6.5}$$

$$DV_{i,t} = \delta_0 + \delta_1 IV_{i,t} + \delta_2 \widetilde{MV}_{i,t} + \delta_3 Ctrls_{i,t} + \mu_t + \delta_{ind} + \tau_{area} + \epsilon_{it} \tag{6.6}$$

---

① 孟宁、马野青、阮永嘉:《贸易摩擦会阻碍企业的出口产品创新吗?——基于反倾销视角的研究》,《南京社会科学》2020 年第 11 期。

② Imai K.,Keele L.,Yamamoto T.,"Identification,Inference and Sensitivity Analysis for Causal Mediation Effects",*Statistical Science*,Vol.25,No.1,2010.

③ 朱旭峰、赵慧:《政府间关系视角下的社会政策扩散——以城市低保制度为例(1993—1999)》,《中国社会科学》2016 年第 8 期。

为便于展示公式,使用统一的符号替代相应的变量。DV 表示因变量企业创新,IV 表示自变量贸易政策不确定性或反倾销强度,MV 表示中介变量政府补贴、企业风险承担水平,ZV 分别表示工具变量:滞后一期自变量、HS4 行业反倾销均值、印度 HS4 行业反倾销强度,$\widetilde{IV}$ 表示自变量 IV 的估计值,Ctrls 表示各种控制变量,μ_t、δ_{ind}、τ_{area} 分别表示年份、行业和地区的固定效应,ϵ_{it} 表示随机扰动项。模型检验使用 Stata 软件中的 ivmediate 命令估计。

四、选择效应检验模型

为了检验贸易政策不确定性影响出口企业创新的选择效应,参考了顾夏铭等(2018)的研究,构建如公式(6.7)所示的回归模型:

$$Innovation_{i,t} = \alpha_0 + \alpha_1 TPU(Dump\_Int)_{i,t} + \alpha_2 X_{i,t} + \alpha_2 X_{i,t} \times$$

$$TPU(Dump\_Int)_{i,t} + \alpha_2 Ctrls_{i,t} + \mu_t + \delta_{ind} + \tau_{area} + \varepsilon_{it} \qquad (6.7)$$

公式(6.7)中的 $X_{i,t} = KZ_{i,t}$ 表示样本企业的融资约束程度。如果 $KZ_{i,t} = 1$,表示企业融资约束程度高;否则,$KZ_{i,t} = 0$,表示企业融资约束程度低。公式(6.7)中的 $X_{i,t} = TFP_{i,t}$ 表示全要素生产率水平。如果 $TFP_{i,t} = 1$,表示全要素生产率水平高;否则,$TFP_{i,t} = 0$,表示全要素生产率水平低。公式(6.7)中的 $X_{i,t} = Ex\_country_{i,t}$ 表示出口目的分散程度。如果 $Ex\_country_{i,t} = 1$,表示出口目的地多;否则,$Ex\_country_{i,t} = 0$,表示出口目的地少。

第二节 贸易政策不确定性影响出口企业创新效应检验的变量特征

本节报告了贸易政策不确定性影响出口企业创新效应检验模型中的主要变量,对变量基本特征加以描述,并计算被解释变量、解释变量的偏相关系数,最后对比我国非上市企业与上市企业在创新产出方面的差异。

一、主要变量描述性统计

表6-2报告了贸易政策不确定性影响企业创新效应实证过程中主要变量的描述性统计结果,包括样本均值、中位数、标准差、最小值、最大值、25%分位数、75%分位数。由表6-1的结果可知,研发补贴强度(Subsidy)的均值为0.008,标准差为0.017,均值与标准差相差较大,反映出样本企业受政府补贴的情况比较分散。企业风险承担水平(Risk)的均值为0.030,标准差为0.037,均值与标准差比较接近,说明样本企业风险承担水平较为接近。根据KZ指数计算公式,KZ指数越大意味着样本企业融资约束程度越大,表6-2结果表明样本企业存在一定程度的融资约束。从出口目的地(Ex_country)的数量来看,样本企业出口目的地数量存在比较明显的差异。

表6-2　主要变量描述性统计结果

变量	观察值	均值	标准差	最小值	25%分位数	中位数	75%分位数	最大值
RD	18896	0.015	0.028	0.000	0.000	0.000	0.022	0.158
Patent_in	26905	0.588	0.976	0.000	0.000	0.000	1.099	4.220
Patent_ud	26905	1.152	1.483	0.000	0.000	0.000	2.197	5.642
Efficiency	2243	0.003	0.004	0.000	0.001	0.002	0.003	0.022
TPU	26905	1.006	0.209	0.648	0.867	0.931	1.158	1.428
Dump_Dua	26905	0.431	0.443	0.000	0.000	0.000	1.000	1.000
Dump_Int	26905	0.028	0.063	0.000	0.000	0.003	0.016	0.282
Subsidy	26905	0.008	0.017	0.000	0.000	0.002	0.008	0.104
Risk	24876	0.030	0.037	0.001	0.009	0.017	0.033	0.216
KZ	21756	2.168	1.932	−3.305	0.954	2.338	3.490	6.717
TFP	21709	8.698	1.130	4.994	7.933	8.619	9.368	12.933
Ex_country	26905	5.601	12.441	0.000	0.000	0.000	4.000	65.000
Size	24816	7.459	1.329	3.526	6.678	7.474	8.279	10.818

续表

变量	观察值	均值	标准差	最小值	25%分位数	中位数	75%分位数	最大值
Leverage	26902	0.469	0.238	0.048	0.299	0.462	0.619	1.467
ROA	24941	0.035	0.064	−0.275	0.013	0.036	0.064	0.205
TobinQ	24050	1.916	1.214	0.936	1.199	1.507	2.130	8.264
Operation	24939	0.046	0.078	−0.201	0.004	0.045	0.090	0.267
HHI	23818	0.129	0.133	0.018	0.053	0.083	0.149	0.786
*Top*1	22114	37.452	15.665	9.230	24.980	35.720	49.330	75.770
Board	24896	2.367	0.216	1.792	2.303	2.303	2.485	2.944
GdpPct	26905	1.135	0.058	1.006	1.085	1.126	1.179	1.270
PerGdp	26905	1.120	0.059	0.963	1.076	1.110	1.164	1.264
Ex_country	26905	5.601	12.441	0.000	0.000	0.000	4.000	65.000
Ex_ratio	26905	0.096	0.189	0.000	0.000	0.000	0.102	0.863

二、主要变量相关性分析

表6-3报告了主要变量的偏相关系数。从表6-3结果看,一方面TPU指数与中介变量政府补贴和企业风险承担水平存在正相关关系,且在1%的水平上显著。同样,反倾销强度与中介变量政府补贴和企业风险承担水平之间也存在显著的正相关关系。另一方面,调节变量中的融资约束、出口目的地数量分别与出口企业创新投入、创新产出和创新效率存在显著负相关关系,全要素生产率与出口企业创新投入、创新产出和创新效率之间呈显著正相关关系。这为贸易政策不确定性通过政府补贴和风险承担水平对企业创新产生影响,以及融资约束、全要素生产率和出口目的地数量对贸易政策不确定性影响出口企业创新的选择效应提供了初步经验证据。

表6-3　主要变量相关性分析结果

变量	1	2	3	4	5	6	7	8	9	10
RD	1									
Patent in	0.369***	1								
Patent ud	0.309***	0.637***	1							
Efficiency	-0.175***	0.074***	0.312***	1						
TPU	0.043***	0.017***	0.040***	0.095***	1					
Dump_Int	0.099***	0.114***	0.155***	0.049**	0.150***	1				
Subsidy	0.395***	0.147***	0.108***	-0.005	0.090***	0.029***	1			
Risk	0.097***	0.126***	0.139***	-0.027	0.062***	0.002	-0.019***	1		
KZ	-0.213***	-0.016**	-0.007	-0.045**	-0.007	-0.011	-0.064***	0.097***	1	
lntfp	0.091***	0.326***	0.330***	0.112***	0.057***	0.006	-0.119***	-0.212***	0.212***	1
Ex_country	-0.131***	-0.188***	-0.230***	0.097***	0.015**	0.080***	0.015**	-0.066***	-0.061***	0.070***

注：***、**、*,分别表示在1%、5%、10%(双尾检验)的显著性水平上显著。

第三节　贸易政策不确定性影响出口企业创新的中介效应检验

在前述变量测度和基本特征描述的基础上,根据设定的中介效应检验模型,实证检验贸易政策不确定性对我国出口企业创新的中介效应,即分别检验了企业风险承担水平和政府补贴两个变量对贸易政策不确定性和出口企业创新的中介作用。该部分实证检验,也是解决贸易政策不确定性如何影响我国出口企业创新的作用机理的关键环节。接下来,分别使用中介效应检验模型和因果中介工具变量模型,检验了企业风险承担水平和政府补贴的中介作用。

一、风险承担水平

贸易政策不确定性一方面可能会使企业通过研发来降低生产成本,这可以改善企业的边际收益水平(谢申祥等,2013);另一方面也可通过研发提升产品质量,提高外部市场对产品的依赖,以避免未来可能发生的反倾销调查(谢建国和章素珍,2017),这也意味着贸易政策不确定性可以提升企业风险承担水平,进而影响企业创新。基于此,本节分别分析 TPU 指数通过风险承担水平影响出口企业创新的效应,以及反倾销强度通过风险承担水平影响出口企业创新的效应。分析思路是首先检验 TPU 指数和反倾销强度对风险承担水平的影响,然后利用迪普尔等(Dippel 等,2020)的因果中介工具变量模型识别企业风险承担水平的"激励效应"。企业风险承担水平中介作用的具体检验结果如下:

(一)贸易政策不确定性对企业风险承担水平的影响

表6-4 报告了 TPU 指数和反倾销强度对企业风险承担水平的影响。表6-4 中的模型1 和模型3 是固定效应模型检验结果,结果表明,TPU 指数、反倾销强度都对企业风险承担水平具有显著的正向影响,即贸易政策不确定性提高了企业风险承担水平。表6-4 中的模型2 和模型4 是使用印度行业反倾销强度均值作为工具变量的回归结果,用于不可识别检验或识别不足检验的统计量 Kleibergen-Paap rk LM,检验结果的 P 值均为 0.000,在 1% 的显著性水平上拒绝原假设,说明工具变量不存在识别不足的问题;用于弱工具变量检验的统计量 Kleibergen-Paap rk Wald F 值均大于 Stock-Yogo 检验在 10% 水平上的临界值 19.93,从而拒绝工具变量是弱工具变量的原假设,说明工具变量是合理的;模型不存在工具变量过度识别问题。工具变量回归结果表明,贸易政策不确定性对企业风险承担水平同样有显著正向影响。综合固定效应和工具变量回归结果,可知贸易政策不确定性与企业风险承担水平之间存在正相关关系。

表 6-4 贸易政策不确定性对企业风险承担水平影响效应检验结果

变量	模型 1	模型 2	模型 3	模型 4
	FE 回归	IV 回归	FE 回归	IV 回归
	Risk			
TPU	0.160 ***	0.121 ***		
	(0.011)	(0.013)		
Dump_Int			0.009 ***	0.439 ***
			(0.004)	(0.080)
Size	−0.001 ***	−0.001 ***	−0.001 ***	−0.003 ***
	(0.000)	(0.000)	(0.000)	(0.000)
Leverage	0.020 ***	0.018 ***	0.020 ***	0.025 ***
	(0.002)	(0.002)	(0.002)	(0.002)
ROA	−0.220 ***	−0.225 ***	−0.219 ***	−0.205 ***
	(0.007)	(0.007)	(0.007)	(0.008)
TobinQ	0.008 ***	0.008 ***	0.008 ***	0.007 ***
	(0.000)	(0.000)	(0.000)	(0.000)
Operation	0.014 ***	0.015 ***	0.014 ***	0.018 ***
	(0.004)	(0.004)	(0.004)	(0.004)
HHI	−0.004 ***	−0.004 ***	−0.004 ***	0.008 ***
	(0.002)	(0.002)	(0.002)	(0.003)
Top1	−0.000	−0.000	−0.000	−0.000
	(0.000)	(0.000)	(0.000)	(0.000)
Board	−0.001	−0.001	−0.001	0.002
	(0.001)	(0.001)	(0.001)	(0.001)
SOE	−0.006 ***	−0.006 ***	−0.006 ***	−0.004 ***
	(0.001)	(0.001)	(0.001)	(0.001)
GdpPct	0.013	0.013	0.013	0.005
	(0.013)	(0.013)	(0.013)	(0.015)
PerGdp	−0.008	−0.009	−0.008	−0.004
	(0.009)	(0.009)	(0.009)	(0.010)
Ex_country	−0.000 ***	−0.000 ***	−0.000 ***	−0.000 ***
	(0.000)	(0.000)	(0.000)	(0.000)
Ex_ratio	0.007 ***	0.007 ***	0.007 ***	0.001
	(0.001)	(0.001)	(0.001)	(0.002)
_cons	0.152 ***	−0.097 ***	0.033 ***	0.011
	(0.017)	(0.014)	(0.011)	(0.011)
行业/地区/年	控制	控制	控制	控制

197

变量	模型1	模型2	模型3	模型4
	FE 回归	IV 回归	FE 回归	IV 回归
	Risk			
观察值	21162	21162	21162	2147
$Adj\ R^2$	0.314	0.313	0.314	0.093
Kleibergen-Paap rk LM 统计量	—	79.11 [0.000]	—	89.20 [0.000]
Kleibergen-Paap rk Wald F 统计量	—	89.671 {19.93}	—	89.67 {19.93}

注:***、**、*,分别表示1%、5%、10%(双尾检验)的显著性水平上显著,小括号"()"内为稳健标准误差。行业/地区/年表示,回归模型分别控制了行业、地区和年份固定效应。如无特别的说明,本章其余回归模型中变量的显著性水平,以及对固定效应的控制均与该部分的标注方式相同。

(二)企业风险承担水平对贸易政策不确定性与出口企业创新关系的影响

TPU 指数、反倾销强度对企业风险承担具有正向效应,接下来检验 TPU 指数、反倾销强度是否通过风险承担影响出口企业创新,即检验贸易政策不确定性影响出口企业创新的作用机制。为避免反向因果引起的内生性问题,选择迪普尔等(Dippel 等,2020)提出的因果中介工具变量模型,以克服中介效应模型因为内生性问题导致的估计结果偏误问题。因果中介检验结果如表6-5 和表6-6 所示。

表6-5 报告了采用因果中介工具变量模型对风险承担水平在 TPU 指数与出口企业创新之间的中介效应检验结果。总效应系数为正,且在1%的水平上对研发投入强度、实质性创新产出和策略性创新产出具有统计意义的显著性;直接效应系数显著为正,意味着在控制风险承担水平的情况下,TPU 指数对出口企业创新有显著的正向影响;间接效应系数为正,且风险承担水平在TPU 指数与研发投入强度、实质性创新产出和策略性创新产出之间的关系具

有显著性,说明风险承担水平起到了中介作用,但对创新效率的间接效应不显著,即风险承担并不能间接提升创新效率。此外,中介效应符号也表明,风险承担与出口企业创新之间存在正相关关系。从中介效应占比看,进一步说明风险承担是 TPU 指数影响研发投入强度、实质性创新产出和策略性创新产出的重要渠道,即存在风险承担的"激励效应"。

表 6-5　TPU、风险承担水平与出口企业创新的回归结果

变量	模型 1	模型 2	模型 3	模型 4
	RD	Patent_in	Patent_ud	Efficiency
	Risk			
总效应	0.258 ***	25.212 ***	38.312 ***	0.044
	(0.060)	(5.471)	(8.286)	(0.056)
直接效应	0.031 ***	2.096 ***	3.267 ***	0.004 **
	(0.004)	(0.308)	(0.467)	(0.002)
间接效应	0.227 ***	23.116 ***	35.045 ***	0.041
	(0.079)	(7.632)	(11.573)	(0.063)
中介效应占比	88.12%	91.69%	91.47%	91.13%
first stage one-F	19.480	19.480	19.480	1.514
first stage two-F	40.812	40.812	40.812	3.671
其他控制变量	控制	控制	控制	控制
观察值	18896	21162	21162	2147

表 6-6 报告了风险承担在反倾销强度与出口企业创新之间的中介效应检验结果。由检验结果可知,总效应系数为正,且在 1% 的水平上对研发投入强度、实质性创新产出和策略性创新产出具有统计意义的显著性;直接效应系数显著为正,意味着在控制风险承担的情况下,反倾销强度对出口企业创新有显著的正向影响;间接效应系数为正,且风险承担在反倾销强度与研发投入强度、实质性创新产出和策略性创新产出之间的关系具有显著性,说明风险承担

起到了中介作用。中介效应符号也表明,风险承担与出口企业创新之间存在正相关关系。从中介效应占比来看,进一步说明风险承担也是反倾销强度影响研发投入强度、实质性创新产出和策略性创新产出的重要渠道。此外,表 6-6 的结果表明,总效应系数和间接效应系数都不显著,意味着风险承担没有在反倾销强度与创新效率之间发挥显著中介效应,这也反映了反倾销不能通过风险承担渠道促进出口企业创新效率提升。

表 6-6　反倾销强度、风险承担水平与出口企业创新的回归结果

变量	模型 1	模型 2	模型 3	模型 4
	RD	Patent_in	Patent_ud	Efficiency
	Risk			
总效应	0.538***	52.482***	76.936***	0.015
	(0.078)	(6.023)	(8.681)	(0.015)
直接效应	0.012*	2.240***	1.793**	0.002**
	(0.006)	(0.500)	(0.723)	(0.001)
间接效应	0.526***	50.242***	75.143***	0.013
	(0.133)	(12.191)	(17.574)	(0.017)
中介效应占比	97.84%	95.73%	97.67%	83.93%
firststage one-F	79.453	79.453	79.453	9.632
first stage two-F	47.710	47.710	47.710	3.963
控制变量	控制	控制	控制	控制
观察值	18896	21162	21162	2147

二、政府补贴

政府补贴是激励企业创新的重要政策工具(吴伟伟等,2021),鉴于反倾销对出口企业造成的冲击,政府层面为了降低反倾销对经济发展的影响,通常会加大对出口企业的补贴力度(李敬子等,2019)。进一步结合前述的理论分

析,可知贸易政策不确定性可能会通过政府补贴影响出口企业创新。基于此,本节分别分析了 TPU 指数通过政府补贴影响出口企业创新的效应,以及反倾销强度通过政府补贴影响出口企业创新的效应。本部分的分析思路是:首先,检验 TPU 指数和反倾销强度对政府补贴的影响。然后,利用迪普尔等(Dippel 等,2020)提出的因果中介工具变量模型,识别政府补贴的"激励效应"。政府补贴在贸易政策不确定性和出口企业创新之间的中介作用的具体检验结果如下:

(一)贸易政策不确定性对政府补贴的影响

表 6-7 报告了 TPU 指数和反倾销强度对政府补贴的影响。模型 1 和模型 3 是固定效应模型检验结果,结果表明 TPU 指数、反倾销强度都对政府补贴具有显著的正向影响,即贸易政策不确定性提高了政府补贴强度。模型 2 和模型 4 是使用印度行业反倾销强度均值作为工具变量的回归结果,用于不可识别检验或识别不足检验的统计量 Kleibergen-Paap rk LM,检验结果的 P 值均为 0.000,在 1% 的显著性水平上拒绝原假设,说明工具变量不存在识别不足的问题;用于弱工具变量检验的统计量 Kleibergen-Paap rk Wald F 值均大于 Stock-Yogo 检验在 10% 水平上的临界值 19.93,从而拒绝工具变量是弱工具变量的原假设,说明工具变量是合理的;模型不存在工具变量过度识别问题。工具变量回归结果表明,贸易政策不确定性对政府补贴也具有显著的正向影响。综合固定效应回归结果和工具变量回归结果,贸易政策不确定性对政府补贴具有显著的正向影响。

表 6-7　贸易政策不确定性对政府补贴影响效应检验结果

变量	模型 1	模型 2	模型 3	模型 4
	FE 回归	IV 回归	FE 回归	IV 回归
	Subsidy			
TPU	0.085 *** (0.004)	0.004 *** (0.001)		

变量	模型 1	模型 2	模型 3	模型 4
	FE 回归	IV 回归	FE 回归	IV 回归
	Subsidy			
Dump_Int			0.003[*]	0.034[***]
			(0.002)	(0.005)
Size	−0.001[***]	−0.001[***]	−0.001[***]	−0.001[***]
	(0.000)	(0.000)	(0.000)	(0.000)
Leverage	−0.010[***]	−0.010[***]	−0.010[***]	−0.010[***]
	(0.001)	(0.001)	(0.001)	(0.001)
ROA	−0.007[***]	−0.007[***]	−0.007[***]	−0.008[***]
	(0.002)	(0.002)	(0.002)	(0.003)
TobinQ	0.001[***]	0.001[***]	0.001[***]	0.001[***]
	(0.000)	(0.000)	(0.000)	(0.000)
Operation	−0.002	−0.002	−0.002	−0.002
	(0.002)	(0.002)	(0.002)	(0.002)
HHI	−0.001	−0.001	−0.001	−0.002
	(0.001)	(0.001)	(0.001)	(0.001)
*Top*1	−0.000[***]	−0.000[***]	−0.000[***]	−0.000[***]
	(0.000)	(0.000)	(0.000)	(0.000)
Board	0.000	0.000	0.000	0.000
	(0.001)	(0.001)	(0.001)	(0.001)
SOE	−0.001[**]	−0.001[**]	−0.001[**]	−0.001[**]
	(0.000)	(0.000)	(0.000)	(0.000)
GdpPct	0.008	0.008	0.008	0.008
	(0.005)	(0.005)	(0.005)	(0.005)
PerGdp	0.001	0.001	0.001	0.000
	(0.003)	(0.003)	(0.003)	(0.003)
Ex_country	−0.000	−0.000	−0.000	−0.000
	(0.000)	(0.000)	(0.000)	(0.000)
Ex_ratio	−0.001[**]	−0.001[**]	−0.001[**]	−0.001
	(0.001)	(0.001)	(0.001)	(0.001)
_cons	−0.060[***]	0.019[**]	0.004	0.016[***]
	(0.007)	(0.010)	(0.005)	(0.005)
行业/地区/年	控制	控制	控制	控制
观察值	21162	21162	21162	21162

续表

变量	模型 1	模型 2	模型 3	模型 4
	FE 回归	IV 回归	FE 回归	IV 回归
			Subsidy	
Adj_R^2	0.117	0.117	0.117	0.105
Kleibergen-Paap rk LM 统计量	—	78.14 [0.000]	—	78.14 [0.000]
Kleibergen-Paap rk Wald F 统计量	—	48.21 {19.93}	—	48.21 {19.93}

注：***、**、*，分别表示在 1%、5%、10%（双尾检验）的显著性水平上显著，行业/地区/年表示在各回归模型分别控制了行业、地区和年份固定效应。此外，小括号"（）"内为稳健标准误，中括号"[ ]"内为相应检验统计量 P 值，大括号"{}"内为 Stock-Yogo 检验统计量在 10% 水平上的临界值。

（二）政府补贴对贸易政策不确定性与企业创新关系的影响

TPU 指数、反倾销强度对出口政府补贴具有正向效应，接下来检验 TPU 指数、反倾销强度是否通过政府补贴影响出口企业创新，即检验贸易政策不确定性影响出口企业创新的作用机制。由于传统的 B-K 中介效应模型中，难以保证自变量和中介变量的不相关性，因此可能存在内生性问题。为避免反向因果引起的内生性问题，保证研究结果稳健性，选择迪普尔等（Dippel 等，2020）提出的因果中介工具变量模型，以克服中介效应模型因为内生性问题导致的估计结果偏误问题。因果中介检验结果见表 6-8 和表 6-9。

表 6-8　TPU、政府补贴与出口企业创新的回归结果

变量	模型 1	模型 2	模型 3	模型 4
	RD	Patent_in	Patent_ud	Efficiency
			Subsidy	
总效应	0.270*** (0.065)	26.379*** (5.988)	39.978*** (9.046)	0.045* (0.027)

续表

变量	模型1 RD	模型2 Patent_in	模型3 Patent_ud	模型4 Efficiency
	Subsidy			
直接效应	0.062***	5.282***	8.080***	0.003**
	(0.017)	(1.439)	(2.163)	(0.001)
间接效应	0.208*	21.097*	31.898*	0.042
	(0.117)	(11.240)	(16.964)	(0.058)
中介效应占比	77.02%	79.98%	79.79%	93.82%
first stage one-F	19.480	19.480	19.480	1.514
first stage two-F	12.481	12.481	12.481	13.954
其他控制变量	控制	控制	控制	控制
观察值	18896	21162	21162	2147

注:***、**、*,分别表示在1%、5%、10%(双尾检验)的显著性水平上显著,行业/地区/年表示在各回归模型中控制了行业、地区和年份固定效应。小括号"( )"内为稳健标准误。此外,表6-8的回归模型中所使用的工具变量与第五章的工具变量保持一致。

表6-8报告了采用因果中介工具变量模型对政府补贴在TPU指数与企业创新之间的中介效应检验结果。总效应系数为正,且在1%的水平上对研发投入强度、实质性创新产出和策略性创新产出具有统计意义的显著性;直接效应系数显著为正,意味着在控制政府补贴的情况下,TPU指数对出口企业创新有显著的正向影响;间接效应系数为正,且政府补贴在TPU指数与研发投入强度、实质性创新产出和策略性创新产出之间的关系具有显著性,说明政府补贴起到了中介作用,但对创新效率的间接效应不显著,即政府补贴并不能间接提升创新效率。此外,中介效应符号也表明,政府补贴与出口企业创新之间存在正相关关系。从中介效应占比看,进一步说明政府补贴是TPU指数影响研发投入强度、实质性创新产出和策略性创新产出的重要渠道。

表6-9报告了政府补贴在反倾销强度与出口企业创新之间的中介效应检验结果。由检验结果可知,总效应系数为正,且在1%的水平上对研发投入

强度、实质性创新产出和策略性创新产出具有统计意义的显著性;直接效应系数显著为正,意味着在控制政府补贴的情况下,反倾销强度对出口企业创新有显著的正向影响;间接效应系数为正,且政府补贴在反倾销强度与研发投入强度、实质性创新产出和策略性创新产出之间的关系具有显著性,说明政府补贴起到了中介作用。中介效应符号也表明,政府补贴与出口企业创新之间存在正相关关系。从中介效应占比来看,进一步说明政府补贴也是反倾销强度影响研发投入强度、实质性创新产出和策略性创新产出的重要渠道。此外,表6-9 的结果表明,总效应系数和间接效应系数都不显著,意味着政府补贴没有在反倾销强度与创新效率之间发挥显著中介效应,这也反映了反倾销不能通过政府补贴渠道促进企业创新效率提升。

表6-9 反倾销强度、政府补贴与出口企业创新的回归结果

变量	模型 1 RD	模型 2 Patent_in	模型 3 Patent_ud	模型 4 Efficiency
	Subsidy			
总效应	0. 587 ***	57. 364 ***	86. 937 ***	0. 005
	(0. 114)	(9. 487)	(14. 155)	(0. 005)
直接效应	0. 027 ***	2. 257 **	2. 623 **	0. 002 ***
	(0. 010)	(0. 881)	(1. 311)	(0. 001)
间接效应	0. 559 *	55. 107 *	84. 314 *	0. 003
	(0. 326)	(30. 279)	(45. 144)	(0. 005)
中介效应占比	95. 23%	96. 07%	96. 98%	64. 31%
first stage one-F	38. 198	38. 198	38. 198	53. 443
first stage two-F	7. 949	7. 949	7. 949	12. 810
控制变量	控制	控制	控制	控制
观察值	18896	21162	21162	2147

注: ***、**、*,分别表示在1%、5%、10%(双尾检验)的显著性水平上显著,行业/地区/年表示在各回归模型中控制了行业、地区和年份固定效应。小括号"()"内为稳健标准误差,表6-9 中的回归模型,所使用的工具变量与第五章的工具变量保持一致。

从以上的分析结果可以看出,表6-8和表6-9的实证检验结果都支持了贸易政策不确定性可以通过政府补贴途径,间接对我国出口企业创新产生正向影响,这在一定程度上反映出政府补贴增强提高了企业可用于开展创新活动的资金,从而有助于激励出口企业增加研发投入,促进创新活动开展和提高创新产出。

第四节　贸易政策不确定性影响出口企业创新的选择效应检验

第四章对我国出口企业创新的事实特征分析表明,不同特征企业之间的创新产出存在比较明显的差异,这种差异在一定程度上反映了出口企业在能力方面存在异质性。对于不同能力的出口企业来说,贸易政策不确定性对其创新的影响可能存在差异。为此,本节进一步检验了出口企业能力异质性条件下的贸易政策不确定性对出口企业创新的"选择效应",即探讨了融资约束、全要素生产率和出口目的地数量三个因素的调节作用。对上述的三个因素在贸易政策不确定性和出口企业创新之间的调节作用检验结果,为第三章贸易政策不确定性与出口企业创新关系的理论分析推导得出的"选择效应"提供了经验证据。

一、企业融资约束

创新是高投入、高风险和高收益的活动,这一过程需要较多的资源支持。相对于融资约束较大的企业,融资约束小的企业更可能开展创新活动,也就是说贸易政策不确定性可能对融资约束程度不同的企业产生选择效应。为此,本书通过构建贸易政策不确定性与融资约束的交乘项,采用调节效应模型实证检验融资约束异质性下的贸易政策不确定性对出口企业创新的选择效应。

（一）基于融资约束的 TPU 指数与出口企业创新

表 6-10 报告了融资约束异质性条件下,TPU 指数对出口企业创新的"选择效应"。根据模型 1 到模型 4 的回归检验结果,TPU 指数与融资约束的交乘项对研发投入强度、实质性创新产出具有显著的负向影响。这一结果意味着,随着 TPU 指数的增大,融资约束程度小的出口企业更可能增加研发投入,改善企业的创新产出状况,即 TPU 指数对不同融资约束程度企业具有"选择效应"。但是 TPU 指数增大对策略性创新产出的影响不显著,这可能主要是因为实质性创新是以提高技术竞争力为目的（黎文靖等,2016）,通过产品质量提升可以更好地应对贸易政策不确定性冲击。

表 6-10 基于融资约束的 TPU 指数对出口企业创新的效应检验结果

变量	模型 1	模型 2	模型 3	模型 4
	RD	Patent_in	Patent_ud	Efficiency
TPU	0.156 ***	6.993 ***	7.875 ***	0.006
	(0.007)	(0.280)	(0.419)	(0.004)
KZ	−0.003 ***	−0.004	−0.012	0.000
	(0.000)	(0.009)	(0.014)	(0.000)
TPU×KZ	−0.003 ***	−0.020 *	−0.022	0.001
	(0.000)	(0.012)	(0.023)	(0.001)
Size	0.001 ***	0.253 ***	0.422 ***	−0.000 ***
	(0.000)	(0.007)	(0.009)	(0.000)
Leverage	−0.023 ***	−0.133 **	−0.011	0.000
	(0.002)	(0.065)	(0.099)	(0.001)
ROA	−0.048 ***	1.176 ***	1.532 ***	0.005 **
	(0.006)	(0.199)	(0.289)	(0.002)
TobinQ	0.004 ***	0.015 **	−0.016	−0.000
	(0.000)	(0.007)	(0.010)	(0.000)
Operation	−0.038 ***	−0.467 ***	−1.519 ***	−0.004 **
	(0.004)	(0.130)	(0.198)	(0.002)
HHI	−0.018 ***	−0.481 ***	0.028	0.002 ***
	(0.001)	(0.053)	(0.074)	(0.001)
Top1	−0.000 ***	−0.002 ***	−0.001 *	0.000 ***
	(0.000)	(0.000)	(0.001)	(0.000)

变量	模型 1	模型 2	模型 3	模型 4
	RD	Patent_in	Patent_ud	Efficiency
Board	−0.004 ***	−0.019	−0.299 ***	−0.001 *
	(0.001)	(0.035)	(0.050)	(0.000)
SOE	−0.008 ***	−0.041 ***	−0.172 ***	−0.000
	(0.000)	(0.016)	(0.023)	(0.000)
GdpPct	0.010	0.158	−0.379	−0.018
	(0.007)	(0.326)	(0.503)	(0.027)
PerGdp	0.001	−0.432 *	−0.009	0.015
	(0.005)	(0.231)	(0.359)	(0.023)
Ex_country	0.000 ***	0.008 ***	0.015 ***	0.000 ***
	(0.000)	(0.001)	(0.001)	(0.000)
Ex_ratio	0.002 **	0.289 ***	0.436 ***	0.000
	(0.001)	(0.040)	(0.059)	(0.000)
_cons	−0.100 ***	−6.373 ***	−6.883 ***	0.001
	(0.011)	(0.441)	(0.662)	(0.005)
行业/地区/年	控制	控制	控制	控制
观察值	15306	18366	18366	2041
Adj_R²	0.365	0.271	0.283	0.065

注:***、**、*,分别表示在1%、5%、10%(双尾检验)的显著性水平上显著,小括号"()"内为稳健标准误差。行业/地区/年表示模型控制了行业、地区和年份固定效应。在本节其他部分如无特别说明,模型中变量的显著性水平,标准误差、固定效应控制等标注方式均与此相同。

(二)基于融资约束的反倾销与出口企业创新

表6-11报告了融资约束异质性条件下反倾销强度对出口企业创新的选择效应。根据模型1到模型4的回归结果,反倾销强度与融资约束的交乘项对研发投入强度、实质性创新产出具有显著的负向影响,该结果意味着随着TPU指数的增大,融资约束程度小的企业更可能增加研发投入,改善企业的创新产出状况。同样也体现出反倾销强度对不同融资约束程度的企业也存在"选择效应"。此外,与TPU指数检验结果相似,反倾销强度增大对策略性创新产出的影响也不显著。

表 6-11　基于融资约束的反倾销对出口企业创新的效应检验结果

变量	模型 1	模型 2	模型 3	模型 4
	RD	Patent_in	Patent_ud	Efficiency
Dump_Int	0.023***	1.413***	3.668***	0.002**
	(0.004)	(0.141)	(0.188)	(0.001)
KZ	−0.003***	−0.006	−0.012	0.000
	(0.000)	(0.009)	(0.014)	(0.000)
Dump_Int×KZ	−0.003**	−0.133**	−0.063	0.000
	(0.002)	(0.063)	(0.083)	(0.000)
Size	0.001***	0.248***	0.410***	−0.000***
	(0.000)	(0.007)	(0.009)	(0.000)
Leverage	−0.023***	−0.119*	0.041	0.000
	(0.002)	(0.065)	(0.098)	(0.001)
ROA	−0.048***	1.253***	1.660***	0.005**
	(0.006)	(0.198)	(0.287)	(0.002)
TobinQ	0.004***	0.014*	−0.018*	−0.000
	(0.000)	(0.007)	(0.010)	(0.000)
Operation	−0.039***	−0.442***	−1.486***	−0.004**
	(0.004)	(0.130)	(0.197)	(0.002)
HHI	−0.018***	−0.441***	0.130*	0.002***
	(0.001)	(0.054)	(0.074)	(0.001)
*Top*1	−0.000***	−0.002***	−0.001*	0.000***
	(0.000)	(0.000)	(0.001)	(0.000)
Board	−0.003***	−0.012	−0.278***	−0.001*
	(0.001)	(0.035)	(0.050)	(0.000)
SOE	−0.008***	−0.035**	−0.158***	−0.000
	(0.000)	(0.016)	(0.023)	(0.000)
GdpPct	0.008	0.148	−0.457	−0.017
	(0.007)	(0.326)	(0.500)	(0.027)
PerGdp	0.001	−0.415*	0.023	0.015
	(0.005)	(0.231)	(0.357)	(0.023)
Ex_country	0.000***	0.008***	0.014***	0.000***
	(0.000)	(0.001)	(0.001)	(0.000)
Ex_ratio	0.002**	0.267***	0.382***	0.000
	(0.001)	(0.040)	(0.058)	(0.000)
_cons	0.018**	−1.154***	−0.950**	0.008
	(0.007)	(0.291)	(0.437)	(0.009)

变量	模型1	模型2	模型3	模型4
	RD	Patent_in	Patent_ud	Efficiency
行业/地区/年	控制	控制	控制	控制
观察值	15306	18366	18366	2041
Adj_R^2	0.366	0.276	0.298	0.067

二、企业全要素生产率

根据第四章关于出口企业创新特征事实的描述性分析结果,可知不同生产率水平的出口企业在创新投入、创新产出和创新效率等方面都存在不同程度的差异。所以,对于不同生产率水平的出口企业,可能在贸易政策不确定性条件下也存在不同程度的影响。接下来,通过构建贸易政策不确定性与全要素生产率交乘项,分别检验不同生产率水平的 TPU 指数、反倾销强度对出口企业创新的"选择效应",从而为前述的理论分析提供进一步的检验证据。

(一)基于全要素生产率的 TPU 指数与出口企业创新

表 6-12 报告了全要素生产率异质性条件下 TPU 指数对出口企业创新的选择效应。根据模型 1 到模型 4 的回归结果,TPU 指数与全要素生产率的交乘项对研发投入强度、实质性创新产出具有显著的正向影响,这意味着随着 TPU 指数增大,全要素生产率大的企业更可能增加研发投入,改善企业的创新产出状况。即意味着 TPU 指数对不同全要素生产率水平的企业具有选择效应,这种选择效应显著表现在研发投入强度和实质性创新产出方面,但对策略性创新产出和创新效率的影响不明显。

表 6-12 基于全要素生产率的 TPU 指数对出口企业创新的效应检验结果

变量	模型 1	模型 2	模型 3	模型 4
	RD	Patent_in	Patent_ud	Efficiency
TPU	0.186 ***	6.021 ***	6.763 ***	0.006
	(0.007)	(0.292)	(0.443)	(0.004)
TFP	0.005 ***	0.137 ***	0.163 ***	0.001 ***
	(0.000)	(0.009)	(0.014)	(0.000)
TPU×tfp	0.003 ***	0.112 ***	0.084	0.000
	(0.001)	(0.037)	(0.053)	(0.001)
Size	0.003 ***	0.218 ***	0.369 ***	0.000
	(0.000)	(0.007)	(0.010)	(0.000)
Leverage	−0.031 ***	−0.457 ***	−0.521 ***	0.002 ***
	(0.001)	(0.042)	(0.063)	(0.001)
ROA	0.003	0.083	0.260	0.007 ***
	(0.004)	(0.147)	(0.221)	(0.002)
TobinQ	0.003 ***	0.034 ***	−0.001	−0.000
	(0.000)	(0.007)	(0.010)	(0.000)
Operation	−0.014 ***	−0.423 ***	−1.260 ***	−0.004 ***
	(0.002)	(0.089)	(0.137)	(0.001)
HHI	−0.020 ***	−0.465 ***	−0.009	0.002 ***
	(0.001)	(0.054)	(0.074)	(0.001)
Top1	−0.000 ***	−0.003 ***	−0.001 **	0.000 ***
	(0.000)	(0.000)	(0.001)	(0.000)
Board	−0.002 **	−0.046	−0.276 ***	−0.001
	(0.001)	(0.036)	(0.051)	(0.000)
SOE	−0.008 ***	−0.076 ***	−0.227 ***	0.000
	(0.000)	(0.016)	(0.023)	(0.000)
GdpPct	0.006	0.285	−0.583	−0.016
	(0.007)	(0.328)	(0.503)	(0.025)
PerGdp	0.003	−0.505 **	0.035	0.014
	(0.005)	(0.233)	(0.363)	(0.022)
Ex_country	0.000 ***	0.009 ***	0.014 ***	0.000 ***
	(0.000)	(0.001)	(0.001)	(0.000)
Ex_ratio	0.001	0.292 ***	0.470 ***	0.000
	(0.001)	(0.041)	(0.060)	(0.000)
_cons	−0.099 ***	−6.337 ***	−6.702 ***	0.006
	(0.011)	(0.446)	(0.677)	(0.005)

续表

变量	模型 1	模型 2	模型 3	模型 4
	RD	Patent_in	Patent_ud	Efficiency
行业/地区/年	控制	控制	控制	控制
观察值	14701	17714	17714	2094
Adj_R^2	0.375	0.285	0.289	0.074

(二)基于全要素生产率的反倾销与出口企业创新

表 6-13 报告了全要素生产率异质性条件下反倾销强度对出口企业创新的选择效应。根据模型 1 到模型 4 的回归结果,反倾销强度与全要素生产率的交乘项对研发投入强度、实质性创新产出具有显著的正向影响,这意味着随着反倾销强度增大,全要素生产率大的企业更可能增加研发投入,改善企业的创新产出状况,即意味着反倾销强度对不同全要素生产率水平的企业具有选择效应,这种选择效应显著表现在研发投入强度和实质性创新产出方面,但对策略性创新产出和创新效率的影响不显著。

表 6-13　基于全要素生产率的反倾销对出口企业创新的效应检验结果

变量	模型 1	模型 2	模型 3	模型 4
	RD	Patent_in	Patent_ud	Efficiency
Dump_Int	0.023 ***	1.169 ***	3.396 ***	0.003 ***
	(0.004)	(0.133)	(0.182)	(0.001)
TFP	0.005 ***	0.139 ***	0.168 ***	0.001 ***
	(0.000)	(0.009)	(0.014)	(0.000)
Dump_Int×tfp	0.003	0.850 ***	0.826 ***	0.001
	(0.003)	(0.115)	(0.142)	(0.001)
Size	0.003 ***	0.211 ***	0.353 ***	0.000
	(0.000)	(0.007)	(0.010)	(0.000)
Leverage	−0.030 ***	−0.436 ***	−0.466 ***	0.002 ***
	(0.001)	(0.042)	(0.062)	(0.001)

续表

变量	模型 1	模型 2	模型 3	模型 4
	RD	Patent_in	Patent_ud	Efficiency
ROA	0.004	0.083	0.336	0.007 ***
	(0.004)	(0.147)	(0.220)	(0.002)
TobinQ	0.003 ***	0.036 ***	0.001	−0.000
	(0.000)	(0.007)	(0.010)	(0.000)
Operation	−0.013 ***	−0.421 ***	−1.231 ***	−0.004 ***
	(0.002)	(0.088)	(0.135)	(0.001)
HHI	−0.019 ***	−0.430 ***	0.093	0.002 ***
	(0.001)	(0.055)	(0.075)	(0.001)
Top1	−0.000 ***	−0.002 ***	−0.001 **	0.000 ***
	(0.000)	(0.000)	(0.001)	(0.000)
Board	−0.002 **	−0.044	−0.262 ***	−0.001
	(0.001)	(0.035)	(0.050)	(0.000)
SOE	−0.008 ***	−0.072 ***	−0.213 ***	0.000
	(0.000)	(0.016)	(0.023)	(0.000)
GdpPct	0.006	0.273	−0.621	−0.015
	(0.007)	(0.327)	(0.501)	(0.025)
PerGdp	0.004	−0.553 **	0.006	0.013
	(0.005)	(0.235)	(0.363)	(0.022)
Ex_country	0.000 ***	0.008 ***	0.013 ***	0.000 ***
	(0.000)	(0.001)	(0.001)	(0.000)
Ex_ratio	0.001	0.270 ***	0.419 ***	0.000
	(0.001)	(0.041)	(0.059)	(0.000)
_cons	0.038 ***	−1.757 ***	−1.577 ***	0.012
	(0.008)	(0.298)	(0.445)	(0.008)
行业/地区/年	控制	控制	控制	控制
观察值	14701	17714	17714	2094
Adj_R²	0.376	0.292	0.305	0.078

三、出口目的地

根据第四章关于企业创新特征事实的描述性分析结果,不同出口目的地企业的创新投入、创新产出和创新效率存在不同程度的差异。同时,在一些研究文献中也指出,出口目的地越多,可以分散贸易政策不确定性冲击,为企业提供更多的选择,从而可能减弱企业创新意愿。基于此,出口目的地数量异质性企业可能在贸易政策不确定性条件下存在不同程度的作用效应。为此,本书接下来分别通过构建 TPU 指数、反倾销强度与出口目的地数量指标的交乘项,实证检验了出口目的地数量异质性条件下,贸易政策不确定性对出口企业创新的"选择效应"。

(一)基于出口目的地的 TPU 指数与出口企业创新

表 6-14 报告了异质性条件下 TPU 指数对出口企业创新的选择效应。根据模型 1 到模型 4 的结果,TPU 指数与出口目的地数量交乘项对研发投入强度、实质性创新产出和策略性创新产出具有显著的负向影响,这意味着随着 TPU 指数增大,出口目的地数量相对较少的企业更可能增加研发投入,改善企业的创新产出状况,以应对贸易政策不确定性的冲击,这可能是出口目的地数量少,企业分散风险机会小,通过创新应对贸易政策不确定性成为其重要选择,即意味着 TPU 指数对出口目的地数量异质性企业具有选择效应,这种选择效应显著表现在研发投入强度、实质性创新产出和策略性创新产出方面,对创新效率的影响不明显。

表 6-14 基于目的地的 TPU 指数与出口企业创新的效应检验结果

变量	模型 1	模型 2	模型 3	模型 4
	RD	Patent_in	Patent_ud	Efficiency
TPU	0.160 *** (0.006)	6.754 *** (0.253)	7.863 *** (0.383)	0.004 (0.004)

续表

变量	模型 1	模型 2	模型 3	模型 4
	RD	Patent_in	Patent_ud	Efficiency
Ex_country	−0.000 ***	−0.009 ***	−0.017 ***	−0.000 ***
	(0.000)	(0.001)	(0.001)	(0.000)
TPU×Ex_country	−0.000 *	−0.001 *	−0.008 **	−0.000
	(0.000)	(0.000)	(0.004)	(0.000)
Size	0.000 ***	0.247 ***	0.411 ***	−0.000 ***
	(0.000)	(0.006)	(0.008)	(0.000)
Leverage	−0.038 ***	−0.103 ***	−0.119 ***	0.001 **
	(0.001)	(0.028)	(0.042)	(0.001)
ROA	−0.021 ***	0.604 ***	0.964 ***	0.003 *
	(0.003)	(0.107)	(0.163)	(0.002)
TobinQ	0.003 ***	0.021 ***	−0.018 **	0.000
	(0.000)	(0.005)	(0.008)	(0.000)
Operation	−0.008 ***	−0.347 ***	−1.148 ***	−0.005 ***
	(0.002)	(0.077)	(0.119)	(0.001)
HHI	−0.019 ***	−0.486 ***	−0.005	0.002 ***
	(0.001)	(0.048)	(0.068)	(0.001)
Top1	−0.000 ***	−0.002 ***	−0.001	0.000 ***
	(0.000)	(0.000)	(0.001)	(0.000)
Board	−0.004 ***	−0.019	−0.275 ***	−0.001 **
	(0.001)	(0.032)	(0.046)	(0.000)
SOE	−0.009 ***	−0.045 ***	−0.195 ***	−0.000
	(0.000)	(0.014)	(0.021)	(0.000)
GdpPct	0.003	0.164	−0.394	−0.008
	(0.007)	(0.293)	(0.455)	(0.025)
PerGdp	−0.000	−0.438 **	−0.045	0.007
	(0.005)	(0.208)	(0.325)	(0.023)
_cons	−0.092 ***	−6.125 ***	−6.753 ***	0.000
	(0.010)	(0.401)	(0.607)	(0.005)
行业/地区/年	控制	控制	控制	控制
观察值	18896	21162	21162	2147
Adj_R²	0.350	0.268	0.280	0.067

(二)基于目的地的反倾销与出口企业创新

表6-15报告了异质性条件下反倾销强度对出口企业创新的选择效应。根据模型1到模型4的回归结果,反倾销强度与出口目的地数量交乘项对研发投入强度、实质性创新产出和策略性创新产出具有显著的负向影响,这意味着随着反倾销强度增大,出口目的地数量少的企业更可能增加研发投入,改善企业的创新产出状况,以应对反倾销对企业发展的冲击,这可能是出口目的地数量少,企业分散风险机会小,通过创新应对贸易政策不确定性成为其重要选择,即意味着反倾销强度对出口目的地数量异质性企业具有选择效应,这种选择效应显著表现在研发投入强度、实质性创新产出和策略性创新产出方面,对创新效率的影响不明显。

表6-15 基于目的地的反倾销与出口企业创新的效应检验结果

变量	模型1	模型2	模型3	模型4
	RD	Patent_in	Patent_ud	Efficiency
Dump_Int	0.023 ***	1.440 ***	3.476 ***	0.003 ***
	(0.004)	(0.132)	(0.179)	(0.001)
Ex_country	−0.000 ***	−0.009 ***	−0.016 ***	−0.000 ***
	(0.000)	(0.001)	(0.001)	(0.000)
Dump_Int× Ex_country	−0.000 *	−0.021 ***	−0.018 *	−0.000
	(0.000)	(0.008)	(0.009)	(0.000)
Size	0.000 ***	0.242 ***	0.399 ***	−0.000 ***
	(0.000)	(0.006)	(0.008)	(0.000)
Leverage	−0.038 ***	−0.083 ***	−0.075 *	0.001 **
	(0.001)	(0.028)	(0.042)	(0.000)
ROA	−0.020 ***	0.661 ***	1.090 ***	0.003 *
	(0.003)	(0.107)	(0.163)	(0.002)
TobinQ	0.003 ***	0.020 ***	−0.020 **	0.000
	(0.000)	(0.005)	(0.008)	(0.000)
Operation	−0.008 ***	−0.333 ***	−1.119 ***	−0.004 ***
	(0.002)	(0.076)	(0.118)	(0.001)
HHI	−0.018 ***	−0.441 ***	0.096	0.002 ***
	(0.001)	(0.048)	(0.068)	(0.001)

续表

变量	模型 1	模型 2	模型 3	模型 4
	RD	Patent_in	Patent_ud	Efficiency
Top1	−0.000 *** (0.000)	−0.002 *** (0.000)	−0.001 (0.001)	0.000 *** (0.000)
Board	−0.003 *** (0.001)	−0.011 (0.032)	−0.254 *** (0.046)	−0.001 * (0.000)
SOE	−0.009 *** (0.000)	−0.039 *** (0.014)	−0.181 *** (0.021)	−0.000 (0.000)
GdpPct	0.003 (0.007)	0.156 (0.292)	−0.489 (0.453)	−0.016 (0.025)
PerGdp	0.000 (0.005)	−0.430 ** (0.208)	−0.002 (0.325)	0.014 (0.022)
_cons	0.029 *** (0.007)	−1.079 *** (0.265)	−0.822 ** (0.400)	0.008 (0.008)
行业/地区/年	控制	控制	控制	控制
观察值	18896	21162	21162	2147
Adj_R^2	0.352	0.273	0.293	0.066

本章主要通过因果中介工具变量模型,实证检验贸易政策不确定性影响出口企业创新的渠道机制,即政府补贴和企业风险承担水平在贸易政策不确定性和出口企业创新之间的中介作用。同时,本章通过构造交乘项的方式,探讨了企业能力异质性条件下贸易政策不确定性影响企业创新的"选择效应",即实证检验了融资约束、全要素生产率、出口目的地数量三个因素在贸易政策不确定性和出口企业创新关系的调节作用。根据本章的实证检验结果,主要得到中介效应和调节效应以下两方面的研究结论:

第一,本章运用因果中介工具变量模型,通过处理因遗漏变量、反向因果等导致的内生性问题,分别考察了贸易政策不确定性影响我国出口企业创新的渠道机制:政府补贴和企业风险承担水平。实证检验结果表明,TPU 指数可通过政府补贴和企业风险承担水平两条渠道分别影响出口企业研发投入、实质性创新产出。同时,反倾销强度影响出口企业创新的机制检验也得到了相类似的发现,即政府补贴和企业风险承担水平的中介作用得到了进一步验证。也即是说,政府补贴、企业风险承担水平是贸易政策不确定性影响我国出口企业创新的重要渠道。

第二,本章考察了能力异质性视角下贸易政策不确定性对出口企业创新的影响效应。实证检验结果表明,无论是使用 TPU 指数,还是反倾销强度,贸易政策不确定性对我国出口企业的研发投入强度、实质性创新产出和策略性创新产出的影响都表现出了"选择效应"。即贸易政策不确定性对不同融资约束的企业、不同生产率的企业,以及目的地出口数量不同的企业都具有"选择效应"。具体来说,能力异质性条件下贸易政策不确定性对出口企业创新的"选择效应"主要表现为:一是与融资约束程度较大的企业相比较,贸易政策不确定性对融资约束程度小企业的创新水平有更明显的"激励"作用;二是与全要素生产率比较低的企业相比,贸易政策不确定性对全要素生产率水平较高的企业创新水平的"激励"作用更大;三是与出口目的地数量较多的企业相比较,贸易政策不确定性对出口目的地数量少的企业的创新"激励"作用更明显。

第七章　贸易政策不确定性与出口企业创新的结论及建议

　　多重因素的叠加引起全球经济增速的下降,一定程度上影响到各国贸易保护措施的强度,反倾销力度也越来越多,贸易政策不确定性程度增强,导致我国出口企业面临更加严峻的外部冲击,这对我国企业可持续发展形成新挑战。尤其是在以美国为首的西方国家恶意打压下,进一步恶化了我国出口企业的外部环境。如何适应百年未有之大变局,应对日益复杂、动态的外部环境挑战,已成为我国出口企业不得不解决的主要问题。党的二十大报告再次指出,创新是第一动力,要加快实现高水平科技自立自强。企业作为国家创新发展的重要载体,揭示贸易政策不确定性对企业创新的影响对我国创新驱动发展具有十分重要的意义。所以,笔者首先通过理论分析,从微观企业层面和产品层面深入探讨贸易政策不确定性影响我国出口企业创新的激励效应与选择效应。然后,综合利用 OLS 模型、工具变量模型、Heckman 两步法等多种实证方法揭示了贸易政策不确定性对出口企业创新的"激励"作用。进一步,通过因果中介工具变量模型揭示了贸易政策不确定性影响我国出口企业创新的渠道机制,与传统中介效应检验方法相比,该方法可以更好地识别贸易政策不确定性影响出口企业创新的因果机制。在此基础上,通过构造交乘项的方式分析能力异质性条件下的贸易政策不确定性对我国出口企业创新的"选择效应"。最终,在理论分析和实证检验的基础上,形成本研究的研究结论与提出对策建议,对未来研究方向进行展望。

第一节　贸易政策不确定性影响出口
企业创新的研究结论

前述章节的理论分析和实证研究结果表明,贸易政策不确定性对于我国出口企业创新的影响是"激励"作用。从表面来看,本研究得到的贸易政策不确定性与出口企业创新之间是正相关关系的研究结论,这似乎有些出乎"意料",但又在情理之中。通过对比我国上市公司和非上市企业投入、产出情况,以及利用量化分析模型对贸易政策不确定性与我国出口企业创新的理论分析,说明贸易政策不确定性对出口企业创新的正向影响这一结果具有一定程度的合理性,进一步的实证检验结果佐证了贸易政策不确定性与我国出口企业创新的关系。综合本研究的理论分析和实证检验结果,主要是从理论方面和实证方面分别得到了贸易政策不确定性影响我国出口企业创新的研究结论,简要概括总结为如下几方面:

一、理论研究结论

在贸易政策不确定性影响我国出口企业创新效应的理论分析部分,笔者认为知识区别于普通的资本要素,也就是说知识具有与普通资本要素不同的成本调整方式。为此,将企业创新分解为企业创新投入和企业创新产出,通过对两部分的数理推导与理论论证,得出贸易政策不确定性对出口企业创新产生正向促进作用,即同时存在"激励效应"和"选择效应"。基于此,通过理论研究主要得到的结论可以简要概述为以下几方面:

(一)贸易政策不确定性对企业创新同时存在"激励效应"和"选择效应"

政策不确定性影响企业创新存在负向作用和正向作用两种截然不同结果的原因为:

对企业创新起着关键作用的知识这一生产要素的属性和成本调整方式设

定不同,知识是一种特殊的资本要素,应具有与普通资本要素不同的成本调整方式。普通资本要素的调整成本来源于资本存量水平的直接改变,表现为资本的出售或者投资的增加。而知识是一种企业的无形资产,不能被用来直接交易,它的调整成本来源于研发投入水平的变化。已有的研究将经济政策不确定性视为外来需求冲击,通过对动态模型的量化分析,阐释了经济政策不确定性如何影响企业研发活动的理论机理。

笔者认为同样可将贸易政策不确定性视为外部需求冲击,考察了贸易政策不确定性如何引致企业进行知识存量调整,即不确定性如何影响企业调整研发投资决策,进而影响企业研发投入和研发强度的变动。本研究拓展了政策不确定性在贸易领域的应用,贸易政策不确定性对出口企业创新影响存在"激励效应"和"选择效应"。"激励效应"是指贸易政策不确定性对中国出口企业创新产生正向的促进作用,"选择效应"是指贸易政策不确定性对中国出口企业创新的促进作用存在选择性,在生产效率较高、企业特征较好的企业之中,这种正向促进作用更大。笔者进一步将企业创新分解为企业创新投入和企业创新产出,通过对两部分的数理推导和理论论证,均得出贸易政策不确定性对出口企业创新影响同时存在"激励效应"和"选择效应"的结论。

（二）风险承担和政府补贴是贸易政策不确定性影响企业创新的重要渠道

在探讨激励效应下的作用路径部分,本研究识别了贸易政策不确定性影响出口企业创新的两条重要路径,即风险承担水平和政府补贴,揭示贸易政策不确定性影响出口企业创新的作用机制,丰富了贸易政策不确定性影响微观企业行为理论机制研究文献。

首先,从风险承担方面来看,风险承担是贸易政策不确定性影响出口企业创新的渠道。风险承担指企业在投资决策中对预期收益水平和预期收益波动程度的选择,代表了企业在追逐市场高额利润过程中愿意付出代价的倾向。风险承担是贸易政策不确定性影响出口企业创新行为的重要渠道,因为贸易政策不确定性可能倒逼企业加大研发投入、推动企业创新,有效地提升单位产品生产效率,降低单位产品的生产成本。同时,贸易政策不确定性还可能倒逼企业改变传统的低价出口策略,寄希望于加大研发创新以提升出口产品的质量和产品技术复杂度,转向通过提供更高质的产品来保持出口市场竞争优势。由此得到结论:贸易政策不确定性增加时,倒逼企业提高风险承担水平,进而推动了企业创新。

然后,政府补贴是贸易政策不确定性影响出口企业创新的另一条重要渠道。政府补贴是指政府通过科技拨款、税收减免等方式补贴企业,以改善企业面临的不利环境,促进企业可持续发展。政府通过科技拨款、税收减免等补贴方式,可有效降低企业创新过程中的不确定性风险,可以引致企业减少对不确定性风险的担忧,进而增加研发投入,推动企业创新活动开展。

此外,政府补贴还有助于增强企业面对不确定性时的信心,增加对未来收益的预期,帮助企业增强风险承担意愿,引致部分企业家由"损失规避"策略转为"机遇预期"战略,也促使政策不确定性对企业创新的"损失规避效应"转为"机遇预期效应"。由此可得到结论,贸易政策不确定性增加时,促使政府增加政府补贴,从而推动企业创新。

(三)影响贸易政策不确定性与出口企业创新关系的三个关键因素

在探讨选择效应下的作用路径部分,本研究从融资约束、生产率、出口目的地特征三方面进行理论分析:

首先,融资约束机制在贸易政策不确定性对出口企业创新的影响过程中起着重要的调节作用。对于出口企业而言,经营现金流更容易受到贸易政策不确定性的影响。出口企业本身贸易对象较明确,产品多销往海外,这一特点在打开海外市场获得收益的同时也使得企业处于比较被动的处境。因此,融资约束在贸易政策不确定性作用于出口企业创新的过程中,有着重要的调节效应。

其次,全要素生产率机制在贸易政策不确定性对出口企业创新的影响过程中起着重要的调节作用。贸易政策不确定性上升带来的进一步影响将可能使得行业洗牌加剧,低生产率、低创新能力企业退出市场,经营条件相对好的企业存活下来,从而整个行业的创新能力提高。

最后,出口目的地机制在贸易政策不确定性对出口企业创新的影响过程中起着重要的调节作用。企业出口目的地数量较多,出口市场分散,当企业出口面临的不确定性增加时,企业可以通过市场转移效应将风险转移或分散,由此企业创新动力将会削弱;反之,如果企业出口市场集中,出口收益对目的地存在严重依赖性,企业分散风险的机会小,通过创新应对贸易政策不确定性成为企业重要选择。

得到结论:企业融资约束越小,贸易政策不确定性对出口企业创新的正向作用越大;企业生产率越高,贸易政策不确定性对出口企业创新的正向作用越大;企业出口目的地越多,贸易政策不确定性对出口企业创新的正向作用越小。上述结论进一步丰富了贸易政策不确定性影响出口企业创新的边界条件,可更好地认知贸易政策不确定性微观作用机制。

二、实证研究结论

本研究实证所用的数据来自世界银行的全球反倾销数据库、国泰安数据库、Wind 数据库,以及中国海关数据库的匹配数据,研究对象为我国的上市公司,研究期间为 2000—2015 年。实证分析主要包括两部分:一部分是关于贸易政策不确定性与我国出口企业创新效应的基准回归结果;另一部分主要探讨贸易政策不确定性影响出口企业创新的渠道机制,以及贸易政策不确定性的选择效应。根据本实证研究,主要得到以下几方面的研究结论:

(一)贸易政策不确定性对出口企业创新具有"激励效应"

贸易政策不确定性对我国出口企业创新具有显著的正向影响,即存在"激励效应"。无论是使用 TPU 指数,还是反倾销强度作为贸易政策不确定性代理指标,贸易政策不确定性对企业研发投入强度、实质性创新产出与策略性创新产出,以及创新效率都具有显著的正向影响。进一步,通过自变量滞后一期、Heckman 两步法、工具变量 2SLS 模型等多种方法处理内生性问题之后,贸易政策不确定性对我国出口企业创新的"激励效应"依然显著。此外,通过替换变量测度指标、更换研究方法和使用剔除异常值后的新样本进行了稳健性检验,得到的研究结果与本研究的基准回归结果保持一致,说明贸易政策不确定性对我国出口企业"激励效应"具有稳健性。本部分实证检验为贸易政策不确定性影响我国出口企业创新的关系提供了经验证据,验证了贸易政策不确定性和我国出口企业创新之间存在的"激励效应"。

(二)贸易政策不确定性与我国出口企业创新的关系具有异质性

贸易政策不确定性与我国出口企业创新之间的关系,会受到企业自身特征和外部环境等因素的影响,即贸易政策不确定性与我国出口企业创新之间关系存在异质性。根据对贸易政策不确定性与我国出口企业创新关系的异质性分析表明,不同所有制企业、不同行业企业,以及不同地区企业的贸易政策不确定性与出口企业创新关系表现出显著差异。具体来说,TPU 指数和反倾销强度对不同所有制企业研发投入强度、实质性创新产出与策略性创新产出都有显著的促进作用,其中对非国有企业、高科技制造企业、东部地区企业的影响更明显。贸易政策不确定性对国有企业、非高科技制造企业、非东部地区企业的创新效率没有表现出显著的正向影响。这主要是因为高科技制造企业创新意愿更高,在面对不确定性时会有更强的意愿实施企业创新,以应对环境不确定性的变化;对于东部地区企业,由于东部地区经济发展水平更高,企业相对更容易获得外部资金支持,不容易对企业创新产生阻碍;对于民营企业,由于相对缺少来自政策层面支持或保护,更容易受到外部环境的影响,所以贸易政策不确定性会"倒逼"其创新,以应对不确定性因素的影响。本部分的结论为研究贸易政策不确定性与我国出口企业创新关系的适用范围提供了进一步的经验证据。

（三）贸易政策不确定性对出口企业创新的影响随着时间推移会逐渐减弱

本研究实证检验了贸易政策不确定性对我国出口企业创新的动态作用，也就是说验证了贸易政策不确定性是否存在"时间效应"。笔者在已有文献研究基础上，分别将贸易政策不确定性指数（TPU）和反倾销强度滞后 1 到 5 期，根据滞后 1 到 5 期的回归检验结果：TPU 指数对出口企业活动在较长时间内产生正向影响，但是随着时间的推移，TPU 指数对创新的影响程度呈现减弱趋势，甚至变得不再具有统计意义显著性；反倾销强度对出口企业活动在较长时间内产生正向影响，但是随着时间的推移，反倾销强度对创新的影响程度也呈现出逐渐减弱的趋势，甚至影响变得不再具有统计意义显著性。这些实证检验结果表明，反映出 TPU 和反倾销强度对我国出口企业创新影响具有时间特征，即贸易政策不确定性对出口企业创新的影响存在"时间效应"。也就是说，贸易政策不确定性对我国出口企业创新投入、创新产出在较长时期内产生影响，但随着时间的推移，贸易政策不确定性对出口企业创新的影响逐渐减弱且变得不显著。

（四）贸易政策不确定性通过风险承担和政府补贴影响企业创新

本研究通过实证考察了贸易政策不确定性影响出口企业创新的"激励效应"下的作用机制，风险承担水平、政府补贴是贸易政策不确定性影响出口企业创新的重要渠道机制，该结果为贸易政策不确定性影响出口企业创新的作用机制提供了经验证据。具体来看，笔者使用固定效应模型和工具变量模型的检验结果表明，贸易政策不确定性与政府补贴之间具有显著的正相关关系，即贸易政策不确定性指数通过风险承担水平和政府补贴影响出口企业研发投入、实质性创新产出；反倾销强度影响出口企业创新的机制检验也得到了相类似的结论。考虑到传统中介检验可能存在内生性问题，通过因果中介工具变量模型缓解内生性问题影响，实证检验了贸易政策不确定性影响出口企业创新的中介作用，结果表明贸易政策不确定性可以通过企业风险承担水平和政府补贴对我国出口企业创新产生"激励"作用。这一实证检验结果表明，更好地识别出了贸易政策不确定性影响出口企业创新的因果机制，也为贸易政策不确定性影响出口企业创新机制提供经验证据。

（五）贸易政策不确定性对出口企业创新的影响存在"选择效应"

由于不同企业之间存在能力差异，本研究从能力角度考察融资约束、生产率和出口目的地异质性条件下，贸易政策不确定性对我国出口企业创新的"选择效应"。根据前述实证检验结果，无论是使用贸易政策不确定性指数还是反倾销强度作为贸易政策不确定性的测度指标，贸易政策不确定性对出口企业创新的影响，对不同特征的企业均表现出了"选择效应"。具体来看，对于融资约束程度较小企业，贸易政策不确定性对出口企业创新的影响程度更高，可能的原因是由于融资约束较小的企业有能力投入更多研发资金用于创新，从而能够更好地应对贸易政策不确定性的外部冲击；对于全要素生产率高的企业，贸易政策不确定性对出口企业创新的影响程度更明显，主要的原因在于较高的全要素生产率，反映出企业资源使用效率更高，从而使其更好地利用创新资源，进而可促进企业创新水平的提升；对于出口目的地数量比较少的出口企业，即出口目的地相对比较集中的出口企业，贸易政策不确定性对其企业创新的影响程度更大，主要原因是出口目的数量越少，出口企业分散贸易政策不确定性冲击的可能性就会越小，为有效地应对贸易政策不确定性冲击，会"倒逼"出口企业创新意愿更强。

第二节　贸易政策不确定条件下
出口企业创新对策建议

面对全球经济增速持续下滑和下行压力，又加之新一轮科技革命冲击，以及美西方国家蓄意打压遏制，使得我国出口企业面临着前所未有的竞争压力，这对我国出口企业可持续发展形成严峻挑战。本研究通过分析贸易政策不确定性影响我国出口企业创新的关系,总结了贸易政策不确定性影响出口企业的研究结论,并进一步形成相关的对策建议,这对我国创新驱动发展战略的实施具有较强的理论与现实意义。具体来说,本节主要是根据前述理论分析和实证研究结论,构建两位一体的对策建议,即分别从政策制定者角度和微观企业的角度,提出了支持出口企业发展的政策建议,以及出口企业应对贸易政策不确定性的相关对策建议。

一、政府政策建议

(一)积极推进和坚持扩大贸易自由化

本研究的研究对象为我国上市公司,从第四章的事实特征分析可知,我国上市企业比一般的非上市企业实力强,应对风险能力更高。贸易政策不确定性增加时,上市公司为了保持市值稳定和股东目标,会采取更积极的应对方式,从而对创新产生"激励效应"。但对其他多数企业来说,尤其是对数量庞大的中小企业群体来说,由于资金、人才等资源方面存在的严峻约束,往往使其在面对不确定的外部环境时,难以像上市公司一样通过采取更主动积极的创新策略,以应对环境变化带来的挑战。所以对于政策制定者来说,应充分考虑上市企业和非上市企业的内在差异,制定针对性和差异化的政策,因势利导地推动企业转型升级,提高我国出口企业在全球市场中的市场应对能力,确保我国出口企业高质量发展,使得出口在我国经济增长中继续保持强劲动力。

(二)有效推动实施差异化的创新激励政策

根据前述的理论分析与异质性检验结果表明,贸易政策不确定性对不同地区和不同行业企业的创新投入、创新产出、创新效率的影响存在显著性差异。对于政策制定者而言,须充分关注并重视这种在地区特征、行业属性间的异质性,针对这种差异制定更加精准的措施。例如,对于贸易政策不确定性对创新影响程度更大,创新更积极主动的东部地区企业和高科技制造企业,可以进一步加强对其减税降费等方面的支持力度,适度给予研发引导资金支持的倾斜,从而支持这类企业在加强创新的同时,还能够充分地发挥其在创新方面的标杆作用和示范效应,带动其他地区企业采取更积极的创新来应对贸易政策不确定性等外生事件的冲击。而对于对贸易政策不确定性影响反应不够主动积极的非东部地区企业或非高科技制造企业,可创造更加宽松和有利于市场竞争的外部环境,并通过对该类企业创新给予更多的优惠政策,激发其开展创新活动的动力,以更加主动的方式应对外部环境的变化,从而促进出口企业竞争力提升。

(三)持续优化金融生态环境

优化金融发展环境帮助企业化解融资约束,驱动企业创新和产业升级发展。根据对贸易政策不确定性影响我国出口企业创新的"选择效应"分析可知,融资约束较小的企业更可能在面临贸易政策不确定性的情形下,采取更加积极的创新策略,而融资约束比较严重的出口企业在面临贸易不确定性的外生冲击时,通过选择创新策略应对贸易环境不确定性变化的能力要弱于融资约束较小的企业。所以对于政策制定者而言,通过针对性的政策扶持和引导,帮助我国的出口企业缓解融资约束,从而克服融资约束下的贸易政策不确定性对出口企业创新的选择效应,支持更多的出口企业在面临贸易政策不确定性时采取更积极的创新策略,使我国出口企业整体创新能力持续升级。

(四)适度降低政策性壁垒和促进市场充分竞争

降低行业门槛和进入壁垒,提高垄断性行业的市场竞争程度。根据前文分析,按照产权性质将样本企业分为国有企业和非国有企业两类,通过比较发现:国有企业样本组,贸易政策不确定性对出口企业创新的影响程度要小于非国有企业,这在一定程度上反映出在贸易政策不确定性环境中,非国有企业可能有更高意愿选择创新策略。根据该研究结论,政策制定者在促进我国出口企业创新的过程中,应考虑积极推动转变产业政策激励措施,如有选择性地降低部分行业进入障碍,通过市场化方式促使国有企业增强创新的意愿。同时,也需要为非国有企业创新创造良好的外部市场环境,保护其创新积极性,使其充分释放出创新的价值效应。

（五）有选择性地支持高科技企业创新活动开展

根据前述对贸易政策不确定性与我国出口企业创新的"选择效应"分析经验,高科技企业对贸易政策不确定性与我国出口企业创新的关系有显著的正向调节作用,即相较于其他类型企业,高科技企业选择创新策略应对贸易政策不确定性的意愿程度更高。针对这一实证研究结论,笔者认为政府在制定或出台相关激励政策时,应充分考虑出口企业异质性特征因素对创新的影响,如考虑创新活动的难度、创新活动的价值,以及创新深度等多重因素,重点支持那些科技含量高、引领性强的企业开展创新活动,支持出口企业在实质性创新产出方面取得更多的突破,进而产生更明显的激励效应。

（六）提高政府政策补贴力度和针对性

根据前述对贸易政策不确定性影响我国出口企业创新的作用机制研究结论,贸易政策不确定性会通过影响政府补贴进而影响出口企业创新。对于政策制定者来说,对遭受贸易政策不确定性影响的企业进行补贴,应当充分利用好市场机制"筛选"有能力的企业给予创新补贴支持。而对于存在竞争劣势的企业,应引导其在贸易政策不确定性环境中结合企业实际加快创新,实现升级改造和能力提升。但在向企业提供补贴的过程中,也应当充分发挥好政府补贴在刺激企业创新过程中的引导作用。

二、企业应对策略

面对贸易政策不确定性环境,不仅需要从政策层面创造条件和优化环境,以缓解贸易政策不确定性的影响。同时,企业也需要根据自身情况做出及时调整,为开展创新活动提供必要的基础条件。为此,笔者从微观企业层面,提出了企业在面对贸易政策不确定性环境时可相应采用的对策建议:

（一）出口企业需要加快提升企业创新效率

出口企业在加大研发投入应对贸易政策不确定性带来的挑战的同时,应注重创新效率的提升。在前述的实证分析过程中，贸易政策不确定性对企业创新投入、实质性创新产出和策略性创新产出都具有显著的正向影响，但对创新效率的影响并不明显。在已有的研究中也有文献指出，创新投入增加并不必然导致创新产出增长和创新效率的提高。随着贸易政策不确定性的加剧，以及各种外生事件冲击，企业需要在重视和加大创新投入的基础上，不断提高创新产出水平，进一步提升企业创新效率，提高单位产出能力，以更好地应对全球市场的竞争，维持企业在出口市场中的持续竞争优势。

（二）非高科技企业应结合实际加快提高创新能力

对于处于非高科技制造业行业的企业也需要提升创新意愿和提高创新水平。根据前述关于贸易政策不确定性和出口企业创新的异质性分析发现，与非高科技企业相比，贸易政策不确定性对高科技制造企业创新的"激励效应"更加明显，这可能与高科技制造企业"创新基因"有一定的天然关联性。然而，对不确定性日益增强的外部环境，非高科技制造企业也应通过加大研发投入和积极主动创新，在应对环境不确定性挑战的同时，更好地抓住并尽可能利用贸易政策不确定性所带来的机会，提高企业在全球市场中的竞争力，提高企业产品的市场竞争力。

（三）积极提高企业风险承担能力

根据前述对贸易政策不确定性影响出口企业创新中介效应的实证检验结果，企业风险承担是贸易政策不确定性影响研发投入强度、实质性创新产出和策略性创新产出的重要中介渠道。也就是说，改善和提高企业风险承担能力，对于企业提高创新产出水平具有重要意义。所以对出口企业来说，应充分意识到企业风险承担水平在贸易政策不确定性和创新之间的中介作用，在面对不确定性环境时，应更加积极地采取措施应对，注重并积极提高企业风险承担水平，以更好地推动创新和应对贸易政策不确定性的冲击，降低外部政策环境不确定性的不利影响。

（四）推动企业全要素生产率水平的提升

根据前述贸易政策不确定性与出口企业创新关系的实证检验结果发现，对于不同全要素生产率水平企业，贸易政策不确定性对全要素生产率高样本组的企业创新水平影响要显著高于全要素生产率低样本组的企业，该实证检验结果意味着贸易政策不确定性对不同全要素生产率企业创新的影响具有"选择效应"。所以，对于全要素生产率低的企业来说，需要尽可能地从市场中获取资源，提高全要素生产率水平，以更好地应对贸易政策不确定性带来的挑战，从而能够在出口竞争中获取更加有利的市场地位。

（五）积极拓展出口目的地市场

根据贸易政策不确定性与出口企业创新关系的实证检验结果发现，对于出口目的数量不同的企业而言，贸易政策不确定性对出口目的地数量少的样本企业的创新投入和创新产出水平的影响要高于出口目的地数量多的样本企业，这一实证检验结果意味着贸易政策不确定性对出口目的地数量不同企业的创新行为具有"选择效应"。因此，对于出口目的地数量多的企业来说，应当在面对不确定性较高的环境挑战时，持续强化创新投入，以提高创新水平，应对未来更多的出口目的地发起反倾销的冲击。而对于出口目的地相对集中的出口企业而言，应需要不断地通过创新，以更好地适应外部不确定性环境，提高自身在目的国的竞争力。

第三节　研究展望

笔者研究了贸易政策不确定性与我国出口企业创新的关系，揭示了贸易政策不确定性影响我国出口企业创新的作用机制，以及贸易政策不确定性影响出口企业创新的作用范围和边界条件，并得到了一些有意义的结论。在这些研究结论基础上，从政策层面和微观企业层面提出了促进我国出口企业创新的对策建议。尽管如此，本研究在内容和研究方法上还存在以下不足之处，今后在针对该领域的相关问题展开研究过程中需要进一步的完善提升。

一、贸易政策不确定性的测度需要进一步完善优化

笔者针对贸易政策不确定性对我国出口企业创新的影响进行了理论探讨与实证检验，并得到了贸易政策不确定性对出口企业创新具有激励作用的结论。但由于贸易政策不确定性的复杂性、系统性和动态性，在进行实证分析时，本研究是采用黄和陆（Huang and Luk，2020）构建的贸易政策不确定性指数作为中国出口企业的贸易政策不确定性的代理变量，难免会存在一定的不足之处。为了弥补贸易政策不确定性指数在测度贸易政策不确定性时可能存在的问题，笔者进一步又使用了反倾销强度作为贸易政策不确定性的补充代理变量，一定程度上有助于降低单一测量策略的偏颇，但也不能完全掩盖该指标的主观性和局限性。因此，在以后对该问题的实证研究中，可以考虑尝试在综合几种贸易政策不确定测度方法优势和不足的基础上，结合当下文本分析技术，重新构建适用于百年未有之大变局下的贸易政策不确定性程度的测度指标，以更加客观准确地反映贸易政策不确定性。

二、贸易政策不确定性研究中的数据资料需要完善

出口企业创新变量涉及的数据库众多，贸易政策不确定性影响我国出口企业创新的机制检验受到一定的限制。本研究认为贸易政策不确定性通过影响政府补贴、企业风险承担水平，进而向企业创新传导。在实证研究过程中，由于检验样本中目标企业锁定为出口企业，相关变量涉及全球反倾销数据库、海关数据库、国家统计局的统计数据，以及国泰安数据库和 Wind 数据库等多个数据库的有关数据资料。限于实际数据获取的限制和约束，本研究的实证检验主要是在整体产业层面展开，还无法讨论各细分行业尤其是先进制造业等重点领域所存在的具体影响。同时，由于出口企业动态变化中，部分出口企业数据缺失，这些客观原因一定程度上影响了本研究结论的严谨性和政策的

有效性。限于以上的问题,未来研究可以考虑采取大规模调查的方式,或者利用大数据技术展开大规模的文本分析,采集更加全面和针对性的数据,进一步提高贸易政策不确定性与出口企业创新关系的研究结论的针对性和科学性。

三、贸易政策不确定性作用的情境因素研究

本研究在揭示贸易政策不确定性与出口企业创新关系的基础上,探讨分析了影响贸易政策不确定性与出口企业创新之间关系的情境因素。通过实证检验发现,无论是使用 TPU 指数,还是反倾销强度,贸易政策不确定性对我国出口企业的研发投入强度、实质性创新产出和策略性创新产出的影响都表现出了"选择效应"。即贸易政策不确定性对不同融资约束的企业、不同生产率的企业,以及目的地出口数量不同的企业都具有"选择效应"。这有助于更好地理解和认知贸易政策不确定性因素的边界条件。然而,随着数字经济与实体经济的深度融合,以人工智能、大数据、物联网、区块链等为代表的新一代信息技术,在很大程度上降低了交易成本,使得组织边界越来越模糊,物理边界的约束越来越小。针对这些新的变化,是否对贸易政策不确定性与出口企业创新的关系产生影响,尚需要结合研究问题进一步深化探讨,以更好地认知贸易政策不确定性的边界条件。

主要参考文献

[1]曹平、肖生鹏、林常青:《美国对华反倾销对中国企业创新效应再评估》,《国际经贸探索》2021年第1期。

[2]常曦、郑佳纯、李凤娇:《地方产业政策、企业生命周期与技术创新——异质性特征、机制检验与政府激励结构差异》,《产经评论》2020年第6期。

[3]陈经伟、姜能鹏:《中国OFDI技术创新效应的传导机制——基于资本要素市场扭曲视角的分析》,《金融研究》2020年第8期。

[4]储德银、刘文龙:《政府创新补贴、企业文化与创新绩效》,《经济管理》2021年第2期。

[5]冯根福、郑明波、温军等:《究竟哪些因素决定了中国企业的技术创新——基于九大中文经济学权威期刊和A股上市公司数据的再实证》,《中国工业经济》2021年第1期。

[6]高岭、余吉双、杜巨澜:《雇员薪酬溢价对企业创新影响的异质性研究》,《经济评论》2020年第6期。

[7]高翔、刘啟仁、黄建忠:《要素市场扭曲与中国企业出口国内附加值率:事实与机制》,《世界经济》2018年第10期。

[8]高新月、鲍晓华:《反倾销如何影响出口产品质量?》,《财经研究》2020年第2期。

[9]葛新宇、庄嘉莉、刘岩:《贸易政策不确定性如何影响商业银行风

险——对企业经营渠道的检验》,《中国工业经济》2021 年第 8 期。

[10]顾夏铭、陈勇民、潘士远:《经济政策不确定性与创新——基于我国上市公司的实证分析》,《经济研究》2018 年第 2 期。

[11]郭冬梅、郭涛、李兵:《进口与企业科技成果转化:基于中国专利调查数据的研究》,《世界经济》2021 年第 5 期。

[12]郭平、胡君:《贸易政策不确定性与中国制造业"稳外资":基于外资新企业进入视角》,《世界经济研究》2023 年第 2 期。

[13]韩少杰、苏敬勤:《数字化转型企业开放式创新生态系统的构建——理论基础与未来展望》,《科学学研究》2023 年第 2 期。

[14]韩先锋、惠宁、宋文飞:《贸易自由化影响了研发创新效率吗?》,《财经研究》2015 年第 2 期。

[15]何欢浪、蔡琦晟、章韬:《进口贸易自由化与中国企业创新——基于企业专利数量和质量的证据》,《经济学(季刊)》2021 年第 2 期。

[16]何瑛、于文蕾、杨棉之:《CEO 复合型职业经历、企业风险承担与企业价值》,《中国工业经济》2019 年第 9 期。

[17]洪银兴:《科技创新中的企业家及其创新行为——兼论企业为主体的技术创新体系》,《中国工业经济》2012 年第 6 期。

[18]胡亚茹、陈丹丹、刘震:《融资约束、企业研发投入的周期性与平滑机制——基于企业所有制视角》,《产业经济研究》2018 年第 2 期。

[19]柯东昌、李连华:《管理者权力与企业研发投入强度:法律环境的抑制效应》,《科研管理》2020 年第 1 期。

[20]黎文靖、郑曼妮:《实质性创新还是策略性创新? ——宏观产业政策对微观企业创新的影响》,《经济研究》2021 年第 7 期。

[21]李丹丹:《政府研发补贴对企业创新绩效的影响研究——基于企业规模和产权异质性视角》,《经济学报》2022 年第 1 期。

[22]李健、刘世洁、李晏墅、包耀东:《战略差异度能够减少先进制造业企

业风险吗——基于中美贸易摩擦背景的研究》,《广东财经大学学报》2020 年第 3 期。

[23]李敬子、刘月:《贸易政策不确定性与研发投资:来自中国企业的经验证据》,《产业经济研究》2019 年第 6 期。

[24]李平、史亚茹:《进口贸易、生产率与企业创新》,《国际贸易问题》2020 年第 3 期。

[25]李胜旗、毛其淋:《关税政策不确定性如何影响就业与工资》,《世界经济》2018 年第 6 期。

[26]李双建、李俊青、张云:《社会信任、商业信用融资与企业创新》,《南开经济研究》2020 年第 3 期。

[27]李双杰、李众宜、张鹏杨:《对华反倾销如何影响中国企业创新?》,《世界经济研究》2020 年第 2 期。

[28]李小平、周记顺、卢现祥、胡久凯:《出口的"质"影响了出口的"量"吗?》,《经济研究》2015 年第 8 期。

[29]梁俊伟、孙杨:《技术性贸易壁垒与企业创新》,《浙江学刊》2021 年第 6 期。

[30]林炜:《企业创新激励:来自中国劳动力成本上升的解释》,《管理世界》2013 年第 10 期。

[31]林志帆、龙晓旋:《卖空威胁能否激励中国企业创新》,《世界经济》2019 年第 9 期。

[32]刘红玉、彭福扬:《习近平创新思想的哲学阐释》,《湖南大学学报(社会科学版)》2018 年第 6 期。

[33]刘洪铎、张铌、卢阳、陈晓珊:《新冠肺炎疫情对全球贸易的影响研究》,《统计研究》2021 年第 12 期。

[34]刘君洋、朱晟君:《贸易政策不确定性、出口产品复杂度与企业集聚:风险环境下的企业空间重构》,《地理研究》2021 年第 12 期。

[35]刘啟仁、吴鄂燚、黄建忠:《经济政策不确定性如何影响出口技术分布》,《国际贸易问题》2020年第7期。

[36]刘晴、江依、张艳超:《贸易政策不确定性对企业产品创新的影响——基于增长期权和金融摩擦视角的实证分析》,《产经评论》2022年第2期。

[37]刘志远、王存峰、彭涛、郭瑾:《政策不确定性与企业风险承担:机遇预期效应还是损失规避效应》,《南开管理评论》2017年第6期。

[38]卢晓菲、黎峰:《反倾销、贸易政策不确定性与中国企业高质量出口》,《南方经济》2022年第2期。

[39]鲁晓东、刘京军:《不确定性与中国出口增长》,《经济研究》2017年第9期。

[40]罗宏、陈韵竹、白雨凡:《贸易政策不确定性与企业海外并购:消极应对还是积极扩张?》,《国际金融研究》2022年第12期。

[41]马妍妍、俞毛毛、王勇:《资本市场开放能否提升出口企业全要素生产率——基于陆港通样本的微观证据》,《国际商务(对外经济贸易大学学报)》2021年第4期。

[42]买忆媛、李逸、安然:《企业家行业地位对产品创新的影响》,《管理学报》2016年第2期。

[43]毛其淋、杨琦:《中间品贸易自由化如何影响企业产能利用率?》,《世界经济研究》2021年第8期。

[44]孟宁、马野青、阮永嘉:《贸易摩擦会阻碍企业的出口产品创新吗?——基于反倾销视角的研究》,《南京社会科学》2020年第11期。

[45]潘晓明:《RCEP与亚太经济一体化未来》,《国际问题研究》2021年第5期。

[46]尚洪涛、王士晓:《创新补贴、企业技术产出与价值实现》,《科技进步与对策》2020年第23期。

[47]沈国兵:《新冠肺炎疫情全球蔓延对国际贸易的影响及纾解举措》,《人民论坛·学术前沿》2020年第7期。

[48]沈昊旻、程小可、宛晴:《对华反倾销抑制了企业创新行为吗》,《财贸经济》2021年第4期。

[49]宋建波、谢梦园:《战略差异、生命周期与企业创新产出》,《经济理论与经济管理》2022年第12期。

[50]孙文娜、毛其淋:《进口关税减免、企业异质性与新产品创新——基于中国企业层面的分析》,《中南财经政法大学学报》2015年第6期。

[51]孙薇、叶初升:《政府采购何以牵动企业创新——兼论需求侧政策"拉力"与供给侧政策"推力"的协同》,《中国工业经济》2023年第1期。

[52]谭小芬、张文婧:《经济政策不确定性影响企业投资的渠道分析》,《世界经济》2017年第12期。

[53]唐宜红、张鹏杨:《反倾销对我国出口的动态影响研究——基于双重差分法的实证检验》,《世界经济研究》2016年第11期。

[54]田巍、余淼杰:《中间品贸易自由化和企业研发:基于中国数据的经验分析》,《世界经济》2014年第6期。

[55]佟家栋、张俊美:《高层次人力资本投入与出口企业创新产出:横向创新与纵向创新》,《国际贸易问题》2021年第12期。

[56]王超发、王树斌、杨德林:《管理者自利、R&D创新效率与企业投资价值——来自中国A股上市企业的经验证据》,《预测》2021年第3期。

[57]王超男、魏浩:《进口市场转换与中国企业创新——基于转换方向和转换模式的实证分析》,《学术研究》2023年第1期。

[58]王鹏辉、王志强、刘伯凡:《政府研发资助与企业创新效率——基于倾向得分匹配法的实证检验》,《经济问题》2021年第4期。

[59]王孝松、武皖:《贸易政策与资本回报:以中国对外反倾销为例的经验分析》,《世界经济》2019年第12期。

[60]魏浩、林薛栋:《进口贸易自由化与异质性企业创新——来自中国制造企业的证据》,《经济经纬》2017年第6期。

[61]魏明海、刘秀梅:《贸易环境不确定性与企业创新——来自中国上市公司的经验证据》,《南开管理评论》2021年第5期。

[62]吴伟伟、张天一:《非研发补贴与研发补贴对新创企业创新产出的非对称影响研究》,《管理世界》2021年第3期。

[63]谢杰、陈锋、陈科杰、戴赵琼:《贸易政策不确定性与出口企业加成率:理论机制与中国经验》,《中国工业经济》2021年第1期。

[64]谢申祥、王孝松:《反倾销政策与研发竞争》,《世界经济研究》2013年第1期。

[65]谢伟、徐萌、王砚羽:《出口强度对企业创新结构影响效应研究》,《科研管理》2023年第1期。

[66]辛金国、蔡婧靓、杨晨等:《营商环境、融资结构与家族企业创新投入》,《科研管理》2023年第1期。

[67]徐保昌、邱涤非、杨喆:《进口关税、企业创新投入与创新绩效——来自中国制造业的证据》,《世界经济与政治论坛》2018年第5期。

[68]许玲玲、杨筝、刘放:《高新技术企业认定、税收优惠与企业技术创新——市场化水平的调节作用》,《管理评论》2021年第2期。

[69]许荣、李从刚:《院士(候选人)独董能促进企业创新吗——来自中国上市公司的经验证据》,《经济理论与经济管理》2019年第7期。

[70]杨文豪、黄远浙、钟昌标:《反倾销抑制了出口企业创新吗?——基于对外投资和出口网络视角的研究》,《南开经济研究》2022年第9期。

[71]姚立杰、周颖:《管理层能力、创新水平与创新效率》,《会计研究》2018年第6期。

[72]由雷:《企业技术创新影响因素的研究综述与展望》,《技术经济与管理研究》2021年第12期。

[73]余明桂、范蕊、钟慧洁:《中国产业政策与企业技术创新》,《中国工业经济》2016年第12期。

[74]余长林、杨国歌、杜明月:《产业政策与中国数字经济行业技术创新》,《统计研究》2021年第1期。

[75]余智:《贸易政策不确定性研究动态综述》,《国际贸易问题》2019年第5期。

[76]虞义华、赵奇锋、鞠晓生:《发明家高管与企业创新》,《中国工业经济》2018年第3期。

[77]袁建国、后青松、程晨:《企业政治资源的巧咒效应——基于政治关联与企业技术创新的考察》,《管理世界》2015年第1期。

[78]张峰、刘曦苑、武立东、殷西乐:《产品创新还是服务转型:经济政策不确定性与制造业创新选择》,《中国工业经济》2019年第7期。

[79]张国兴、冯祎琛、王爱玲:《不同类型环境规制对工业企业技术创新的异质性作用研究》,《管理评论》2021年第1期。

[80]张林、宋阳:《企业技术创新能力评价体系构建研究》,《商业经济研究》2018年第10期。

[81]张敏、童丽静、许浩然:《社会网络与企业风险承担——基于我国上市公司的经验证据》,《管理世界》2015年第11期。

[82]张璇、刘贝贝、汪婷、李春涛:《信贷寻租、融资约束与企业创新》,《经济研究》2017年第5期。

[83]张兆国、刘亚伟、杨清香:《管理者任期,晋升激励与研发投资研究》,《会计研究》2014年第9期。

[84]赵宸宇:《进口竞争能否提高企业创新效率?基于中国企业层面的分析》,《世界经济研究》2020年第1期。

[85]邹彩芬、王娅蕾、周雨佳等:《政府竞争视角下经济政策不确定性对企业创新的影响研究》,《中国科技论坛》2022年第11期。

［86］朱金生、朱华:《政府补贴能激励企业创新吗？——基于演化博弈的新创与在位企业创新行为分析》,《中国管理科学》2021 年第 12 期。

［87］朱旭峰、赵慧:《政府间关系视角下的社会政策扩散——以城市低保制度为例(1993—1999)》,《中国社会科学》2016 年第 8 期。

［88］诸竹君、黄先海、王毅:《外资进入与中国式创新双低困境破解》,《经济研究》2020 年第 5 期。

［89］Abernathy W., Utterbak J., "Patterns of Innovation in Technology", *Technology Review*, Vol.80, No.7, 1978.

［90］Aghion P., Bloom N., Griffith R., et al., "Competition and Innovation: An Inverted-U Relationship", *Quarterly Journal of Economics*, Vol. 120, No.2, 2005.

［91］Aghion P., Harris C., Howitt P., et al., "Competition, Imitation and Growth with Step-By-Step Innovation", *The Review of Economic Studies*, Vol.68, No.3, 2001.

［92］Aghion P., Van Reenen J., Zingales L., "Innovations and Institutional Ownership", *The American Economic Review*, Vol.103, No.1, 2013.

［93］Amara N., Landry R., Becheikh N., et al., "Learning and Novelty of Innovation in Established Manufacturing SMEs", *Technovation*, Vol.28, No.7, 2008.

［94］Amiti M., Konings J., "Trade Liberalization, Intermediate Inputs, and Productivity: Evidence from Indonesia", *American Economic Review*, Vol. 97, No.5, 2007.

［95］Arrow K.J., "Classificatory Notes on The Production and Transmission of Technological Knowledge", *American Economic Review*, Vol.59, No.2, 1969.

［96］Baker S.R., Bloom N., Davis S.J., "Measuring Economic Policy Uncertainty", *The Quarterly Journal of Economics*, Vol.131, No.4, 2016.

［97］Baum C.F., Caglayan M., Talavera O., "On the Sensitivity of Firms' Investment to Cash Flow and Uncertainty", *Oxford Economic Papers*, Vol. 62, No.2, 2010.

[98] Bhattacharya U., Hsu P.H., Tian X., et al., "What Affects Innovation More: Policy or Policy Uncertainty?", *Journal of Financial and Quantitative Analysis*, Vol.5, 2017.

[99] Bhattacharya U., "Insider Trading Controversies: A Literature Review", *Annual Review of Financial Economics*, Vol.6, No.1, 2014.

[100] Bloom N., Van Reenen J., "Measuring and Explaining Management Practices Across Firms and Countries", *The quarterly journal of Economics*, Vol.122, No.4, 2007.

[101] Bustos P., "Trade liberalization, Exports, And Technology Upgrading: Evidence on The Impact of MERCOSUR on Argentinian Firms", *American Economic Review*, Vol.101, No.1, 2011.

[102] Caggese A., "Entrepreneurial Risk, Investment and Innovation", *Journal of Financial Economics*, Vol.106, No.2, 2012.

[103] Caldara D., Iacoviello M., Molligo P., et al., "The Economic Effects of Trade Policy Uncertainty", *Journal of Monetary Economics*, Vol.109, January 2020.

[104] Castellani D., Piva M., Schubert T., et al., "R&D and Productivity in the US and the EU: Sectoral Specificities and Differences in the Crisis", *Technological Forecasting and Social Change*, Vol.138, No.1, 2019.

[105] Cornaggia J., Mao Y., Tian X., et al., "Does Banking Competition Affect Innovation?", *Journal of Financial Economics*, Vol.115, No.1, 2015.

[106] Demerjian P., Lev B., McVay S., "Quantifying Managerial Ability: A New Measure and Validity Tests", *Management Science*, Vol.58, No.7, 2012.

[107] Dippel C., Ferrara A., Heblich S., "Causal Mediation Analysis in Instrumental-Variables Regressions", *Stata Journal*, Vol.20, No.3, 2020.

［108］ Egger P., Nelson D., "How Bad is Antidumping? Evidence from Panel Data", *Review of Economics and Statistics*, Vol.93, No.4, 2011.

［109］ Fagerberg J., "Innovation Policy: Rationales, Lessons and Challenges", *Journal of Economic Surveys*, Vol.31, No.2, 2017.

［110］ Gao X., Miyagiwa K., "Antidumping Protection and R&D Competition", *Cannadian Journal of Economics*, Vol.38, No.1, 2005.

［111］ Gil-Pareja S., Llorca-Vivero R., Martínez-Serrano J.A., "Trade Effects of Monetary Agreements: Evidence for OECD Countries", *European Economic Review*, Vol.52, No.4, 2008.

［112］ Goel R. K., Ram R., "Irreversibility of R&D investment and the Adverse Effect of Uncertainty: Evidence from the OECD Countries", *Economics Letters*, Vol.71, No.2, 2001.

［113］ Goldberg P.K., Khandelwal A.K., Pavcnik N., et al., "Trade Liberalization and New Imported Inputs", *American Economic Review*, Vol.99, No.2, 2009.

［114］ Greenaway D., Kneller R., "Firm Heterogeneity, Exporting and Foreign Direct Investment", *The Economic Journal*, Vol.117, No.517, 2007.

［115］ Hall B.H., "The Financing of Research and Development", *Oxford Review of Economic Policy*, Vol.18, No.1, 2002.

［116］ Handley K., Limao N., "Policy Uncertainty, Trade, and Welfare: Theory and Evidence for China and the United States", *American Economic Review*, Vol.107, No.9, 2017.

［117］ He J.J., Tian X., "The Dark Side of Analyst Coverage: The Case of Innovation", *Journal of Financial Economics*, Vol.109, No.3, 2013.

［118］ Hirshleifer D., Low A., Teoh S H., "Are Overconfident CEOs Better Innovators?", *The Journal of Finance*, Vol.64, No.4, 2012.

［119］ Hsu P.H., Tian X., Xu Y., "Financial Development and Innovation:

Cross-Country Evidence", *Journal of Financial Economics*, Vol.112, No.1, 2014.

[120] Huang Y., Luk P., "Measuring Economic Policy Uncertainty in China", *China Economic Review*, Vol.59, 2020.

[121] Imai K., Keele L., Yamamoto T., "Identification, Inference and Sensitivity Analysis for Causal Mediation Effects", *Statistical Science*, Vol. 25, No.1, 2010.

[122] Kao K.F., Peng C.H., "Anti-Dumping Protection, Price Undertaking and Product Innovation", *International Review of Economics & Finance*, Vol.41, No.3, 2016.

[123] Kolluru S., Mukhopadhaya P., "Empirical Studies on Innovation Performance in The Manufacturing and Service Sectors Since 1995: A Systematic Review", *The Economic Society of Australia*, Vol.36, No.2, 2017.

[124] Liu Q., Ma H., "Trade Policy Uncertainty and Innovation: Firm Level Evidence from China's WTO Accession", *Journal of International Economics*, Vol.127, 2020.

[125] Lumpkin G.T., Dess G.G., "Clarifying the Entrepreneurial Orientation Construct and Linking It to Performance", *Academy of Management Review*, Vol.21, No.1, 1996.

[126] Melitz M.J., "The Impact of Trade on Intra-Industry Reallocations and Aggregate Industry Productivity", *Econometrica*, Vol.71, No.6, 2003.

[127] Miyagiwa K., Song H., Vandenbussche H., "Accounting for Stylised Facts About Recent Anti-Dumping: Retaliation and Innovation", *The World Economy*, Vol.39, No.2, 2016.

[128] Oba M., "Further Development of Asian Regionalism: Institutional Hedging in An Uncertain Era", *Journal of Contemporary East Asia Studies*, Vol.8, No.2, 2019.

［129］ Rogge K. S., Reichardt K., "Policy Mixes for Sustainability Transitions: An Extended Concept and Framework for Analysis", *Research Policy*, Vol.45, No.8, 2016.

［130］ Schake K., "The Line Held", *Strategic Studies Quarterly*, Vol.15, No.2, 2021.

［131］ Segal G., Shaliastovich I., Yaron A., "Good and Bad Uncertainty: Macroeconomic and Financial Market Implications", *Journal of Financial Economics*, Vol.117, No.2, 2015.

［132］ Souitaris V., "Technological Trajectories as Moderators of Firm-Level Determinants of Innovation", *Research Policy*, Vol.31, No.6, 2002.

［133］ Thoenig M., Verdier T., "A Theory of Defensive Skill-Based Innovation and Globalization", *American Economic Review*, Vol.93, No.3, 2003.

［134］ Thomas V.J., Sharma S., Jain S.K., "Using Patents and Publications to Assess R&D Efficiency in The States of the USA", *World Patent Information*, Vol.33, No.1, 2011.

［135］ Tian X., Wang T. Y., "Tolerance for Failure and Corporate Innovation", *The Review of Financial Studies*, Vol.27, No.1, 2014.

［136］ Wang Y., Pan J., Pei R., et al., "Assessing the Technological Innovation Efficiency of China's High-Tech Industries with A Two-Stage Network DEA Approach", *Socio-Economic Planning Sciences*, Vol.71, 2020.

［137］ Xiang M., Zhihui L., Yingfan G., et al., "Innovation Efficiency Evaluation of Listed Companies Based on The DEA Method", *Procedia Computer Science*, Vol.174, 2020.

［138］ Yang H., Zheng Y., Zhao X., "Exploration or Exploitation? Small Firms' Alliance Strategies with Large Firms", *Strategic Management Journal*, Vol.35, No.1, 2014.

后　记

当前全球经济的持续下行、新一轮科技革命的持续冲击，以及美西方国家不断挑起的针对我国企业的蓄意打压，导致我国出口企业的国际经贸环境不断出现新变化。国际格局和国际体系正在发生深刻调整，世界正经历百年未有之大变局，呈现出一系列前所未有的新特征、新表现、新形态。贸易环境的不确定性、不稳定性急剧飙升。企业作为市场主体，是经济发展动力源，而经济高质量发展战略归根结底需要通过企业的创新发展实现。党的二十大报告指出，创新是第一动力，要加快实现高水平科技自立自强。因此，揭示贸易政策不确定性对出口企业创新的影响，对我国创新驱动发展具有十分重要的意义。

本书围绕"贸易政策不确定性对出口企业创新的影响研究"这一主题，基于经济学、管理学、统计学、量化动态模型等多学科交叉的理论与方法，展开了系统深入的研究，着重阐析贸易政策不确定性影响出口企业创新的机理；通过理论分析，从微观企业层面和产品层面深入研究贸易政策不确定性影响我国出口企业创新的激励效应与选择效应；综合利用了多种实证方法揭示了贸易政策不确定性对出口企业创新的"激励"作用，并通过构造交乘项的方式分析能力异质性条件下的贸易政策不确定性对我国出口企业创新的"选择效应"；进而在理论分析和实证检验的基础上，形成本书的研究结论与对策建议。本书研究结论既丰富了贸易政策不确定性正向影响出口企业创新的理论佐证，并拓展了其经济后果理论研究的深度。

本书是在博士毕业论文基础上修改完成的,得到山东师范大学经济学院学科振兴计划的资助。2022 年 6 月从山东大学博士毕业一年多的时间里,笔者对博士学位论文涉及问题进行了深入分析探讨,最终成稿。撰写期间,有付出、有收获,也使自己的学术研究迈出了重要的一步。

作为笔者进入山东师范大学工作以来完成的第一部学术专著,这是自己五年多来专业学习、学术探究的结果。付梓之际,心中既充满期待,又因水平和能力的局限,深感忐忑。借此机会,向写作过程中提供无私帮助的单位和个人表示诚挚的感谢。感谢博士导师张宏教授的精心指导,感谢山东大学经济学院的老师、同学们,感谢山东师范大学经济学院的领导、同事们!他们提出的宝贵修改意见和建议,让本书在成稿过程中增色不少。写作过程中还参考了相关学者的研究成果,并从中得到诸多启示,在此一并致谢!

最后,特别感谢人民出版社的领导、编辑从书稿交付到最终出版,付出了大量辛勤劳动,并提出许多建设性意见,使本书方能与读者见面。

愿本书关于对贸易政策不确定环境下出口企业创新发展的影响机理分析及提出的两位一体的对策建议,能够对我国出口企业高质量发展及政府相关部门政策制定有所贡献。

书中疏漏和不妥之处,敬请各位专家、学者和读者指正!

李拯非

2023 年 4 月

于山东师范大学

责任编辑:张　立
责任校对:周晓东
封面设计:周方亚

图书在版编目(CIP)数据

贸易政策不确定性与出口企业创新:影响机理与效应检验/李拯非 著. —北京:
　人民出版社,2023.12
ISBN 978－7－01－026028－0

Ⅰ.①贸…　Ⅱ.①李…　Ⅲ.①对外贸易政策-关系-外向型企业-企业创新-
　研究-中国　Ⅳ.①F752.0②F279.24

中国国家版本馆 CIP 数据核字(2023)第 204670 号

贸易政策不确定性与出口企业创新:影响机理与效应检验
MAOYI ZHENGCE BU QUEDING XING YU CHUKOU QIYE CHUANGXIN
YINGXIANG JILI YU XIAOYING JIANYAN

李拯非　著

人 民 出 版 社 出版发行
(100706　北京市东城区隆福寺街 99 号)

北京九州迅驰传媒文化有限公司印刷　新华书店经销

2023 年 12 月第 1 版　2023 年 12 月北京第 1 次印刷
开本:710 毫米×1000 毫米 1/16　印张:16
字数:230 千字

ISBN 978－7－01－026028－0　定价:89.00 元

邮购地址 100706　北京市东城区隆福寺街 99 号
人民东方图书销售中心　电话 (010)65250042　65289539

版权所有·侵权必究
凡购买本社图书,如有印制质量问题,我社负责调换。
服务电话:(010)65250042